紫禁城的落日

慈禧传

刘屹松 著

华中科技大学出版社
http://www.hustp.com
中国·武汉

图书在版编目（CIP）数据

紫禁城的落日：慈禧传 / 刘屹松著. —— 武汉：华中科技大学出版社，2021.3
　　ISBN 978-7-5680-6927-4

Ⅰ．①紫…　Ⅱ．①刘…　Ⅲ．①西太后（1835—1908）-传记　Ⅳ．①K827=52

中国版本图书馆 CIP 数据核字(2021)第 011071 号

紫禁城的落日：慈禧传
Zijincheng de Luori：Cixi Zhuan

刘屹松　著

策划编辑：亢博剑

责任编辑：陈　然

责任校对：曾　婷

封面设计：VIOLET

版式设计：赵艳霞

出版发行：华中科技大学出版社(中国·武汉)　　　电话：(027) 81321913
　　　　　武汉市东湖新技术开发区华工科技园　　　邮编：430223

印　　刷：天津中印联印务有限公司

开　　本：710mm × 1000mm　1 / 16

印　　张：16.75

字　　数：300 千字

版　　次：2021 年 3 月第 1 版第 1 次印刷

定　　价：39.80 元

【序言】

紫 禁 城 的 落 日

中国历史上最后一个封建王朝——清朝延续了 276 年，于 1912 年被中华民国所取代。考察这个由满族建立的王朝，人们不难发现，其开始兴盛和末期衰败的历史与两个女人有关。这两个影响清朝兴衰的女人就是孝庄皇太后博尔济吉特氏和慈禧皇太后叶赫那拉氏，她们都被尊为"圣母皇太后"。

博尔济吉特氏去世后的谥号是"孝庄仁宣诚宪恭懿至德纯徽翊天启圣文皇后"（"文皇后"意为文皇帝皇太极之皇后），赞美之词仅 16 个字①；而叶赫那拉氏的谥号是"孝钦慈禧端佑康颐昭豫庄诚寿恭钦献崇熙配天兴圣显皇后"（"显皇后"意为显皇帝咸丰之皇后），溢美之词长达 22 个字。依清朝惯例，帝后谥号字数越多，意味着此人的地位越高、功绩越大。然而事实却是，孝庄皇太后辅助顺治、康熙二帝开创了清朝盛世，名垂青史；而慈禧皇太后却让清朝一步步走向衰亡，死后骂声如潮。

慈禧生于 1835 年 11 月 29 日，名兰儿（杏贞），1852 年选秀入宫，咸丰帝赐号兰贵人，次年晋封懿嫔。咸丰帝体弱多病，加之当时的清朝外有英法联军入侵北京，内有太平天国农民起义，让他心力交瘁。1856

---

① 此处 16 字不包括"文皇后"三字，因"文皇后"是按皇太极尊谥"文皇帝"而称。同理，慈禧的谥号 22 字也不包括"显皇后"三字。

年，懿嫔生下皇长子爱新觉罗·载淳，即后来的同治帝，晋封懿妃。次年，又晋封为懿贵妃。懿贵妃工于书画，咸丰帝时常口授让她代笔批阅奏章，并允许她发表自己的意见，懿贵妃由此插手政事。1861年咸丰皇帝驾崩后，她悍然发动"辛酉政变"，将年幼的载淳推上皇帝宝座，借"垂帘听政"执掌大权。

慈禧很有政治头脑，也很有才干，否则也不可能20多岁就权倾天下。她在宫廷倾轧的权力斗争中，堪称以弱胜强。她之所以能通过政变登上权力巅峰，是因为她洞悉人性、工于心计、敢作敢为、无所畏惧、为权力不惜牺牲一切，同时充分利用个人魅力。她手下的贵胄大臣如奕䜣、曾国藩、左宗棠、李鸿章、荣禄、张之洞、袁世凯等，对她死心塌地。如果说慈禧在执政的47年中，对国家、对那个时代有所贡献的话，或许是她支持左宗棠收复新疆，支持刘铭传、冯子材与法国作战，一定程度上支持曾国藩、李鸿章倡导的洋务运动。她一生最大的成功或许在于在男性统治的世界里，夺得了本应由男人把持的最高权力。

慈禧所处的时代面临前所未有的大变局。她的一生几乎与中国历史上的多次战乱重叠，从太平天国运动到第二次鸦片战争、中法战争、甲午中日战争，再到义和团起事、八国联军入侵，以及英俄两国支持的新疆叛乱、回民暴动……战事频频，让清政府难以招架。面对种种危局，她镇压农民起义，残杀改革派，因废帝引来外国势力的"干涉"，心生不满而向十一国开战……她在政治上的失败，不仅仅是因为决策错误，更因为她极力维护封建旧制，对权力有着病态的渴求。她心中只有朝廷和统治者的至高权力，却没有国家概念，她把国家的一切都视为私物。所以，每当要在皇权和国家利益之间做出选择的时候，她总是选择皇权而不惜损害国家利益，宁愿割地赔款也不丢皇家颜面。国家任人宰割，百姓备受荼毒。那一段悲痛的历史，让我们牢牢记住了这个女人。

而作为女人，慈禧受到的咒骂更多：阴险狠毒、冷酷自私、专横跋扈、生活糜烂、骄奢淫逸、妖媚惑主、愚昧守旧……其实，慈禧原本是一个性格温和、刚柔并济、情感丰富之人。正因为她才貌双全、善解人意，才深得咸丰帝的宠爱。她个性鲜明而张扬，主张女人要有尊严和优雅地生活，强调女人的独立精神；她还认为女人应该读书识字，有自己的生活空间。她喜欢美，喜欢丰富的色彩，喜欢淡淡的兰香。她生活的寝宫不允许有任何异味，终日散发着水果的清香。在宫中，她最爱打扮，也极为时尚。作为女人，她得到了让无数女人艳羡的一切：爱、高高在上的地位、钟鸣鼎食的生活。

但慈禧也有惆怅和无奈，她年纪轻轻就成了寡妇。那些恨她的、对她有偏见的人，那些稗书野史，把她说成是风流成性、放荡淫乱的女人，显然有故意污蔑、丑化之嫌，不过，慈禧晚年的确生活奢侈、挥霍无度。同时，作为一个母亲，为了掌控皇权，她不择手段，导演了一场场皇家悲剧。

慈禧的一生与晚清的历史可谓剪不断、理还乱。当我们今天回顾与品评她的功过是非时，很难用单一的标准来评价她复杂的人生。本书从慈禧出生说起，试图探寻她的思想、性格形成的原因，探寻她成长过程中的偶然和必然，以解开她身上的未解之谜。只有站在公正客观的立场上，以人性化的视角，细心考辨史实，才能全面深刻地了解那个时代，看清慈禧的真实面目。

目　录

Contents

第一章 兰儿入宫

1. 扑朔迷离的身世

清朝经历了"康乾盛世"之后，自嘉庆朝开始走下坡路。嘉庆皇帝在位期间，既没有横征暴敛，也没有发起劳民伤财的举国工程，对政务也亲力亲为。可是，"康乾盛世"的积弊开始显露出来，所以，尽管嘉庆皇帝极力"维持局面"，仍无法挽救颓势。

嘉庆年间，官吏腐败，民乱四起，尤其是白莲教起义来势汹汹。嘉庆皇帝即位后的第一件大事，就是颁诏剿灭白莲教。这次清剿前后持续了九年零四个月，不仅耗费了巨大的人力物力，还大大阻滞了农业生产的发展。

这时欧洲许多资本主义国家都在进行工业革命，这极大地促进了社会生产力的发展，巩固了新兴的资本主义制度，引发生产关系和社会结构的变化，对世界历史进程产生了重大影响。

然而，清朝的工业仍停留在手工作坊阶段，商业更是受到贬抑，市场处于封闭状态，非官方外贸一律被视为走私而遭到禁止。经济凋敝，国库空虚，一些官吏利用职权大肆敛财、中饱私囊。嘉庆皇帝登基后，扳倒了最大的贪官和珅和一大批贪官污吏，国库才稍得充盈。

乾隆朝时，户部有一个叫吉朗阿的员外郎，生前银两亏空。账面上共亏银四万三千二百两，不知是他贪污挪用，还是记账出现差错，无法查到实据。他本人没有什么不良嗜好，家人的生活也很清贫，现在他人已去世，无法处罚，但亏空还是要补的。嘉庆帝亲自过问此事，诏令凡是欠账官员去世的，由其子孙代为偿还。按照规定，还款减半，吉朗阿的儿子景瑞需还银两万一千六百两，这可不是一笔小数目。

景瑞的仕途还算平坦，到道光年间已官至刑部山东司员外郎，从五品。景瑞为官清廉，直到道光二十七年（1847）仍未还清亏空的银两。道光帝得知他尚有上万银两未还后，非常生气，下令将其革职。

景瑞余下的欠账只能由他儿子惠征继续偿还。惠征在道光十一年（1831）到吏部任笔帖式，是一个相当于人事部秘书、翻译的八品文官。他工作勤勉认真，道光十四年（1834）经考查被定为吏部二等笔帖式，道光二十三年（1843）定为吏部一等笔帖式。这是笔帖式最高级别，再升迁就得换岗了。道光二十六年（1846），惠征调任吏部文选司主事，从五品或正六品。越年，升吏部验封司员外郎，正五品。但他的父亲景瑞随即被革职，因为要帮父亲还债，他不得不加倍努力。道光二十八年（1848）、二十九年（1849），他因成绩连续一等，受到道光帝接见。

尽管仕途顺畅，惠征在经济上却很拮据（道光年间的京官绝大部分比较清贫）。要想捞点实惠，最好是到地方任实职主官。按惠征的品级，稍微提升一下，就可任州府主官，但要等到这种空缺是很不容易的。

据《内阁京察册》记载，道光二十九年四月，惠征受皇帝接见后被派往山西任归绥道①道员，从四品。"洪杨起事"后，咸丰二年（1852）二月，惠征被调往安徽，任徽宁池太广道。

惠征的女儿、本书主人公慈禧出生于道光十五年十月初十（1835年11月29日）。由于文献档案记载极少，人们无从得知她的出生地点和时辰。按时间推算，她出生之时，惠征正在京城任吏部二等笔帖

---

① 归绥道：清朝时山西的四道之一，道台衙门在归化城（今内蒙古呼和浩特市旧城）。

式。惠征的夫人富察氏是驻山西归化城副都统惠显之女。一个小京官家里添了一个女儿，除了自家人高兴一阵子外，自然不会引起太多人注意。但是，谁也不曾想这个名叫叶赫那拉·兰儿（杏贞）的女孩日后会成为咸丰帝的贵妃、同治帝的生母，又被光绪帝尊为圣母皇太后。有关叶赫那拉·兰儿童年的记载少之又少，其中传说的两段故事非常精彩。

有人考证，慈禧出生在山西长治县（今山西长治市上党区）西坡村一个贫穷的王姓汉族农民家庭，小名叫"小谦"。四岁时，她被卖给本县上秦村宋四元为女，改名"宋龄娥"。十四岁时，又被卖给归绥道员惠征为婢。有一次，惠征的夫人富察氏发现龄娥两脚各长一个痦子，以为她有福相，就收她为干女儿，改姓叶赫那拉，改名"玉兰"（兰儿），并在衙西花园专设书房中精心培养。咸丰二年（1852），玉兰以惠征之女的身份应选入宫，几年后平步青云，掌理朝政数十载。如今长治市上党区还保留着慈禧出生地遗址和慈禧生母的坟，上秦村关帝庙后还有保存完好的"娘娘院"。

如果此说为真，那么惠征就犯了欺君大罪。因为清朝自顺治帝入关后就为后宫立下规矩：宫闱不选汉族血统的女子，以确保皇室血统纯正①。清朝历代皇帝都谨遵这个规矩，惠征一个从四品的道员，又怎敢送汉人秀女"糊弄"咸丰皇帝呢？有人认为慈禧本人对她的童年讳莫如深，可能正是因为自己的汉人出身。

有关慈禧的童年还有另一段广为流传的传说，出自曾在光绪帝身边任起居注官多年的恽毓鼎所著的《崇陵传信录》。

道光末年，湖南副将刘某去世，他的儿子按照规矩扶棺回籍。丧船抵达清河县（今河北邢台市）地界时，出于礼貌，他派人上岸向父亲的故交、清河县令吴棠报信。吴棠得知老友过世，甚感悲痛，立马派人

---

① 在清代史料笔记《永宪录·卷二下》中有"按国制，皇后诸妃及凡满洲之正室皆不与汉人联姻"，"大臣妻皆满洲命妇，汉人不与"的记载。在皇家而言，凡是能够参加选秀女的汉族女子，多出身汉军旗。

送去二百两白银作为奠仪，并一再交代要送到停泊在江面的丧船上。

不知是巧合还是天意，清江浦还停着另一艘丧船，船上富察氏带着两男两女四个孩子，扶着丈夫惠征的灵柩北上。孤儿寡母一路哭泣，悲痛万分。某天，有人给富察氏送来奠仪白银二百两，同时送上了当地的一道名菜"一品锅"。

这笔巨款和食物真是雪中送炭，让富察氏惶恐不安，因为名帖上写的是清河知县吴棠，据她所知，惠征生前与此人从未有过交往。富察氏的大女儿兰儿，十四五岁，聪慧过人，料定是差人送错了对象，于是赶紧将银子原样包好，以免人家来追讨时惹出笑话。

事情正如她所料，差人回去禀报后，吴棠才知道送错了对象，他把送银子的亲随大骂一通，并想要讨回银两。这时，跟随他多年、深谙人情世故的师爷出面阻拦道："送出去的钱财，哪有再要回来的道理。硬要回来，双方都很尴尬。听说这家人也是乘官船扶灵柩回京，又是旗人身份，将来很有可能发迹。东翁何不做个顺水人情，亲自去祭奠一番，把人情做足？"吴棠觉得师爷说得有理，便亲自登船吊唁。吴棠走后，兰儿对弟弟妹妹说："我们将来如果有出头之日，一定不能忘记这位吴县令对咱们的好意。"这份莫大的恩情着实让兰儿刻骨铭心。她独立船头，思绪万端，深感世态炎凉，难得吴棠有这番情义。后来慈禧执掌朝政，果然没有忘记昔日的恩人，一次次超擢提拔吴棠，三五年便让他坐上了四川总督之位，官居一品，其升迁之快令人瞠目结舌。吴棠在任期间政绩平平，弹劾他的奏章接二连三，但是因为背靠慈禧这棵大树，吴棠每次都毫发无伤，这一切皆因当年的二百两银子。

不过人们对这个故事提出了质疑。首先，惠征死于徽宁池太广道道台任上，徽宁池太广道属于皖南富裕地区，一个从四品官员怎会如此穷困？其次，故事时间令人生疑。惠征病故于咸丰二年（1852）初秋，而在这年春天，兰儿已经入宫了，不可能出宫扶灵柩回京。

2. 来自叶赫的诅咒

兰儿入宫后的人生际遇，验证了当时民间长期流传的一句话"灭清王朝者必叶赫也"，她也因此被视为"复仇女神"。这是怎么回事呢？事情还要从女真族的发展说起。

女真族生活在东北的白山黑水间，是今天满族的先民。到明朝初期，女真分为建州、海西和野人（东海）三部分。永乐元年（1403），明王朝在绥芬河流域设置建州卫，后来任命猛哥帖木儿（被尊为"大清肇祖原皇帝"）为建州左卫都指挥使。两卫辗转迁徙，都迁到了以今新宾老城为中心的地方，后又分出了建州右卫，这样就形成了建州卫、建州左卫和建州右卫。

兰儿的家族叶赫那拉氏属于海西女真，追根溯源，可以上溯至元末明初。叶赫部的始祖氏族酋长星根达尔汉来自蒙古，本姓为土默特。这个氏族在他的带领下于元末迁徙至叶璋，并将当地的女真忽刺温一部的纳拉氏吞并，"遂居其地，改姓纳拉"，使用女真语，并逐渐与当地的女真人融合。大约在16世纪初，再次南迁至今辽宁开原市北部，后又移叶赫河（今吉林四平市铁东区境内），形成了"扈伦四部"中的叶赫部，再改姓为"叶赫那拉氏"，从此强大起来。

叶赫后代分布甚广，据清朝钦定的《八旗满洲氏族通谱》记载，纳喇氏（那拉氏）"为满洲著姓，其氏族散布在叶赫、乌拉、哈达、辉发及各地方，虽系一姓，各自为族"。叶赫的两个第八代直系后裔清佳努和扬吉努为首领，他们依险筑城，称雄于海西女真。

明万历十一年（1583），建州右卫的王杲父子举兵反叛，明朝辽东总兵李成梁围剿古勒寨①，误杀了爱新觉罗·努尔哈赤的祖父觉昌安和

---

① 古勒寨：明代建州女真王城，位于辽宁抚顺市新宾满族自治县上夹河镇古楼村至胜利村一带。

父亲塔克世。努尔哈赤异常愤怒，向明朝廷讨公道。作为补偿，明朝廷给了他三十匹马、三十道敕书，并让他承袭建州左卫都指挥使一职。但是，这些终难平复努尔哈赤心中的怒火，他用祖父留下的十三副兵甲，拉起了一支队伍，在赫图阿拉起兵，首战讨伐尼堪外兰，开始了长达三十六年的统一女真战争。也正是从这个时候起，爱新觉罗氏与叶赫那拉氏之间的纠葛开始了。

有一天，努尔哈赤经过叶赫寨，叶赫的首领扬吉努提出把自己的小女儿叶赫那拉·孟古嫁给他，努尔哈赤答应了。万历十六年（1588），扬吉努的儿子纳林布禄遵照父亲生前许下的婚约，把妹妹孟古嫁给努尔哈赤为侧福晋。据说孟古面如满月，丰姿妍丽，庄敬聪慧，词气婉顺，得誉不喜，闻恶言不改其常，不好诮谀，不信谗言，耳无妄听，口无妄言，不预外事，殚诚毕虑侍奉努尔哈赤，深得努尔哈赤宠爱，并生下了第四子皇太极。皇太极继位后，追谥她为"孝慈高皇后"。

尽管两族联姻，但矛盾并未消弭。努尔哈赤起兵后，统一了建州，还想征服海西和野人两部，海西女真叶赫部受到威胁。同时，海西与大明内地的贸易也受到了影响。开原为贸易基地，女真各部的马匹、貂皮、人参、松子、榛子、蘑菇等重要物产，关内各省的手工业产品都在这里交易，沿途的乌拉、辉发等部凭借地理优势从中获利，叶赫部更是居镇北关而不劳而获。而努尔哈赤发动的战争断了他们的财路，使他们产生了不满情绪，于是叶赫部派了两个使者去跟努尔哈赤讨要额尔敏或扎库木的任意一块土地作为补偿。努尔哈赤火冒三丈，下令驱逐使者。

叶赫部碰了一鼻子灰，自然不甘心，但又觉得凭借自己一部的力量过于单薄，不能压服努尔哈赤，于是联合哈达和辉发，共同遣使去向努尔哈赤施加压力。努尔哈赤认为侧福晋孟古的娘家人太过分了，表示不会停止进军的步伐。他还将这番话写成书信，派人当着妻兄纳林布禄的面宣读。

叶赫部不忍羞辱，于万历二十一年（1593）派兵袭击了建州的村寨。努尔哈赤针锋相对，率军进攻了哈达部的富尔佳齐寨，并大获全胜。叶赫部不甘失败，随后纠集哈达、乌拉、辉发、朱舍里、纳殷、科尔沁、锡伯、封尔察等九部，兵分三路，向建州的古勒寨挺进。努尔哈赤用计诱敌深入，一举击败了九部联军，叶赫部首领之一布斋被杀。纳林布禄见势不妙，跳下马带着几个护卫逃走了。此后，纳林布禄一直愤愤不平，抑郁成疾，不久就病故了。

叶赫部的布斋和纳林布禄死后，布斋的儿子布扬古、纳林布禄的弟弟金台石继为贝勒，并承袭了寨主之位。他们二人势单力薄，只得与努尔哈赤重修旧好。万历二十五年（1597），布扬古说要将他的妹妹嫁给努尔哈赤，金台石也表示愿意将女儿嫁给努尔哈赤的长子代善，希望通过再次联姻来改善海西与建州的关系。但金台石思来想去，总觉得太委屈太窝囊，自己的兄长被努尔哈赤逼死，如今还要将女儿嫁给他的儿子，这个心结他怎么也解不开。最后，金台石将女儿嫁给了蒙古喀尔喀部贝勒介寨，布扬古的妹妹也没有嫁给努尔哈赤。

努尔哈赤心中不悦，但也没有太计较。不过，接下来的一件事却让他怒火中烧。万历三十一年（1603）九月，他的侧福晋孟古病危，想见自己的母亲。努尔哈赤派使者到叶赫部接岳母，但金台石不允，仅派了孟古乳母的丈夫前去探视。努尔哈赤大骂来者、金台石和叶赫部，发誓与叶赫部恩断义绝，从此成为敌人。

孟古去世后，努尔哈赤向叶赫部兴师问罪，抢夺其城池，一举拿下了两个城镇、七个村寨。万历四十一年（1613）正月，努尔哈赤再灭乌拉。九月，率兵四万进攻叶赫，攻下了大小城池、村寨十九处，大胜而归。

叶赫部吃不消了，却又无计可施。万历四十三年（1615）六月，布扬古决定将妹妹嫁到蒙古去，以求与蒙古大氏族结盟。这就是十八年前许配给努尔哈赤而未嫁的那个妹妹，名字叫叶赫那拉·布普娅玛拉，人称"东哥"。当年十六岁的少女因待字闺中十八年，被族人称为"叶赫老女"，但她天生丽质，三十四岁依然如花似玉，而且十分贤惠。围绕着东哥的战争接二连三地爆发，一个个英雄为她横尸沙场，她似乎可以和希腊特洛伊战场上的海伦相媲美。

早先，哈达部（海西女真扈伦四部之一）有个贝勒歹商爱慕东哥的美貌，于是向叶赫部求婚，正寻隙与哈达开战的叶赫贝勒布斋和纳林布禄让歹商亲自前来迎娶。歹商不知是计，在迎娶途中被叶赫伏兵所杀。接着，"扈伦四部"缔结共同对付建州的联盟，乌拉贝勒满泰给弟弟布占泰下重礼聘娶东哥。布斋出于结盟的需要，同意了这桩婚事。可是，布占泰一上战场就被俘虏了，婚事也就无从谈起。努尔哈赤打赢了，布扬古转而又想将东哥许配给他，可东哥一时难以化解与努尔哈赤的仇恨，立誓说谁杀死努尔哈赤，她就嫁给谁。布扬古只得改变主意。此事不仅强化了努尔哈赤统一女真的决心，还成为他与大明宣战的"七大恨"之一。

万历二十七年（1599），哈达部发生内讧，金台石趁机率兵将哈达部劫掠一空。哈达部首领猛哥布禄被迫向努尔哈赤求援，表示愿将自己的三个儿子送到建州作为人质。消息传到叶赫部后，金台石、布扬古惊恐万状，最后使出了借刀杀人之计。他们给猛哥布禄写了一封信，说之前多有冒犯，实属形势所迫，现今想重修旧好，愿意将东哥嫁给他。猛哥布禄对东哥的美色垂涎已久，想到连努尔哈赤都无缘消受的好事居然落到自己头上，他一激动就违背了与努尔哈赤的约定，不向建州送人质，还抓了建州统兵将领，并杀死建州士兵。这下彻底激怒了努尔哈赤，他以此为借口，进军哈达，攻下了哈达城。猛哥布禄为这个不靠谱的婚约付出了惨痛的代价。据说，在他之后，叶赫部又以东哥为诱饵，拉拢辉发部贝勒拜音达礼，使辉发部与建州的盟约瓦解。努尔哈赤又有了进攻辉发的借口，并很快将辉发灭亡。

东哥似乎成为发动战争的借口。东哥被叶赫部利用，客观上却促进了努尔哈赤统一女真的大业。努尔哈赤很想得到东哥这个大美女，一次次以此作为征伐各部的借口。在女真三大部即将统一的时候，叶赫部将东哥嫁给蒙古喀尔喀部莽古尔岱，东哥终于结束了漫长的待嫁生涯。努尔哈赤又借此将战争引向了蒙古。开战前，他很不甘心地说："无论此女聘与何人，寿命不会长久，毁国已尽，构衅已尽，死期将至矣。"巧合的是，努尔哈赤的预言成真，东哥嫁到蒙古后，仅一年多就去世了。

万历四十四年（1616），努尔哈赤割据大明辽东，宣布自己为金国大汗，改元为"天命"，国号金，史称后金。

万历四十七年（1619）八月，努尔哈赤攻打海西女真叶赫城（今吉林梨树县叶赫乡），数次进攻均因明朝派兵干涉而失败。于是，努尔哈赤转而率兵伐明。经过数次大战，明军在辽东的实力受到打击，叶赫部也因此陷入孤立状态。八月十九日，努尔哈赤亲率数万建州大军，再次攻打叶赫部，直逼叶赫城。八月二十二日晨，后金军逼近城下。努尔哈赤分兵两路：一路由皇太极、代善率领，进攻布扬古所据之西城；他自己亲率一路，进攻金台石所据之东城。后金军进入城内，将金台石及其妻子围困于城内高台。金台石欲纵火自焚，但被虏获。西城的布扬古得知东城失守，也开城投降。金台石临死前说了一句石破天惊的诅咒："我生前不能存叶赫，死后有知，一定不使叶赫绝种，哪怕我叶赫部只剩下一个女人，也要让爱新觉罗家族灭亡！"

正是以这个传说为蓝本，清朝宫中定下了皇后不选叶赫的祖制。这显然是唯心主义历史观，但历史的巧合，无疑为叶赫那拉·兰儿传奇的一生平添了一层神秘色彩。

3. 受封兰贵人

咸丰二年（1852）一个春寒料峭的深夜，满蒙八旗海选出来的六十名秀女按各旗排列顺序坐在数十辆骡车上，由本旗的参领、领催带领，前往紫禁城等候阅选。排车上竖有双灯，上有"某旗某佐领某某人之女"的标识。凌晨，排车进入地安门，到神武门外等待宫门开启后下车。

兰儿坐在镶蓝旗的排车上，心里既激动，又有些忐忑不安。清朝的选秀制度严苛，仅通过户部的海选就很不容易。首先必须是满蒙血统，而且只有八旗官员家中十三岁到十七岁的少女才能列为入选对象。兰儿虽然符合这一标准，但17岁的她已到了选秀年龄上限。其次，容貌端庄，品行端正。秀女不一定非常漂亮，但五官端正、身材匀称是基本要求。最后，门第越显贵，入选的希望越大。兰儿的父亲只是一个从四品道员，优势不大。她只能尽量不去想这些，给自己积极的心理暗示，在阅选中好好表现。

阅选主要由皇太后、皇帝进行"面试"，宗人府、内务府也派员参加。参选秀女一般按八旗的顺序，七八个人站成一排，每排都列有名单，称为"秀女排单"，由皇帝、皇太后阅示、问话后选出优秀者。初次阅选被挑中的秀女名字会被写入一张单子，由两府存档；没被看上的落选者，会被赐给皇室的诸王爷、阿哥们。

这次阅选，从六十个秀女里共选出二十二人。落选者或在宫内做侍女丫鬟，或分派到皇亲国戚的府邸去。运气好的可以成为王妃，就是大福晋、侧福晋之类，运气不好的则可能一辈子做丫鬟，能否飞上枝头变凤凰全看她们的造化。

同年五月，二十二名留牌的秀女被通知在启祥宫后殿平台接受咸丰帝的"复试"。这次皇贵太妃没有参加，她正为自己没有被册封为皇太后而生气呢。这也使咸丰帝有了更多的主动权。他把这些秀女仔细比较一番，封了两位嫔，即贞嫔和云嫔。贞嫔为钮祜禄氏，其父是广西右江道穆扬阿①，虽然只是一个道员，但他有世袭爵位三等承恩公，是真正的贵族。而且，钮祜禄氏在咸丰帝即位之前就服侍过他。云嫔武佳氏则是咸丰帝在藩时的侍女，她比任何人都了解咸丰帝的性格和生活习惯。咸丰帝和她有感情基础，封她为嫔也在情理之中。咸丰帝还封了四位贵人，其中一位就是兰儿。咸丰帝发现她纯朴而秀气，既有一种小家碧玉的清新可爱，又神态自若，落落大方，尽显大家闺秀的风范；而且她声音柔美，眼眸有摄人心魄的灵动，性如幽兰，高雅而不俗，于是封她为

---

① 穆扬阿：满洲镶黄旗人，慈安太后之父。

兰贵人。一起受封的其他三位贵人是丽贵人、婉贵人、伊贵人。丽贵人他他拉氏，为主事庆海之女；婉贵人索绰络氏，为左都御史奎照之女；伊贵人伊尔根觉罗氏。

按清朝官闱定制，后宫妃嫔分为皇后、皇贵妃、贵妃、妃、嫔、贵人、常在、答应八个等级。兰儿属第六等，品级较低。尽管如此，她心里依然欢欣雀跃，毕竟跨进了皇宫的门槛。

刚入宫时，兰贵人整天无所事事，既不用服侍别人，也没有人服侍她。虽然紫禁城很大，但她品级低，没有专用的宫殿。除非有内务府的通知下来，否则她一般也见不到皇帝，更别提承受皇帝的雨露之恩。兰儿也知道后宫处处弥漫着争宠斗狠之气，在未来的日子里，摆在她面前的道路只有两条：一是竭尽所能获得皇帝的宠爱，平步青云；二是听任命运摆布，这样很有可能成为后宫倾轧的牺牲品，孤独到老，默默无闻地死去。她的心更偏向第一条路。可兰贵人面临着极大的竞争压力，她如果不争取主动，不另辟蹊径，根本见不到皇上，更别提荫庇家人和族人了。她心高志大，绝不容许自己湮没无闻。十月，贞嫔已被立为皇后，皇帝新封的嫔、贵人，每一位都不容小觑，要想超越她们实属不易。况且三年后还会有更多的新秀入宫，这让她有了一种时不我待的紧迫感。

就在兰贵人一心想要出人头地的时候，忽有噩耗传来：她的父亲惠征因督导"剿匪"不力，擅自逃到江苏避难而被革职，后多方寻求官复原职未果，抑郁病倒，月余竟一命呜呼。父亲的棺椁运到京城后，她也没能去看父亲最后一眼。因为她的品级太低，皇太妃和皇帝都不可能破例恩准她回劈柴胡同（慈禧娘家住址，1905 年改名为辟才胡同。另有一种说法称慈禧娘家在锡拉胡同）一趟，这成为她一生中的憾事之一。

父亲的病逝令兰贵人悲痛万分，也给她的前程蒙上了一层阴影。她的两个兄弟照祥和桂祥都指望不上，他们既没有爵位也没有本事，很难跻身仕途，即使做了官也难有升迁。而且，他们根本没打算发奋图强，整天不务正业，提着鸟笼子到处溜达，一家人勉强靠田产生活，日子过得非常艰难。兰贵人心里明白，娘家靠不住，今后的路只能自己走了。

在与后宫其他嫔妃进行比较后，兰贵人逐渐发现自己也有很多优势。比如，性格外向活泼，不像其他嫔妃那样含羞生涩；有较好的口才，交际能力强；粗通满汉文字，会写草书，会画兰竹，还会唱小曲，不像一般的满族女子那样"养在深闺人不识"。据文献记载，她"年十六时，五经成诵，通满文，二十四史亦皆浏览"，在满族女子中可以说是多才多艺了。她在宫中还经常帮助别人，且从来不叫苦，不抱怨，待人温和，因此大家都很喜欢她。

第二章 青云直上

1. 圆明园受宠

太平军势头最旺的时候是在咸丰三年（1853），从武汉到南京，长江两岸皆被其占领。对于清廷来说，最难的不是打仗，而是为打仗筹备粮饷。为了弥补因战争、赔款造成的财政亏空，清廷在这一年开始铸造、发行大钱、钞票，结果引发通货膨胀，即使有钱也难以买到军用和日常生活物资。这给原本就不重视商业发展的清王朝带来了沉重打击。

咸丰帝白天在太和殿听各部官员抱怨，晚上在乾清宫看各地官员的奏折——全都是请求援兵，增拨粮饷，或者拯救灾民，几乎没有一件让他高兴的事情。可以说，咸丰帝是一个非常"苦命"的皇帝。他幼年患过天花，脸上留下了一些麻点；十岁丧母，由静贵妃即皇贵太妃博尔济吉特氏抚养。少年时他学骑马，不小心从马上摔下来，摔折了腿，自此留下跛疾。既麻又瘸，还缺少母爱，自幼体质极差，这样的青年要担起国之大任，显然不堪重负。他即位以后一心想当一个好皇帝，勤政爱民，励精图治，生活上简朴节约，凡事小心谨慎。然而，他接手的江山已经是千疮百孔，不仅国库空虚，而且民乱四起。他刚即位，洪秀全等人就在金田发动起义，号称"太平天国"。太平军挥师北上，节节胜利，咸丰帝感觉自己的皇位受到了严重威胁，心中十分焦虑。面对前所未有的危局，他虽有心振作，却又深感无回天之力；他还感觉自己身体欠佳，担心性命朝不保夕。在这种情况下，他极需要一个清净的地方来思考和处理国家大事，也需要调整自己的情绪和心境，于是圆明园就成了他的首选之地。

咸丰四年（1854）五月，兰贵人奉诏前往圆明园侍奉皇帝。她被安排在圆明园一处叫"桐荫深处"的地方，这里十分偏僻，平时皇帝游览圆明园时根本不会来这里。然而，世上的事情往往就是这么不可思议，兰贵人在这里初次得到咸丰皇帝的临幸，正是这偏僻之地的梧桐，让兰贵人成了一只"金凤凰"。当然，这并非巧合，都是兰贵人精心安排的。

那天傍晚，在韩来玉的引导下，咸丰帝饶有兴致地游览圆明园，这里还有许多他没有到过的地方，"不知不觉"他们来到了"桐荫深处"。突然，他眼前一亮，发现不远处有一女子站在梧桐树下，十分显眼，于是着魔似的朝那"桐荫深处"寻去。

兰贵人早已看见皇帝向这边走来，心怦怦直跳，但她佯装不知，平静心绪后坐下来唱起了小调："秋月横空奏笛声，月横空奏笛声清。横空奏笛声清怨，空奏笛声清怨生……"这美妙的旋律、清脆悦耳的歌声深深打动了皇帝。他一脚跨入"桐荫深处"，仔细打量眼前的女子：她身穿一件小红衫，手摇一把白鹅毛扇，背着脸坐在树下一丛翠竹旁的青石上，慢条斯理地哼着小曲，正唱道："冬阁寒呼客赏梅，阁寒呼客赏梅开。寒呼客赏梅开雪，呼客赏梅开雪醅。"真是千回百转，余音袅袅。咸丰帝忍不住赞了一声："好曲子！"

兰贵人猛然回头，看见万岁爷就在眼前，连忙跪在地上叩见圣驾。咸丰帝微微一笑，叫她抬起头来，只见她明眸皓齿，唇不点而红，眉不描而翠，不禁怦然心动，问道："你刚才唱的是什么曲子？"兰贵人奏道："臣妾唱的是四景连环曲，乃明朝侯方域①作的连环诗句。"咸丰帝说："原来是四景，朕只听得秋冬两景，还有那春夏两景，快快唱来朕

① 侯方域（1618—1655）：字朝宗，明朝归德府（今河南商丘）人。明末清初散文家，散文三大家之一，明末"四公子"之一，复社领袖。

听。"兰贵人莞尔一笑，口中称是，一曲接一曲地唱下去，咸丰帝则含情脉脉地边听曲边盯着兰贵人看。

曲尽人歇时，咸丰帝意犹未尽，略问数语，兰贵人对答如流。他看眼前这个女子秀外慧中，其学识才艺远在其他妃嫔之上。良久，咸丰帝口渴想饮茶，随行的太监以春上龙井甘露奉上，兰贵人伸手接过捧到皇帝跟前。玲珑的玉指、鲜红的指甲、掌心一抹胭脂，惹得咸丰帝一把握住她的玉手，低语道："叫他们传谕勤政亲贤殿，说朕今晚在桐荫深处歇下了。"

这一晚，兰贵人获咸丰帝临幸，接下来几晚，她薄暮时分便洗过兰花浴，轻施脂粉，通体薰香，专等宠召。"天地一家春"成为他们欢愉的主要场所，咸丰帝在"温柔乡"里暂时忘却了外面的烽火连天。不久，咸丰帝便让内务府殿内总管太监口传圣旨，将兰贵人晋升为懿嫔（未举行册封仪式），并移居圆明园东北的"香远益清楼"。咸丰帝白天的大部分时间都在此和懿嫔消磨，或赏花，或吟诗作赋，亦唱小调或折子戏，乐此不疲。不少人认为懿嫔受宠，除了她的美貌和才艺外，"有机智，遇事辄先意承旨"也是一个重要原因。

据说咸丰帝喜爱各种名花，尤爱海棠和玉兰。每当春雨过后，他常在海棠和玉兰树下流连忘返。而懿嫔身上时常散发的玉兰的幽香，加上她那娇美的姿容，让年轻的天子意乱情迷，久久不能自拔。现今颐和园的乐寿堂（慈禧旧居）及周边栽种的玉兰花依然十分别致。堂院前门外视野开阔，放眼望去，山岛葱茏，碧波荡漾，莺飞鱼跃，一派生机，让人从心底萌生出一种对自然山水草木的亲近之感。而圆明园"天地一家春"院中种有西府海棠，淡粉色含苞待放的花朵，好似风动云舞，也十分娇美。

咸丰帝一时迷恋懿嫔，竟觉得与皇后钮钴禄氏在一起有些无趣。因为皇后凡事一本正经，在听宣堂上是皇后，在卧房里还是皇后。两人相敬如宾，却少了夫妻之间的那种情趣。她从不与人交恶，又无争强好胜之心，对皇帝言听计从，也从未想过干政，但咸丰帝经常让她看奏折，所以她不得不花一番心思来应付，她甚至不曾想过怎样获专宠，咸丰帝故而戏称她为"女圣人"。

在圆明园的那段时间，咸丰帝大部分时间都和懿嫔共处一室。但懿嫔有一个生理毛病，每遇经期，她都会"腰腹胀痛，胸满呕逆"。由于懿嫔有时不便侍奉皇帝，咸丰帝便常去云嫔武佳氏那里。云嫔出身于镶黄旗包衣家族，生下来就为皇室服务。她是咸丰帝的第一个女人，比咸丰的原配福晋萨克达氏还要早。萨克达氏已去世好些年，咸丰帝几乎都快忘了她，但对云嫔的感情依然炽烈，惹得两位新人——懿嫔、丽贵人心生嫉妒。

不过，此时的咸丰帝还是以国事为重，既没有专宠某人，也无荒淫之事。清廷全面围剿太平军的战役正在天京（今南京）周边展开，进入了关键阶段。太平军兵分南、西、北三路进伐，为了及时处理紧急军务，咸丰帝于初秋返回紫禁城，第二天便在乾清宫听政。懿嫔也一同回城，并被安排入住长春宫，她终于有了自己的专属宫殿。她不胜欢喜，将宫里宫外好好欣赏了一番。长春宫的正殿高悬着乾隆帝的御笔匾额，上书"敬修内则"四个遒劲有力的大字，似在告诫后宫妃嫔要严格遵照祖宗家法行事，注意自己的一言一行。东壁悬挂着梁诗正[①]敬书的《圣制太姒诲子赞》，西壁悬《太姒诲子图》。懿嫔对乾隆帝的书法赞不绝口，但对此匾的文字含义却并不认同。

回城后，丽贵人因怀有身孕，也晋升为丽嫔。由于两位新晋升的嫔都对云嫔表示不满，咸丰帝不愿意为了旧人而得罪新宠，便渐渐冷落了云嫔。云嫔深知自己在出身、容貌和才艺上都没法与丽嫔、懿嫔相提并论，皇帝之所以宠爱自己，完全是念及旧情。如今两位新欢联手，她显然难以招架。云嫔觉得尽管自己未被打入冷宫，但处境已与冷宫无异，看不到任何希望，于隔年正月初四抑郁而终。

---

① 梁诗正（1697—1763）：字养仲，钱塘（今浙江杭州）人，清朝大臣、书法家，经常随乾隆帝出巡，朝廷重要文稿多出自其手。

云嫔之死，没有在后宫兴起多大波澜，倒是给咸丰帝出了一道难题。他不知道该赐给云嫔怎样的谥号，只将金棺移到田村殡宫暂安。倒是懿嫔和丽嫔内心又躁动起来，现在她们的上头只有皇后一人了。

2. 家事国事的喜与忧

咸丰五年（1855）新年伊始，咸丰帝听到了一个坏消息：太平军石达开部大破湘军，复克武昌。接着，石达开部又返身东进，攻下了湘军水营，烧毁湘军战船一百余艘。曾国藩座船被缴，"文卷册牍俱失"。悲愤之余，曾国藩投水自尽，被属下救起，又欲策马赴敌营自杀，被罗泽南、刘蓉极力劝阻。随后，曾国藩逃去南昌，固守待援。而咸丰帝从各地上呈的奏折中看到的都是"获胜，但是……"，大臣们上呈的折子让咸丰帝看不出到底是打胜了还是打败了。咸丰帝非常着急，不断地走马换将，几年里将朝廷大员几乎换了一遍，满蒙汉二十四旗的正副统领与将军、绿营提督、各镇关总兵、各道道员、各（州）府知府等都由皇帝亲自统调、处置、奖惩。

朝堂之事已让咸丰帝焦头烂额，后宫的家事也让他操尽了心。三年一次的选秀又开始了，因皇贵太妃卧病在床，不能参加阅选，选秀之事交由皇后代劳，实际上是咸丰帝一人做主。他心情实在不好，挑选秀女的标准也更为严格，没能挑到几位满意的。懿嫔的妹妹婉贞也参加了选秀，在阅选时落选，被送进醇亲王奕譞①府中，后来成为醇亲王的嫡福晋。

五月，丽嫔生下了皇长女，咸丰帝为此高兴了好一阵子，甚至都不去圆明园避暑了。咸丰帝之所以如此高兴，是因为后宫曾有流言说，皇帝虽然正值壮年，但大婚已经七年，后宫妃嫔仍没有生育的迹象。人们

---

① 奕譞（1840—1891）：字朴庵，道光帝第七子，咸丰帝异母弟，光绪帝之父。光绪初年军机处的实际控制者。

以为皇帝没有生育能力，宫廷内外各股政治势力蠢蠢欲动，令咸丰帝焦躁不安。如今丽嫔诞下皇长女，其功劳不只是使流言不攻自破，更是给那些别有用心的人的有力回击。五月初九日，咸丰帝谕内阁："丽嫔晋封丽妃。"这样一来，丽嫔的品阶便在懿嫔之上了。后来，皇长女被封为荣安固伦公主。丽妃在宫中生活将近四十年，历三代皇帝，地位一直比较稳定。

皇长女降生可谓有人欢喜有人愁，这些发愁的人中就有懿嫔。好在丽妃生的只是一位公主，对懿嫔的前程还构不成直接威胁，何况丽妃平素身体欠佳，生下公主后身体更弱，侍候皇帝恐怕力不从心。为了抢占先机生个皇子，她极力鼓动咸丰皇帝去圆明园消夏，因为只要皇帝去了那个容易触景生情的地方，她就有办法让皇帝独宠她一人。在这方面，皇后、丽妃都不能与之争锋，更别提后来的贵人、常在等新秀了。

可是，咸丰帝这次未能让她如愿。他要求朝臣们勤政，自己当然得以身作则。而在圆明园处理政务实在不如在紫禁城方便，眼下围剿太平军已到最关键的时刻，他需要及时了解各地战况。每遇到拿不定主意的麻烦事，他就到皇后那里，征询她的意见和看法。尽管皇后无意干政，但她很有政治头脑，常常在咸丰帝征询时建言献策。她建议皇帝尽快将被围困在南昌的曾国藩解救出来，一方面可以继续利用湘军牵制太平军的大部分力量，减缓京城的压力；另一方面可以鼓舞士气，从而发动更多地方武装镇压太平天国起义。咸丰帝觉得皇后言之有理，于是颁旨让钦差大臣兼总督军僧格林沁督促江北、江南两大营和湘军水师统帅彭玉麟[①]加紧对太平天国都城天京的围攻。咸丰帝还为军粮担忧，皇后又建议北粮南调，或者从关外调粮。这个建议可谓胆大、及时又极具见地。

---

① 彭玉麟（1816—1890）：字雪琴，安徽省安庆府（今安庆市内）人，清朝著名政治家、军事家、书画家，人称"雪帅"，与曾国藩、左宗棠、胡林翼并称"中兴四大名臣"，湘军水师创建者、中国近代海军奠基人。官至两江总督兼南洋通商大臣、兵部尚书，封一等轻车都尉。

早在咸丰四年（1854）年底，钦差大臣、内阁学士胜保曾斗胆提议加征厘金，上奏宣扬其种种好处，并请下旨各地仿行。到咸丰五年（1855）上半年，南方战区各省先后开始广征厘金，农、商负担进一步加重。但是，就算手头有了钱，朝廷也买不到粮食。皇后此时提出这个调粮建议解了燃眉之急，这主要是因为她对前线的情况比较了解。这段时间，皇后充当了咸丰帝的政治伴侣，咸丰帝把侍寝的机会大部分留给了懿嫔，只偶尔临幸其他妃嫔。

这时，后宫还有一件事让咸丰帝操心，他的养母、皇贵太妃博尔济吉特氏已病入膏肓，他几乎每天都去寿康宫问候，以尽一点孝心。皇贵太妃在弥留之际，咸丰帝让御前太监安德海传口谕晋封她为康慈皇太后，了却她毕生的最后一个心愿。七月初九，康慈皇太后殡天，置灵驾于慈宁宫。按祖制，这是皇太后宫所，但她生前没在这里住过一天。

七月二十一日，咸丰帝下旨将康慈皇太后的梓宫移至圆明园的绮春园迎晖殿。太后生前常居绮春园，设梓宫于此，"以便恭奠几筵，用伸哀慕"。同时，咸丰帝还让内阁颁布告示，凡在京城的人一律在一个月后才能办喜事及进行公开的娱乐活动。康慈皇太后的棺枢在十月二十五日移葬山陵。

咸丰帝在圆明园守孝一个多月，没有妃嫔陪伴，寂寞难耐，九月初就返回紫禁城。当天傍晚，宫中御医来报，懿嫔已怀孕三个多月。咸丰帝喜不自禁，马上摆驾长春宫。当夜，咸丰帝让御膳房做了宵夜，长春宫里的所有人几乎一夜未眠。

此事引起了皇后的关注。第二天早晨，皇后谕传懿嫔到自己居住的钟粹宫，捧出祖训斥责，并下令太监预备杖挞。咸丰帝退朝回到后宫后，见气氛不同往常，太监宫女们神色紧张，一问太监安德海才知皇后正在大声训斥一个妃嫔。咸丰帝猛然想起，皇帝不能留宿妃子寝宫，此乃宫中大忌，懿嫔定是受罚了。他径直走进钟粹宫，想为懿嫔开脱。皇后见皇帝驾到，叩首跪拜，责己谏言："听说皇帝昨夜在长春宫醉卧一宿，这是臣妾的德行有失，不能督率群妃，担心外臣非议臣妾，所以召来此妃戒斥她，无使臣妾遭受恶名。"咸丰帝知道这是皇后在讽谏自己，但还是笑着打圆场说："是朕一时高兴贪杯，不怪懿嫔，从今以后，朕少饮酒就是了。"皇后谢而起立，在场之人都对皇后肃然起敬。

咸丰帝临走前又对皇后说："朕差点忘了一件大事，御医确诊懿嫔已有三月身孕，今后皇后多安排些人手照顾。"皇后回禀道："此乃宫中头等大事，臣妾定当妥善安排好，请皇上放心。"她传谕轮值殿内总管崔长礼，将懿嫔安置到储秀宫。因丽妃也住储秀宫，懿嫔只得住在储秀宫后殿思顺斋（后改名为丽景轩）。

从钟粹宫出来，懿嫔一改楚楚可怜的模样，压低声音怨道："可恶，这个看似柔顺的女人竟如此仗势欺人！"御前太监安德海听得十分明白，知道懿嫔对皇后不满，一个劲地劝慰她："娘娘莫要生气，也不怪皇后娘娘不通人情，要怪只怪宫里头规矩太多。依奴才看，娘娘是个心胸宽阔、有大志向之人，能忍一时之气，必成大气候。"懿嫔觉得安德海的这番话是刻意讨好，但也不是全无道理。在皇宫中，只有能立规矩的人才是真正的主子，博得皇帝的一时恩宠并不能让她永远高枕无忧，但这些话不能对一个太监讲。她问安德海的家里还有什么人，是怎样进的宫，原来的名字叫什么。安德海一一作答，懿嫔又亲切地说："安德海这个名字叫着不太顺口，以后干脆叫你'小安子'吧。"安德海满心欢喜，觉得懿嫔娘娘这是在拉拢自己，在宫中能有这样一个靠山对他以后的前途自然大大有利，所以他从此就认定了这个主子。

咸丰帝回城没几天，又传来一个喜讯：清军的江北、江南大营及水师联合曾国藩的湘军对太平天国进行围剿，尽管付出惨痛的代价，但毕竟取得了阶段性的胜利。曾国藩在江南收复岳州，进逼九江，僧格林沁在河北打败了李开芳统领的太平军，并俘获了李开芳本人，太平军北伐至此失败。

胜利虽然来得有些晚，却使咸丰帝有了重拾河山的信心，他在朝堂上谕示各部、府及内阁、军机等官员，要厉行节俭、勤政刻苦。他一日连颁两旨：一是对剿匪有功的几位朝廷大员进行奖励，僧格林沁晋为博多勒噶台亲王，"世袭罔替"，同时加授兵部尚书衔，命他移军高唐（今山东聊城市高唐县），继续剿灭北伐军李开芳余部；军机大臣赛尚阿、琦善等人一并受到加爵加衔奖励；给原劳师无功的钦差大臣胜保赐还顶戴。二是谕令各衙门做好准备，一个半月后他将亲驾西陵，祭拜道光帝和列祖列宗，送康慈皇太后的棺椁归山陵。

咸丰帝原本还拟就了一份圣旨，给曾国藩晋爵，命他统率湘军并署理湖北巡抚，但内阁学士、前锋营统领肃顺①觉得不妥，他说："曾国藩以侍郎在籍，犹匹夫耳。匹夫居闾里，一呼蹶起，从之者万余人，恐非国家之福。"言语背后的意思很明显：这样一个闲职官员跟乡野村夫没有多大差别，却能一呼百应，拉起一支庞大的军队，要是给了他高官要职，一旦他生出谋反之心，那无异于养虎为患。咸丰帝在使用汉臣的问题上比较开明，但因有洪、杨前车之鉴，非常时期他又不得不小心谨慎，于是改诏为加授大学士兵部侍郎衔、湘军统领，命其率军沿长江东下，进攻江浙。同时让胡林翼②实任湖北巡抚，但因他手下的湘军大都是曾国藩旧部，恐怕受曾国藩掌控，于是又给胡林翼头上戴了"紧箍咒"——派官文③为钦差大臣、湖广总督，主持湖北军务。朝廷的这一安排实际上是将政权与军权分离。

曾国藩是个聪明人，他深知皇帝的用心，主动请辞部分官职，但内心却很痛苦。作为汉臣，最忧心的就是受到皇帝和朝廷的猜忌，这样做起事来不仅束手束脚，也无法坚定作战的信心。

曾国藩的动摇会给"剿匪"带来怎样的后果，恐怕咸丰帝、内阁

---

① 肃顺（1816—1861）：字雨亭，满洲镶蓝旗人，清朝宗室、权臣，郑献亲王济尔哈朗七世孙。自道光中期历任御前大臣、总管内务府大臣、户部尚书、协办大学士等职，深为咸丰帝信任，显赫一时。

② 胡林翼（1812—1861）：字贶生，湖南益阳县（今益阳市）泉交河人，湘军重要首领。

③ 官文（1798—1871）：字秀峰，满洲正白旗人，清朝大臣，历任荆州将军、湖广总督、文渊阁大学士、直隶总督、内大臣等职。

学士和军机大臣们都没有充分估计到，身处危局之中，不思破解之术，反而担心大权旁落，他们对汉臣的芥蒂之心让大清王朝向深渊又迈进了一步。

3. 母以子贵

一晃冬天又过去了，咸丰六年（1856），战局再度发生变化，咸丰帝盼望的大好局面并没有如期到来。相反，太平天国的东王杨秀清在年初就开始实施集中优势兵力解围计划，领西征军与南征的部队会合，抽调精锐，编组强大的作战兵团，专寻清军南、北两大营的薄弱处进行突破。他先将镇江解围，接着击破江北、江南大营，然后向西进攻湖北。出身行伍的钦差大臣向荣惊骇得病，忙向咸丰帝请调江北大营剩余兵力助攻。咸丰帝恐太平军北上，气急败坏传谕道："汝必欲江北兵，可将汝首送来！"向荣气馁至极，没几天就死了。这时，志气消沉的曾国藩再度被困在江西，太平天国自此进入全盛时期。

咸丰帝忧心如焚，国内四处是揭竿而起的势力，太平天国剿灭不了，江淮一带的捻军又疯狂闹起来，主要成员是皖、豫、苏、鲁四省交界处的一些私盐贩子、游民及贫苦农夫，他们迫于生计，揭竿而起。白莲教这个生生灭灭几百年的宗教组织也扩大了规模，数之不尽的"反清复明"帮派都在暗中结盟。咸丰帝不明白，他从即位的第一天就开始"剿匪"，几年来耗费大量的人力物力，为什么匪越剿越多呢？自清军与太平军交战以来，文官武将竭力"剿匪"，死于战场的多不胜数，就是二品以上的大员，战死的、病死任上的、因一次战败而自杀的也有几十人，如乌兰泰、双福、福珠洪阿、祥厚、陆建瀛、周天爵、吕贤基、吴文镕、常大淳、蒋文庆、向荣等。为了打赢这场仗，朝廷花钱毫不吝啬，国库早掏空了，就连乾隆朝留在宫中的三口大金钟也熔铸成金条当作军费，皇帝的私房钱全拿出来充公，妃嫔们的金银首饰也捐出许多，就连寺庙里的各种铜器也被铸成了铜钱……仗打到这个份上，咸丰帝已竭尽全力。他认真审视了眼前的形势，反倒心平气和了许多。

败仗吃多了就有了处变不惊的本事，这一点咸丰帝从"常败将军"胜保身上看得很清楚。胜保败了不知多少次，但仍在朝堂上活跃。咸丰帝想通以后，觉得南方的战事越来越遥远。他已经不在乎江淮流域一城一地的得失，只看重京畿地区的安定。他的基本策略是不管仗怎么打，保住京城、保住皇位、保住性命是最重要的。只有当山东、湖北、河南告急时，他才会派重兵布防。

当然，咸丰帝和他那帮六神无主的"高参"也出台了一些具体措施：进一步下放权力，包括进一步扩大战区各省、专署衙门加征苛捐杂税的权力，自主处理本地区军事事务的权力，扩大朝廷各部任免较高品级官员的权力，等等。

为了缓解各地的财政危机和筹措军费应付开支，朝廷开始实施捐官制，即让那些有钱人拿钱出来买个四品以下的道台、候补知府及县令之类的空衔，遇到机会再补实缺，凑到的钱用来解决燃眉之急。

与此同时，朝廷还增加了简放官员的名额，将一些较年轻的京官封个官衔，放回原籍办团练发展地方武装。这项工作看似简单，实则困难重重，因为朝廷不给钱不给粮，兵勇自招，粮饷自筹，能否办好全看自己的本事。打了胜仗，朝廷可以赏给顶戴；打败了，是战死、病死，还是投江上吊，悉听尊便。但即便是这样的苦差事，也有人抢着去干。

外面战事正酣，而后宫却相对平静。懿嫔正在储秀宫思顺斋保胎待产，她既不为打得越来越惨烈的战事担心，也从不过问朝中的政事，唯一的愿望就是希望自己能平安生下一个健康的皇子，提升自己在后宫的地位。

咸丰帝也把未来的希望都寄托在这个即将出生的"龙种"上。懿嫔待产的最后一个月，他破例召懿嫔的母亲带两名仆妇提前到宫中细心照料，并早早让太监宫女们筹备懿嫔分娩事宜。正月初九，咸丰帝命钦天监博士择选"刨喜坑"的"吉位"，即满族人用来掩埋胎盘和脐带的吉地。经过一番考察，钦天监博士选定储秀宫后殿东边门为吉地，随后三名太监刨好"喜坑"，两名姥姥在喜坑前念喜歌，撒放一些筷子、红绸子和金银八宝，取意"快生吉祥"。内务府送来精奇（满语，是从小看护孩子的地位最高的仆役）和乳母共十名，懿嫔的弟弟照祥也让首领太监送来灯火及乳母二十名供挑选。但思顺斋地方太小，懿嫔仅挑了两个名分最高、生过男孩的妇女备用，另有两个经验丰富的接生婆供差遣。

从二月初三起，太医院派出六名御医到储秀宫轮流值班，此为"上夜守喜"。御医需轮值到产妇分娩后的第十二天。三月初，各种接生工具、新生儿吉祥物、辟邪物品等陆续送进储秀宫，所有人员进入"一级战备"状态，严阵以待。

三月二十三日午后，咸丰帝耐着性子在乾清宫暖阁看完内阁转呈的清军北大营的加急折子，正要回养心殿休憩片刻，这时内务府内殿总管前来奏报：接生姥姥来报懿嫔临产。咸丰帝一听，顿时来了精神，他既紧张，又激动，来回地在暖阁里踱步。下午二时许，内殿总管再报：懿嫔产下一位阿哥，母子平安。

喜讯传出后，整个紫禁城热闹起来。中国南方烽火连天之际，宫廷内却在张灯结彩，满朝文武额手称庆。咸丰帝更是欣喜若狂，慎重地为新出生的阿哥取名爱新觉罗·载淳，并于当日升香告祖，作长律以志吉庆：

> 敬感天麻祖考仁，佳音储秀报麟振。
> 恩深德厚哀常慕，奕启载祥定名淳。
> 庶慰在天六年望，更欣率土万斯人。
> 升香安佑昭慈佑，沉痛难胜永忆亲。

咸丰帝将懿嫔加封为懿妃，并于十二月举行册封典礼。各路接生姥姥、太医、宫娥、太监论功行赏，受奖人数比"剿匪"功臣还要多。

在内忧外患的煎熬中，宫中好久没有喜庆的事情了，小皇子降生带来的喜庆气氛持续了半个多月。还不到小皇子满月，咸丰帝又宣布大赦天下，普天同庆三天。另外，将西直门内新街口二条胡同路北的一栋官房赏给懿妃的母亲。

按照清朝祖制，皇子生下来后，无论嫡庶，都由宫内专门的乳母哺乳，生子的嫔妃则安心休养。咸丰帝爱子怜母，对懿妃的宠爱也就更进了一层。

与此同时，中南部战区的局势也在不断变化。咸丰帝并不在意某一场战役的胜败，而是时时关注太平天国下一步的动向。捻军与太平军似乎出现联手趋势，并有从中路湖北、河南北上的迹象。于是，咸丰帝又开始调兵遣将，决定先把捻军的势头打下去。之所以要重点对付捻军，一是因为捻军势头没有太平军强劲，较容易镇压；二是捻军的势力范围在长江以北，离京畿较近，威胁也更大。

在剿捻中，又有一批所谓的帅才大展身手，如英桂、袁甲三①在河南与捻军交战三战三捷。在此同时，太平天国内部发生了激烈的权力斗争，给了清军和湘军可乘之机。东王杨秀清逼宫谋权，北王韦昌辉奉诏杀杨，翼王石达开闻讯领兵"清君侧"，天王洪秀全杀韦昌辉迎石达开回京辅政。整整一个秋季，天京城陷入血腥恐怖之中。正与清军对峙的前线将领放弃战守返回，第一线的主力亦不待胜利而抽回，卷入这场大残杀之中。太平军在年初呈现出的强劲势头顷刻化为乌有，军事优势大大削弱。

咸丰帝闻讯欢欣鼓舞，立刻谕令江北、江南大营重整旗鼓。军机大臣琦善的手下大将德兴阿被任命为钦差大臣，督办江北军务；已故钦差大臣向荣的手下大将和春也被任命为钦差大臣，督办江南军务。咸丰帝

---

①　袁甲三（1806—1863）：字午桥，河南项城市人，清朝大臣，袁世凯叔祖，曾参与镇压太平天国、捻军起义，官至漕运总督兼江南河道总督，提督八省军事，赐号"伊勒图巴图鲁"。

把因消极决策而懈怠的政务重新捡起来，在养心殿分别与内阁大学士、军机大臣以及各部尚书商议，分析战局，重点讨论了钱粮的筹措及运输问题。

不久，被困的曾国藩也得以脱身，率湘军开始反击。随着各地奏报增多，咸丰帝越来越兴奋。他下令钦差大臣和春、德兴阿"乘此机会""迅奏朕功"；又下令钦差大臣官文和湖北巡抚胡林翼"乘此内乱，次第削平"。在给官、胡二人的谕旨中还有一段话："所望克复上游，即可移师东下，由九江而至安庆，由安庆而至金陵……兵饷可不加增，而胜利庶几有望。"看样子，他想乘机把太平天国一举消灭。

前线战事节节胜利，让咸丰帝很满意，后宫的一些人开始在他耳边鼓噪，说是皇子的降生带来了国运的逆转。咸丰帝对此深信不疑。咸丰七年（1857）正月，皇子载淳将满周岁之时，宫内大肆庆祝，咸丰帝再下谕旨将懿妃晋封为懿贵妃。懿贵妃就此越过丽妃，成为后宫中地位仅次于皇后的妃子。

赐封之后，咸丰帝还特许懿贵妃回娘家省亲。有个服侍过懿贵妃几十年的老宫女后来回忆省亲的经过时说：

那是咸丰七年（1857）正月，慈禧（懿贵妃）产下皇子九个月后，皇帝特旨准许她回家省亲。当天一大早，太监就到锡拉胡同告诉慈禧的母亲，懿贵妃当日中午要回来省亲。听到这个难得的恩许，慈禧家人及亲朋好友惊喜交加，几乎整个锡拉胡同的人都倾巢而出，争相目睹慈禧乘坐华丽銮舆回家的排场。黄帘遮垂的銮舆缓缓来到慈禧家门，庭院内两边是早已躬身等候着慈禧的母亲及所有家眷奴仆。轿子一直抬到大门口，太监才请慈禧下轿。

下得轿来，慈禧在宫女的搀扶下径直走进正屋，在正座上安然落座。此时，慈禧家人也随后进屋，除了母亲和年长的亲戚外，其余所有人都毕恭毕敬地跪下向慈禧请安。随后大摆宴席，席间，母亲只能坐在女儿下手，因为此时女儿已经是高高在上的皇子之母。但这位贵人似乎并未沾染上皇宫贵族的傲慢，她谈吐自若，就像昔日为人之女时一样，对家庭琐事，特别是妹妹们读书的事尤其关心。

家宴热热闹闹，慈禧在席间询问并回答了许多问题。一月份的白昼转瞬即逝，宴席持续到后半晌，随行太监请贵人准备回銮。慈禧亲切地与家人告别，说自己不能与他们共同生活，非常难过，不过她也希望母亲有朝一日可以蒙恩入宫去看她。然后，慈禧给每个人都赏赐礼物，依依不舍地乘坐銮舆离开。叶赫那拉氏随和亲切的态度给所有参加宴席的人留下了极深的印象。

咸丰帝特许懿贵妃的家人进宫，她居住的储秀宫后殿就显得狭小了些。他有心想为懿贵妃修缮长春宫，又苦于没有银子，只得作罢，从中可以看出咸丰帝对懿贵妃恩宠优厚，用情至深。

第三章　觊觎皇权

1. 恼人的"剿匪"与"夷务"

太平天国的战事刚有所好转，咸丰帝还没高兴多久，又遇到了令他头痛的外交事务。

早在咸丰四年（1854），英法两国就开始密谋怎样趁火打劫，他们耐着性子等了两年，到咸丰六年（1856）终于忍不住了，以"亚罗号事件"为借口，在中国南部沿海挑起了一场蓄谋已久的战争。

所谓"亚罗号事件"，根本就是英国借机挑事。咸丰六年（1856）九月十日，清朝水师在"亚罗"号商船上逮捕了两名海盗和十名涉嫌走私的船员。此船虽在香港注册，却是非法注册，且注册期也已过时，但英国驻广州领事巴夏礼却捏造说，"亚罗"号是英国船只，清廷没有权力扣留，而且船上的英国国旗被清朝官兵撕下，是对英国的侮辱。事情闹到两广总督叶名琛①那里，他把调查结果摆在英国驻广州代理领事巴夏礼面前，严正指出：不法分子走私鸦片到中国，却让我清朝向犯罪分子赔礼道歉，岂有此理？如果不法分子是英国人或者是受英国保护的人，那么人可以放，但道歉、赔偿都不可能。相反，应该是英国向清政府道歉，因为是英国人违犯了清朝的法律。

---

① 叶名琛（1807—1859）：字昆臣，湖北汉阳人，官至两广总督，擢授体仁阁大学士，人称"六不总督"，不战、不和、不守，不死、不降、不走。在第二次鸦片战争中被俘，自诩"海上苏武"。

处理"亚罗号事件"之始，叶名琛的态度非常强硬，因为他不仅有地方百姓的支持，而且背后还有朝廷。他写奏折以六百里加急呈送给咸丰帝，奏明情况。此时咸丰帝正在调集各地兵力，准备给太平天国最后一击，一时还顾不上几千里外的南疆，于是就允准叶名琛全权处理。叶名琛是传统意义上的封建士大夫，思想跟不上急速变化的时代，他满脑子"华夷大防"的思想，外交手段比较生硬。

英国人知道叶名琛虽是代理两广总督，但他还有一个职务，那就是五口通商事务钦差大臣，说他是南方官场第一人并不为过。广州城的外国人都知道叶名琛的分量，之前英国驻香港总督包藏祸心，多次要求叶名琛放他进广州城，但都被拒绝。英国人这次又碰了钉子，自然不会善罢甘休。他们用舰炮对广州进行炮轰，随后攻进广州城，因遭到阻击而退出。叶名琛以为英国人只想吓唬他，所以便对"亚罗号事件"搁置不理。

英法两国欲在中国攫取更多利益，一直在等待时机寻找各种借口。"亚罗号事件"之前，即同年二月，法国人就在广西制造了"马神甫事件"。法国天主教传教士马赖非法进入广西西林县，与当地恶棍勾结，以传教为名，奸淫妇女，胡作非为，引起当地民众的愤怒，西林县令张鸣凤下令处死马赖。法国公使得知马赖的死讯后，马上向朝廷交涉。广西按察使和两广总督询问张鸣凤是否有此事，他矢口否认。中法双方为此争执不下。此后，法国人不断向清廷施加压力，中方只得说马赖是非法进入西林，并在该地犯了法。法国人嗤之以鼻，随后以此事为借口和英国勾结，组成英法联军。他们之所以没有马上发动战争，是因为在中国边界的兵力不够，需要时间调集准备。

此事并未引起咸丰帝和内阁大臣们的重视，他们依然把注意力集中在太平天国的一举一动上。但他们急切盼望的胜利并没有到来，从各地传来的军报表明，捻军已经开始与太平军联合作战。"天京事变"后的太平天国虽说力量大为削弱，但仍有相当的实力。在石达开的主持下，太平军的逆势很快扭转，清军的攻势再度受挫。咸丰帝又失望了，他的情绪就像波浪一样翻腾起伏，性情也随之大变。他不再直面现实，而是逃避眼下一切无能为力的难题。天下危局，举国之力都难以破解，他再怎么努力也挽救不了大厦将倾的颓势。

如今，只有美酒的麻醉能给咸丰帝带来一时半刻的安逸和快意。作为国君，他没有朋友，后宫中三位受恩宠的妃嫔——皇后、懿贵妃、丽妃都要严守君臣之礼，不敢逾规越矩，何况其他妃嫔，因此他内心的孤独实在难为外人道。但有美酒还得有美人来陪，他又想到了圆明园。在那里，他可以一边喝着美酒，一边欣赏美妙的歌舞，岂不是如神仙般快乐？于是他让内务府的太监们去准备。太监们对咸丰帝的喜好自然是一清二楚，他们找来一些唱地方戏的戏班歌女，专唱咸丰帝心爱的唱段曲词。

时值早春，咸丰帝在园子里逛了一圈，觉得周围一片枯黄，毫无生机。太监们知道皇帝爱花，立刻有了主意，殿内总管刘承恩说："这园内的花花草草能够被圣上看在眼里，也是它们修来的福分。可惜春天刚来，它们还没有活色。奴才们应该选些名花进来，让其颜色常新，才不辜负圣上的恩宠。"咸丰帝听后笑了笑，说道："花无百日红，世上没有不枯的花草，即使当时如何万紫千红，一遇到风霜，也都枯萎败谢了。"另一个太监忙说："万岁爷乃真龙天子，您想有怎样的花，那就一定会有。"

太监们私下商议了一番，立刻开始搜罗四季名花，分栽到四个院子里。然后，又从数十位歌女中挑出四个皇帝最喜爱的歌女，分住在这四个院子里。咸丰帝赐给她们的芳名分别是牡丹春、杏花春、武林春、海棠春，人称"四娘娘"。牡丹春是苏州名妓，生得富丽丰腴，住的院子原叫牡丹台，后来改名"镂月开云"，在圆明园东边。杏花春是江苏候补道吴王恭家中的一个女婢，生得丰姿绰约、容颜娇艳，所住院子叫作杏花村馆，宫院名杏花台，在圆明园西边。海棠春是大同府中的女伶，原名玉喜，玲珑可人，能歌善舞，住的院子叫作绮吟堂。武林春是一个孀妇，性子刚烈，冷艳逼人，住在祥云庵，这里本是水池上面的小寝宫，院名却叫"武林春色"，景色非常别致，池子因此出名。

自从得了这几位美人，咸丰帝几乎每天都来园中观赏，兴致所至，还吟诗作对。百花争艳时节，更是"酒不醉人人自醉，花不迷人人自迷"。咸丰帝任情采撷，在百花丛中流连忘返。

世上没有不透风的墙，深居宫闱的皇后、懿贵妃、丽妃等人都先后知悉皇帝在外偷欢，皇后当面直谏，丽妃则婉言相劝。咸丰帝有些强词夺理地申辩说，他若是为了贪图安逸，那么在宫中同样可以自耽逸乐，何必去圆明园才萌生怠荒的念头呢？他无论在皇宫还是在圆明园，都是"同一敬畏，同一忧勤"。只有懿贵妃装作什么都不知道，同时，她还私下让安德海在皇帝面前提起，说懿贵妃最近写了几折新戏，不知皇帝是否有兴致让圆明园的那些歌女排演。咸丰帝听了正合心意，不仅因为懿贵妃和他有共同的兴趣爱好，更因为她凡事都依着他的意思来，他当然愿意让懿贵妃与他同享欢乐。

咸丰七年（1857）春末，咸丰帝又移居圆明园，名义上是处理"夷务"，懿贵妃奉诏伴驾。其实，这段时间的朝廷政务基本上由大臣们商议处理，除非内阁认为非皇帝亲阅不可。咸丰帝在圆明园处理公务时也不看奏折，内阁转呈的折子大都交给懿贵妃过目，而他自己不是在听戏，就是在画画。据说在绘画方面，咸丰帝曾受业于杜受田①，擅长画马。据清代陈康祺在其笔记《郎潜纪闻》中称："尝见文宗（咸丰）所画马，醇邸（醇亲王奕府）恭摹上石，神采飞舞，雄骏中含肃穆之气，非唐、宋名家所能比拟也。"可见咸丰帝画画很用心，也较专业。

至于听戏，咸丰帝与懿贵妃一样，不仅懂得很多地方戏，兴起时还会亲自登台，其身段、唱功都是一流的。此外，咸丰帝似乎还有一般戏迷的嗜好——捧角。他曾经为捧一名叫朱莲芳的伶人，与御史陆懋宗"争风吃醋"。据史料记载，朱莲芳貌为诸伶之冠，善昆曲，歌喉娇脆

---

① 杜受田（1788—1852）：字锡之，山东滨州（今滨州市滨城区）人，历任左都御史、工部尚书、太子太傅兼吏部尚书、刑部尚书、礼部尚书、协办大学士等职。

无比，且能作小诗。咸丰帝特别喜欢她，总是与她相见。陆懋宗发现皇帝对朱莲芳有意，便写了一份数千言的劝谏折子。咸丰帝阅完，戏谑道："陆都老爷醋矣。"随即大笔一挥，批示："如狗啃骨，被人夺去，岂不恨哉！钦此。"

懿贵妃对皇帝沉迷酒色视而不见，有她的用意和目的。皇上忧心国事，却苦无良策，烦闷之余排遣一下，无可厚非。若在这个时候劝阻皇上，只会让皇上厌弃。

最重要的是，她已经诞下皇子，宫中地位稳固，可以安享富贵。至于祖宗家法、宫中规矩，她从未放在眼里。

春去夏来，南方战区有消息传来：太平天国再一次爆发内讧。天王洪秀全恐石达开成为杨秀清第二，暗施多种钳制之策。石达开负气出走，沿途发布告示，各路精兵多听从其召唤随之而去，这支军队辗转赣、浙、闽、粤、桂等省，太平天国统治区军事力量受到严重削弱。懿贵妃看到军机处转来的折子，非常兴奋，把奏折给咸丰帝读了两遍。咸丰帝心中重又燃起胜利的希望，立刻谕令曾国藩设法招降石达开。

没想到曾国藩却"撂挑子"了，认为石达开部已不成气候，不值得劳神费力，接着他请假回老家奔丧。丁忧期间，他给咸丰帝写了一封奏折："以臣细察今日局势，非位任巡抚有察吏之权者，决不能以治军。纵能治军，决不能兼济筹饷。臣处客寄虚悬之位，又无圆通济变之才，恐终不免于贻误大局。"他抱怨皇帝没有给他如地方巡抚的实权，不当巡抚就筹不到军饷，没有军饷就打不了仗，时刻受人牵制。咸丰帝对曾国藩伸手要权的做法十分反感，他心想：既然如此，你就老老实实在家守孝吧，你曾国藩不干自然有人愿意干。曾国藩的两位门生李鸿章、赵烈文①开始崭露头角。

南方战局形势虽然有所好转，但并没有懿贵妃和咸丰帝想象中那般

---

① 赵烈文（1832—1894）：字惠甫，江苏常州人，曾任易州知州，为曾国藩机要幕僚多年，对佛学、易学、医学、军事、经济均有涉猎。

乐观。江南局势利于清军作战，但江北捻军已经接受太平天国的封号，太平军李秀成部与捻军龚得树、苏天福等部在霍邱（今属安徽省六安市）会师。此后，他们活跃于淮河南北，不时进击豫东、苏北，实力迅速壮大。在南部边境，英法联军也准备向内地武力扩张。咸丰帝有感于身边无人可用，于是征询翰林院编修郭嵩焘①："依你看，天下大局尚有转机否？天下大局，宜如何处理？"郭嵩焘深受肃顺赏识，自然推崇端华、肃顺兄弟，他们毕竟是皇室宗亲，不会袖手旁观，坐视清朝的江山被他人夺去。于是，咸丰帝命"铁帽子王"端华为阅兵大臣、右宗正，负责京师戒严、督察巡防，也就是把管理京师皇亲国戚、防务、治安的大权交给端华。另外，咸丰帝还擢升内阁学士、护军统领肃顺为左都御史，负责整肃军队，监督所有军队中的不法违纪行为。肃顺自知八旗兵衰堕，不得不一改过去不重用汉官的主张，认为只有汉人才能挽救这一败局，必须重用有能力的汉族官僚，才能渡过重重难关。他建议咸丰帝让曾国藩、胡林翼等人继续组建团练，编练出一支新兴的地方武装。

咸丰帝的情绪紧随战争形势的变化而变化。在捻军与太平军联合作战的同时，得到增援的英军再次入侵南境。同年六月，英军以十七艘战舰轰击清军水师百余艘战船，参战人数增加到近三千人。洋人的趁火打劫令咸丰帝恼怒，但他又深感力不从心，只得放任不管。懿贵妃刚接触政治，就从咸丰帝对"夷务"的态度和情绪变化中窥知，洋人野心极大，很不好惹。

英法联军把咸丰帝一步步逼向痛苦的深渊，以太平军和捻军为首的反清烈火也越烧越旺。咸丰帝感到自己极力支撑的大清江山，真的摇摇欲坠了。

---

① 郭嵩焘（1818—1891）：字筠仙，湖南湘阴城西人，晚清官员，湘军创建者之一，中国首位驻外使节。

2. 内忧外患解君愁

咸丰七年（1857）秋，英国全权代表额尔金和法国全权大使葛罗分别率英法侵略军至香港，组成五千六百多人的联军，封锁广州。

英法联军兵临城下，额尔金、葛罗还装模作样地照会两广总督叶名琛，要求入城"修约"，并提出"赔偿损失"等不平等条款，不然联军就发动进攻。叶名琛虽然态度强硬，但因他呈给咸丰帝的求援奏折迟迟没有批复下来，且之前既没有得到朝廷兵员物资的支援，朝廷也没有正式授予他全权处理"夷务"的权力，因此他并未积极备战。他的部下要求调绿营兵防守，并请求召集广州市民团练自卫，均遭到他的拒绝。英法联军见清廷软弱无能，便肆无忌惮地大举进攻，轻松攻陷广州，清军不战而败，后来连两广总督叶名琛也被英军虏获，押往印度加尔各答。

几天后，咸丰帝的六百里加急圣旨才抵达广州，谕令称："既窥破底蕴，该夷伎俩已穷，饬续有照会，大局即可粗定，务将进城、赔款，及更换条约各节，斩断葛藤，以为一劳永逸之举。"可惜此时叶名琛已被押在英军监狱中看不到圣旨，即使看到，他恐怕也难以与决意入侵的联军和谈，无法促使"大局粗定"，更别说"一劳永逸"了。

咸丰帝得知叶名琛被俘后有些慌乱，但并未采取解救措施，也没有在南境进行必要的军事部署，只是改调黄宗汉①为两广总督兼五口通商大臣。此时进入广州城的英法联军只有数千人，英方全权大使额尔金担心广州处于无政府状态，局面很难控制。如果广州周边的清军和地方民团奋起反抗，那么联军很难有胜算，甚至难以脱身。令人不解的是，广州出乎意料的平静。

---

① 黄宗汉（1803—1864）：字寿臣，福建泉州晋江县（今晋江市）人，晚清大臣，封疆大吏，"辛酉政变"后被两宫太后罢黜。

不过，新到任的黄宗汉力主抗击英法联军。他上任时，沿途广招兵马，经过家乡福建时又募集神枪手。到达惠州后，他马上联络广州城外的一批勇士，包括在籍侍郎罗惇衍、京卿龙元僖、给事中苏廷魁等发动进攻，但几次小规模的军事行动都失败了。清廷主和派认为黄宗汉"有碍和局"，上书请咸丰帝免去其两广总督兼通商大臣之职，调任四川总督。

通过这一系列动作，额尔金探知了清廷的底线，便要求将广州巡抚柏贵复职，署理两广总督，但前提是柏贵要听从联军指挥。这显然是蛮横干预清朝的内政，而咸丰帝准备让浙江巡抚何桂清①来补缺。后来，柏贵经过一番考虑，答应了联军的条件，同时与广州将军穆克德讷联合上书弹劾叶名琛。

残酷的事实证明，强盗的逻辑就是主动向被欺压的国家挑起战争，而后又要求赔偿。道光帝在第一次鸦片战争中便经历过这样的屈辱，如今清王朝的光景远不及道光年间。咸丰皇帝更非救世明君，他先下旨将两广总督叶名琛革职，把责任都推到这个前总督身上，同时停发两广驻军的军需粮饷，让洋人看到清廷有和谈的诚意。

英法联军见中国人步步退让，便有了得寸进尺的想法。为了掩盖自己的"强盗行径"，他们又打出和谈的幌子。他们知道，清廷根本无力承担巨额赔偿，届时开放通商口岸和割让土地作为补偿将成为清廷不得不同意的条件，而不需他们武装入侵。

他们还重提派公使进驻北京的要求，宣称按外交惯例，友好国之间"感情"达到一定程度，互派公使是很正常的事情。清廷当然知道英法两国的险恶用心，洋人公使一旦进驻京城，就会大施淫威，干预京城的某些事务甚至干涉朝政。尽管朝廷对此事有所认知，但由于没有采取妥当的外交策略和反制手段，致使一些封疆大吏各自为政，各行其是，一

---

① 何桂清（1816—1862）：字丛山，云南昆明人，晚清大臣，历任编修、内阁学士、兵部侍郎、江苏学政、礼部与吏部侍郎、两江总督等职。

时造成了外交混乱。

英法两国的使节和战船先后到达大沽口外，要求清廷迅速派要员来谈判。名义上是和谈，英法两国的真实目的是实现其"威胁天津、压服北京"的阴谋。如果不能满足两国的要求，他们就会诉诸武力。咸丰帝显然知道谈与不谈都是一样的结果，这不是谈判而是强迫接受，所以他不许洋人进京，而是派人去大沽口谈判。

咸丰八年（1858）四月八日，英法联军以清廷代表未在限定日期到达为由，对大沽口炮台进行突袭，清军阵亡二百九十一人、受伤一百七十人，联军以战死十余人、伤五十七人的代价攻陷大沽口炮台。四月十四日，英法联军又乘势占领天津。洋人的险恶用心昭然若揭。

咸丰帝在圆明园听懿贵妃给他读奏折，还没听完就面如土色。洋人已经把刀架在自己脖子上了，再不迅速做出反应，可能自己皇位不保。但是，是打是谈他一时难以抉择，几经廷议，最后还是主和派占了上风。那么派谁去跟洋人谈呢？懿贵妃见咸丰帝急得如热锅上的蚂蚁，建议道："万岁爷不必如此忧心，眼下就有一个再好不过的人选。"咸丰帝一听，忙问："爱妃所荐何人？"懿贵妃推荐的人是直隶总督桂良[①]，他是恭亲王奕䜣[②]的岳丈。于是，咸丰帝下了一道密旨，让桂良和花沙纳前往天津谈判，并授便宜行事之特权。

桂良、花沙纳遵旨请俄、美出面调停，沙俄借机与清朝签订了《中俄天津条约》，美国一看有利可图，也与清朝签订了《中美天津条约》。桂良虽然是遵旨办事，但在与俄、美签字之前，咸丰帝对这两个条约的内容一无所知。两国公使随后发现，他们签订的条约并不被清廷认可，坐地分赃的目的没有达成，于是再次提出公使进驻北京的要求。同年六月二十六、二十七日，英法也分别与清朝签订《天津条约》，再次强烈

---

① 桂良（1785—1862）：字燕山，满洲正红旗人，清朝大臣，历任兵部尚书、吏部尚书、直隶总督、东阁大学士、文华殿大学士、军机大臣等职。

② 奕䜣（1833—1898）：道光帝第六子，咸丰帝异母弟，道光帝遗诏封"恭亲王"，清朝十二家"铁帽子王"之一，洋务运动的主要领导者。

要求往京城派驻公使，但清廷坚决不同意。桂良虽然想把这条内容加入协议中，但又不敢向皇帝汇报实情。可是，如果不写这条，列强四国必将以武力压服。桂良只得擅作主张，两头隐瞒。

咸丰帝认真看过与四国签订的《天津条约》后，发现自己被蒙蔽了，他最不能容忍的条款居然出现在正式协议中。《天津条约》的主要内容包括：公使常驻北京；开放牛庄（后改营口）、登州（后改烟台）、台湾（后定为台南）、淡水、潮州（后改汕头）、琼州、汉口、九江、南京、镇江等十一个城市为通商口岸；清廷共赔偿英法军费六百万两白银；外国人可到中国内地自由游历、经商、传教；外国军舰和商船可以在长江各口岸自由通航；修改税则，减轻外国商船吨税（实际上就是降低进口税率）。

同年四月十六日，沙俄还以武力迫使黑龙江将军奕山①签订了《瑷珲条约》，将黑龙江以北六十多万平方公里土地全部划归俄国。

列强对清廷的抗议置若罔闻，用坚船利炮迫使清王朝答应他们提出的所有无理条件。咸丰帝见木已成舟，不可挽回，只得御批"依此办理"，先让洋人退兵再说。洋人见预期目标达成，得意洋洋地退兵。清廷以失去通商口岸主权和巨大的经济损失为代价，忍受屈辱换来暂时的"和平"。

洋人之围虽解，但咸丰帝丝毫没有感到轻松，他将直隶总督桂良召来大骂一通。桂良硬着头皮对咸丰帝说："洋大人逼臣签下这城下之约，臣为圣上和朝廷安危着想，不得不对洋大人虚与委蛇。如果圣上认为履行该条约很为难，那不如推翻了吧。"咸丰帝一听更加恼火，这种混账话也说得出口！洋人岂是好惹的，不签约则已，签了约就等于递给列强一张欺负清朝的通行证，任何反抗倒变成了不合法。这该如何是好？

———————————

① 奕山（1790—1878）：字静轩，满洲镶蓝旗人，清朝宗室。历任塔尔巴哈台领队大臣、伊犁参赞大臣、伊犁将军、黑龙江将军等职。

懿贵妃见咸丰帝既愤怒又无奈，忙上前劝慰："既然木已成舟，万岁爷再恼也无所补益。何不以此作为缓兵之计，等熬过这生死攸关的一刻再说。"她说的"生死攸关"不是指洋人兵临城下，而是指太平军和捻军联合北上作战，直逼京师。咸丰帝也很明白自己无力履行不平等条约中的大部分条款，但又想不出什么好的解决办法。他将等在厢房候旨的怡亲王载垣①和端华、肃顺传来，征询他们的意见。

肃顺看见懿贵妃也在场，顿时心生反感。入春以来，咸丰帝在圆明园从未召见过内阁和军机处的任何臣工，这让爱新觉罗一族重臣非常担忧。肃顺本以为皇帝会委派给他们什么重任，结果咸丰帝只是让他们代替内阁起草一份让新任两广总督何桂清暂缓履行《天津条约》减关税等条款的圣旨。载垣、端华、肃顺都是朝中的主战派，他们毫不客气地指出，当初朝中的主战派官员极力主张对列强开战，皇帝却躲进园子享清福，如今和约已签好了又不想履约，必会招致更大的麻烦甚至灾难，还请皇帝三思为好。

咸丰帝反诘道："我大清还有银子赔给洋人吗？就是把圆明园、紫禁城全卖了也赔不起，洋人此番又要在十一个埠口减税，我大清朝的财政收入减少不说，从外国源源不断涌进来的洋货和鸦片又要刮走百姓手中所剩无几的银子，那朝廷还有何生存之本？如果拖一拖，或许能找到一线转机，不然眼下就得亡。"咸丰帝还没说完，又拿出拟调两广总督何桂清的三份奏章。这位还未到任的总督坚决反对履行《天津条约》，尤其对变相减免关税一款最为不满。因为两广开埠最多，国外货物涌入对地方经济的影响最大，如果再减税，那么无异于将两广的经济命脉拱手让给洋人。三位重臣一时找不到更好的说辞来劝谏皇帝，更想不出解开眼前这个"死结"的法子，只得依旨而行。

就在咸丰帝忙于应付洋人的时候，太平军和捻军又发动了更大规模

---

① 载垣（1816—1861）：清朝宗室、康熙帝六世孙，世袭和硕怡亲王爵位，清朝十二家"铁帽子王"之一，咸丰帝顾命八大臣之首。曾任御前大臣行走，咸丰帝即位后，渐受信用，累官左宗正、宗令、领侍卫内大臣。

的攻势。此时太平天国出现了两位年轻的杰出军事将领——陈玉成和李秀成。在太平天国出现危机时，他们展现了非凡的作战天才，使李鸿章组建的淮军三战皆败；胡林翼率领湘军在湖北作战，先胜后败。陈玉成部甚至攻克安徽的临时首府庐州（今合肥），咸丰帝急命胜保为钦差大臣，主持皖北军务。然而，陈玉成、李秀成合军摧毁江北大营，咸丰帝将钦差大臣德兴阿革拿，并撤销江北大营，江北军务由江南大营的和春兼理。可是，李秀成、陈玉成再次联手，在安徽三河歼击湘军主力李续宾部，挫败其东进的图谋。

三河一战使湘军元气大伤，所谓"敢战之才，明达足智之士，亦凋丧殆尽"。咸丰闻讯面如死灰，感到脚下的大地在旋转，接连不断的败绩奏报让他的意志和健康状况都急转直下。咸丰帝自知回天无力，于是又躲进了圆明园，尽管此时已进入冬季。皇后守在紫禁城后宫不轻易出门，伴驾之人自然首选懿贵妃。在咸丰帝疏于朝政的时候，懿贵妃帮助他批阅奏章。尽管她开始萌生政治野心，但她还是事事顺着咸丰帝的心意，显得非常温顺。

日子久了，咸丰帝、皇后、懿贵妃都对这种模式习以为常，而经常去面见皇帝的肃顺却看出一些不好的苗头，他劝谏咸丰帝不要专宠一人，以免发生后宫乱政之祸。咸丰帝心里明白肃顺所指何人，却故意反诘："朕专宠过谁？除了你还有谁干政？"肃顺听后料知皇帝心生不悦，心想：我大清两百余年基业绝不能毁在一个女人手上。此后，肃顺授意内务府太监把咸丰帝喜爱的汉女全都安排进圆明园。肃顺的意图很明显，让她们与懿贵妃分庭抗礼，如此一来，懿贵妃就没机会恃宠而骄、干预朝政了。

此举让懿贵妃对肃顺心生恨意，但眼下他是皇帝最倚重的大臣，在朝中也最有权势，所有皇亲国戚都忌惮他几分，所以她不敢过早与他为敌，只能忍气吞声。

3. 遗恨圆明园

　　咸丰九年（1859）春，咸丰帝突然颁发一道令人不解的谕令：修整紫禁城的长春宫。国库没有存银，还要赔偿洋人军费，皇帝偏偏在如此困境下修缮宫殿。有人猜测因为懿贵妃受宠正隆，皇帝想兑现当初许下的承诺，担心以后每年都得赔款，使他的承诺落空，而现在还可以拖着暂不赔款。又有人猜测是皇帝自己准备常住长春宫，那样去养心殿理政更方便些。不管怎么说，咸丰帝心意已决，无论如何，宫殿都要如期修葺。

　　这时候，英法两国已分别派出公使。英国公使是额尔金的弟弟布鲁斯，他一到中国就给直隶总督桂良写信，催问交换和约之事。按约定，《天津条约》需在一年内分别交两国皇帝批复后方能生效，批复后的和约还要办一个交换仪式。桂良见洋人逼问得紧，只得将咸丰帝认为条约需要修改，尚未御批一事如实相告。布鲁斯听后颇有微词，自己肩负使命而来，信心满满，而清廷却一直拖延。他决定立刻进京，直接向清朝皇帝问明原委。同时，他又写信给已到上海的法国驻华公使布尔布隆，表示要用军舰带士兵护送使团北上，威慑清廷。他认为，带兵去大沽口比带着炮舰不带军队去天津更具威胁性，而去天津又比去北京更有震慑力，因为去了北京只能以和平手段解决问题，而不容易找到武装入侵的借口。

　　英法两国公使的态度很明确，他们不管清朝皇帝是否同意这份合约，清廷必须履约，否则两国将动用武力。法国公使布尔布隆更是软硬兼施，一边施以外交手段，一边做着军事准备。

　　五月上旬，桂良又以钦差身份赶往上海与布鲁斯、布尔布隆会面，商讨入京觐见皇帝流程。他想继续拖延，可布尔布隆毫不给机会，语气生硬地威逼桂良："现在我比以往任何时候都更加坚决，坚决完成使命，就在《天津条约》规定的期限内换约，不得有半点推迟。我要面见清朝皇帝，亲自呈上拿破仑三世陛下的亲笔信，没有什么能阻止我完成使命。"桂良闻出了话中的火药味，只得向皇帝请旨。过了几天，咸丰帝终于批准英法两国使团进京，同时给新任直隶总督恒福发去一份谕令，让外国使团从天津北塘登陆进京。恒福是由河南巡抚调任直隶总督的，对《天津条约》的签订过程和条款知之甚少，他没有将使团须在天津北塘登陆的谕令告知英法公使。

五月十五日，得到进京许可的英法公使摆出一副征服者的姿态率团北上。十七日，负责护卫使团的英军何伯①少将的舰队到达大沽口，随后派遣舰长康米利尔和翻译蒙根登陆向清廷宣布公使将要到来的消息。由于使团没在清廷指定的地点登岸，因此，受到刚调防于此的僧格林沁部下的阻拦。英方询问为什么没有官方代表迎接，为什么在河道设置了障碍物。他们得到的回答是，朝廷代表已在北塘等候，之所以设置障碍物，是为了防止太平军和捻军进犯天津。

英法公使对清朝廷的"怠慢"非常不满，决定将一切交给何伯少将处理，也就是采取已经准备好的军事行动。何伯少将重返大沽口，发现清军的防御更严密了，于是，他立刻与公使商议决定于五月二十五日上午十时发起攻击。

五月二十五日上午九点，直隶总督派人匆匆向京城呈送书信，说两国公使拒绝在北塘登陆等候赴京，并已经让何伯少将率舰队直赴大沽口，拆除河面的障碍物，准备武装登陆。是日，僧格林沁所率清军在岸上与英军对峙。下午将要退潮的时候，突然一声炮响，第二次大沽口战役打响了。双方开炮互射，何伯少将试图用舰炮掩护士兵强行登陆，但遭到岸上清军阻击，伤亡惨重，他自己也受了伤。剩余英军只得退回舰上，待潮水上涨后撤退。

咸丰帝当晚收到天津大沽口战报，僧格林沁歼敌四百余人，取得了

---

① 何伯（1808—1881）：英国海军将领，1859 年至 1862 年任东印度及中国舰队司令，参与了第二次鸦片战争和抵抗太平天国的上海保卫战。1879 年被授予英国海军元帅衔。

自第一次鸦片战争以来最辉煌的胜利。他兴奋得一宿未眠，天刚亮，就派快骑赶往天津询问英法使团是否愿意从北塘登陆进京。英法公使不置可否，掉头离开。

第二天午后，咸丰帝在圆明园九洲清晏殿召见了两江总督何桂清。一般只有召见重臣、近臣，皇帝才会到这个地方谈事。何桂清在封疆大吏中算不上主和派，在朝中也并非皇帝近臣，这次召见正说明咸丰帝有密要之事与他谈。开始何桂清以为是谈京城和广州防御，但咸丰帝谈的却是怎样修改《天津条约》，并很愉快地提到大沽口一役轻巧取胜。何桂清听后不胜忧虑，心想，大沽口一役已与英法两国撕破脸皮，哪里还有修改条约的可能？即使再次谈判修改，也只会增加他们欺压进犯清朝的条款。他小心翼翼地对咸丰帝说："圣上，依臣之见，英法公使掉头就走，不是因为他们胆怯，而是他们被彻底激怒了，将卸下谦谦君子的伪装，彻底露出狰狞獠牙，还望圣上尽早做好大战的准备。"

咸丰帝被何桂清泼了一瓢冷水，十分生气，命他去苏州准备下一轮谈判。随后，咸丰帝余怒未消地来到"天地一家春"大雅斋，懿贵妃正在悠闲地绘一幅兰竹图，见皇帝突然驾临，急忙迎驾。咸丰帝当着懿贵妃的面又把何桂清骂了一通，懿贵妃端来一碗茶，劝他消消火，冷静后再想对策。咸丰帝建议最好还是争取和谈，即便下一轮谈判对清朝更不利，也只能暂时忍耐，待内贼尽除，再驱外夷。

但是，英法两国不再给清廷和谈的机会。八月，英法两国政府宣布对清朝开战，先攻占天津，威逼北京方面屈服，如果达不到目的，再进攻北京。

英法联军劳师远伐，做了长达半年的准备，兵马未动，粮草先行，不仅建立绵延万里的海洋补给线，还在广州、上海等地设立军需补给站。至咸丰十年（1860）春，英法联军的战前准备已然就绪，总计兵力有三万人、舰船一百四十四艘进入中国海域。对此，在上海周边"剿匪"的清军竟然视而不见，还请求利用英国人的洋枪队来合剿捻军。

与此同时，一直在圆明园的咸丰帝则忙着操办一件他认为很重要的事情——筹办他三十虚岁生日庆宴。据说西藏十二世达赖喇嘛成烈嘉措派来一个使者，转告咸丰帝在他的而立之年会有一场深重的劫难，必须建坛作法。有人劝告皇帝，这可能是成烈嘉措讨封赏的伎俩，不可轻信，但咸丰帝对此深信不疑，让内务府尽力筹备。洋人战前准备充分，双方一旦开战，胜败已无悬念。

六月中旬，英法联军第三次出现在天津大沽口。咸丰帝不慌不忙地给直隶总督恒福发去一道谕令：照会联军，依照美国使者从北塘登陆进京之例，少带从人，由北塘进京换约。清廷的态度一如以前，英法联军共一万八千余人，按清廷照会要求，在北塘登陆了，但他们并不是去北京，而是武力进占天津。他们稳扎稳打，登陆十二天一直未遭到任何反抗。究其原因，一方面是清廷仍对和谈抱有幻想，按兵不动；另一方面是清廷因去年的小胜而误认为洋人不擅长陆战，所以不怕联军登陆，一旦打起来，正好聚而歼之。

六月二十六日，英法联军已登陆一万一千余人，并迅速对塘沽发起攻击。僧格林沁所率清军见英法联军来势汹汹，稍作抵抗就开始溃逃。但咸丰帝看到的战报是："该夷炮车二百余辆，夷人万千名，实系众寡不敌，然亦毙贼无数。"虽然清军寡不敌众，却也能毙贼无数，说明英法联军并不可怕，咸丰帝颇感欣慰。既然清军只是兵力不够，那就再派些人去。

然而，还没等清军增派到位，英法联军又攻击北炮台，虽然伤亡三百多人，却掌握了主动权。七月初八，英法联军占领了整个天津城。被蒙在鼓里的咸丰帝根本没想到形势会急转直下，洋人又要搞城下之盟了，无奈之下，他只得让桂良再去与联军谈判。正如何桂清所预料，这一次洋人直接撕下了伪装，直截了当提出清廷除了无条件接受先前拟定的《天津条约》外，还必须开放天津为通商口岸，并增加战争赔款。同意就谈，不同意就打，若打，他们会一直打到京城去。

桂良见事态严重，据实将谈判细节呈报皇帝。咸丰帝一看暴跳如雷，痛骂桂良："你这不是让朕来承担卖国之责吗？你们号称忠臣，却每每临阵脱逃，事后又百般遮掩辩解，难道都是在欺瞒朕不成？"咸丰帝被推至风口浪尖，一筹莫展，只得故技重施，他授意桂良先让洋人退兵，只要退兵就答应他们的所有条件。桂良把皇帝的意思转告联军谈判代表，但他们的耐心已经耗尽，不再信任桂良，也不相信清朝皇帝会如此干脆地答应所有条款。因此，他们不仅不退兵，反而继续向北京进攻。

因洋人节节进逼，咸丰帝只得硬着头皮应战。他强作镇定，毕竟是在清朝的国土上，难道还惧怕万余名洋鬼子不成？他两次表态要御驾亲征，以激励士气，安定人心。七月下旬，英法联军进抵通州时，咸丰帝谕令军机大臣绵愉①、载垣、端华、肃顺等人，表示要与英法联军"决战"。战前，他先派载垣去谈判，并叮嘱他做好两手准备。亲王的身份比钦差桂良尊贵，英法联军不好再做推辞，便派巴夏礼为代表进行谈判。

由于双方都没有诚意，谈判因为交递国书这一环节产生严重分歧，导致谈判破裂。载垣按皇帝吩咐，命令僧格林沁暂时扣留巴夏礼等人。僧格林沁给咸丰帝上了一道密折，大意是说如果与英法联军开战，清军没有取胜的把握，当务之急是请皇帝"巡幸木兰"，去承德打猎，暂避锋芒。

八月初四，也就是巴夏礼被扣留当天，英法联军即出动近四千人进攻通州，与清军在张家湾展开激战，僧格林沁所部近万人的防线被突破，联军伤亡仅35人，清军伤亡1350人，伤亡比例几乎迫近1:40。清军溃败后，僧格林沁又在距离京城很近的八里桥构建一道由三万余人组成的防线。他本人统率步兵一万余人驻扎在张家湾至八里桥一带，扼守通州至京师广渠门（今建国门）的大道，以保卫京师。

八月初七，第二次鸦片战争中最惨烈的战役——八里桥之役打响了。清军马队按原定部署从正面冲上前去，将士们奋不顾身，齐声大呼

---

① 绵愉（1814—1864）：嘉庆帝第五子，道光帝之弟，被封为惠亲王。

杀敌。因火枪装备有限，清军马队大都手持冷兵器，凭着一腔热血迎击英法联军，企图冲乱英法联军纵横相应的战斗队形。部分骑兵冲至离敌人四五十米的地方，有的甚至冲到敌人的指挥部附近。激战一个小时，毙伤联军多人，但清军马队遭到联军步兵密集火力的阻击和炮榴霰弹的轰击而大量伤亡，战马因受惊横冲直撞，无法形成攻势，在敌人火力的逼迫下退却。

随后，南路的法军主力将大量炮弹倾泻在八里桥上，使胜保所部受到沉重打击，伤亡惨重。当法军的两个前锋连队冲到桥边时，守卫石桥的清军士兵勇敢地冲出战壕，与法军展开了白刃战，后因胜保中弹受伤而撤至定福庄。

当战斗进行得正激烈时，僧格林沁才发现，主攻八里桥的是南路敌军，而不是西路敌军。为了弥补战前的决策失误，僧格林沁在胜保部与南路敌军战斗的同时，指挥马队穿插于敌军的南路与西路之间，企图分割敌人，以步队配合胜保部包围南路敌军，歼灭敌人主力。但胜保部已撤，僧格林沁的作战意图未能实现，遂与西路英军展开激战，双方伤亡惨重。

僧格林沁担心清军再次溃退，于是挺身而出，骑着马站在桥中央，命令一个身材高大的蒙古旗手高举僧王大旗，指挥将士顽强抗敌，直到他被一枚霰弹击中。将士们以自己的血肉之躯挡住联军射来的子弹。然而，清军最终溃败。八月初八，咸丰帝惊慌失措地从圆明园出逃至热河，恭亲王奕䜣作为全权大臣留下继续与联军交涉。临行前，懿贵妃极力谏阻，请求咸丰帝留在北京继续抵抗，而这次进谏差点给她惹来杀身之祸；不过由此可见懿贵妃的勇气与见识不同于一般女子。

僧格林沁、瑞麟①、胜保各部仍驻城外防守。英法联军要求清廷释放被扣留的外交人员巴夏礼等人，否则炮轰北京。额尔金表示必须亲自

---

① 瑞麟（1809—1874）：字澄泉，满洲正蓝旗人，清朝大臣，历任太常寺少卿、内阁学士、礼部侍郎、军机大臣、户部侍郎、礼部尚书、户部尚书、两广总督、文渊阁大学士等职。

向清朝皇帝递交国书，条约须皇帝亲自签字画押，否则不谈。对此无理要求，清廷自然不会答应，和谈一事又被搁置。

八月二十二日，英法联军绕到北京城西北郊，朝圆明园而来。当时，僧格林沁、瑞麟残部在城北一带进行抵抗，随之溃败。法军先行，于当天下午经海淀，傍晚至圆明园大宫门。此时，在贤良门内，有二十余名圆明园技勇太监与敌人刀枪相搏，他们"遇难不恐，奋力直前"，但终因寡不敌众而溃败，圆明园技勇八品首领任亮等人以身殉职。至晚上七点，法军攻占了圆明园。管园大臣文丰投福海而死。八月二十三日，英法联军开始大肆抢劫圆明园。

八月二十四日，巴夏礼被释放，他在扣留期间并未受到虐待。而此时的英法联军则以搜查圆明园各宫殿为名，肆意抢劫财物，并放火烧毁许多房屋。八月二十六日，联军从安定门攻入北京后，纵容、鼓动士兵抢劫、火烧圆明园。额尔金竟公然在北京城内张贴告示，恬不知耻地阐述抢劫、火烧圆明园的理由和"正义性"。九月初五，四千多名法军和三千五百多名英军将圆明园里的珍奇宝物洗劫一空，圆明园、清漪园、静明园、静宜园、畅春园等均被付之一炬，大火三日不灭，北京城映照在一片火光之中。自此开始，英法联军在北京城郊抢掠烧杀近五十天。已逃至承德热河的咸丰帝闻讯痛心疾首，五内俱焚。他深感愧对祖宗，更不知此生此世还能否回到金碧辉煌的紫禁城……他亲率皇子皇孙跪在列祖列宗灵位前请罪，并下"罪己诏"诏告天下。而侍奉在咸丰帝左右的懿贵妃听到圆明园被英法联军洗劫一空并付之一炬后，竟不顾自己尊贵的身份，大骂其强盗行径。她先是怒不可遏，转而抽泣起来，她无法原谅英法联军的罪行。北京城的那场大火，不仅烧毁了大清国的"万园之园"，也将懿贵妃深埋心底的爱情回忆化作灰烬……

第四章 辛 酉 之 变

1. 咸丰帝的心结

咸丰十年（1860）九月初六，留守京师的恭亲王奕䜣奉旨与英法联军谈判。当天晚上，奕䜣在试探落空后，表示同意他们提出的一切要求。

九月十一、十二日，清廷与英法联军正式交换了《天津条约》，又分别与英法签订了《北京条约》。其中增加的条款有：割让九龙半岛给英国；对英赔偿白银从四百万两增加到八百万两，对法赔偿白银从二百万两增加到八百万两；在赔款付清之前，英法联军占领天津、大沽炮台、登州、北海、广州；清廷开辟天津为通商口岸；准许华工出国；归还没收的天主教教产等。

最令人心痛的是，十月初二，俄国假借调停有功之名，逼迫清廷签署了《中俄北京条约》，夺去了乌苏里江以东（包括库页岛及海参崴在内）约四十万平方公里土地，开放张家口、库伦、喀什嘎尔等地为商埠，获取的利益远超英法两国。这个条约迫使清廷认可了《瑷珲条约》的合法性。

由于这些不平等条约是经奕䜣之手签订的，人们便把卖国的罪名扣在他头上，而且还蔑称他为"鬼子六"，而他主管的总理各国事务衙门则被骂为"鬼使"。奕䜣把所有事情办妥后，将详情写成奏报，差人火速送到热河。

　　咸丰帝虽然让恭亲王替自己背了锅，但他自己也饱受煎熬，看到奕䜣的奏折后更加心痛。他的身体日渐羸弱，经随驾御医诊断，病因为忧心过度、气血亏损、脾肾两虚。御医嘱他调养，但他在山庄仍常做两件事——听戏、夜饮。

　　当然，咸丰帝在避暑山庄依然忧心国事，十分关注太平军和捻军的动向。按照懿贵妃的说法，洋人想要的只是银子和地盘，而太平天国是要推翻清王朝，两害相权，内贼比外夷更可怕。朝中的主和派也持同样观点。所以，在与洋人交战的同时，咸丰帝又默认上海等地官员雇用华尔的洋枪队，联合围剿太平军。

　　但从各地呈送的战报来看，"剿匪"的形势依然不太乐观。尤其是僧格林沁所部、胜保所部以及蒙古骑兵大部北调后，太平军和捻军的联合部队乘机在江北、江南同时发起大反攻。此时，何桂清正式接任两江总督，王有龄升为浙江巡抚，他们配合清军在江浙"剿匪"。后何桂清因屡失城池而被褫职逮问，曾国藩实授为两江总督。江南大营统帅和春战死后，太平军兵分三路再次向曾国藩驻守的祁门地区发动进攻。太平天国襄王刘官芳从北面进攻，堵王黄文金从西面进攻，侍王李世贤从东面进攻，曾国藩四面楚歌，又一次陷入惊恐之中。他让幕僚李鸿章统率淮扬水师去安庆、合肥招兵买马。湘军占领安庆，太平军和捻军转而进攻上海，受挫后，再攻浙江，陷新城、临安、富阳等地。胡林翼在安庆之战后在太湖死守。钦差袁甲三虽已调任漕运总督，但仍留在安徽督办军务，率军作战。因为云南义军李永和、蓝朝鼎兄弟已由云南入川，骆秉章①被调往四川督办军务。骆秉章的幕僚左宗棠则以四品京堂候补随曾国藩襄办军务，率楚军赶赴江西作战。

　　咸丰帝看过这些战报后，虽有不满，但对"剿匪"比驱夷更有信心。这些战报，懿贵妃早已过目，甚至比咸丰帝更了解前线战况。

---

　　① 骆秉章（1793—1867）：原名骆俊，字吁门，广东花县人，晚清重要将领，曾任湖南巡抚、四川总督。入湘十载，位居封疆，治军平乱，功绩卓著。

十二月初，留守京师的恭亲王奕䜣建议设立一个专门负责对外交涉的机构，得到咸丰帝的批准，随后在北京成立了总理各国事务衙门，奕䜣和大学士桂良、户部左侍郎文祥①三人被任命为总理事务大臣。没过几天，奕䜣派载垣到承德向咸丰帝奏报，与四国的交涉已基本妥当，洋兵已经先后撤离京师，不会进攻紫禁城，留京大臣们准备恭迎皇帝回京。热河的官员们听说后纷纷议论，庆幸自己和清廷劫后余生，但是咸丰帝迟迟没有答复，大家猜不透皇帝到底怎么想，懿贵妃却很清楚。

按照常理，因战祸逃亡在外的皇帝最担心的就是京城有变，皇位难保。现在京城已经平静，他理应迫不及待地回朝主政才是。懿贵妃对咸丰帝内心世界的了解远比那些近臣更为透彻，她知道皇帝不想回城是有所顾虑，他生性多疑，但危急情势之下即便是疑人也得重用，比如曾国藩、桂良、何桂清等。他对亲王郡王也不信任，尤其是对恭亲王奕䜣更是处处设防。

恭亲王奕䜣是咸丰帝的同父异母兄弟。道光帝共有九子，其中三个早逝，一个过继给亲王。道光帝准备立储时，五个皇子中有三个年纪不到六岁，有能力竞争帝位的只剩下十六岁的四皇子奕詝（孝全成皇后所生）和十五岁的六皇子奕䜣（静贵妃所生）。由于孝全成皇后在奕詝十岁时去世，道光帝将奕詝托付给奕䜣的生母静贵妃抚养。兄弟二人仅差一岁，从小在一起读书习武，但是，兄弟俩的性格迥然不同。奕䜣聪敏过人，能文能武，很多方面都表现得比奕詝优秀。但奕詝"长且贤"，十分仁孝，又是皇后嫡出，因此道光帝晚年对立储人选一直犹豫不定，兄弟之间或明或暗的竞争也开始了。这时发生了一件小事，让道光帝迅速做出决定。

时值仲春，道光帝一时兴起，到南苑围猎，诸位皇子随从左右。值此盛事，诸皇子兴致勃勃，开弓放箭，争先恐后，想在他们的皇父面前展露身手。校猎结束后，奕䜣捕获的猎物最多，道光帝自然高兴；而奕詝

① 文祥（1818—1876）：字博川，满洲正红旗人，晚清名臣，历任工部主事、内阁学士、署刑部侍郎、军机大臣等职。"辛酉政变"后长期担任军机大臣及总理各国事务衙门大臣，官至武英殿大学士，是洋务运动的主要参与者和领导人之一。

则一箭未发，道光帝心中生出些嫌恶，又不便发作，于是问他怎么回事。奕䜣认真地回答道："此时正是春季，鸟兽孕育繁殖之时，儿臣不忍杀害生灵以干天和。"道光帝听后大喜，心想：这才是有道明君的话呀！

奕䜣此番言行，其实是老师杜受田揣摩道光帝的心理后特意教他的。道光帝力倡以仁德治天下，立储的标准须以德孝仁义为根本，奕䜣"藏拙示人"的"表演"掩盖了他才略的不足。道光二十六年（1846），道光帝朱批了两份上谕：皇四子奕䜣立为太子，皇六子奕䜣封为亲王。两道谕旨同藏于金匮中。

由于是秘密立储，奕䜣、奕䜣心里都忐忑不安。道光帝有一次生病，奕䜣和奕䜣各去请教自己的老师应该如何表现。奕䜣的老师卓秉恬说："如果皇帝有垂询，要知无不言，言无不尽。"奕䜣的老师杜受田则不同，他说："若谈古论今、条陈时政，你的才识绝不如六爷。只有一个办法，如果皇帝自言老病，将不久于人世，你只要伏地痛哭，以表孺慕之诚就行了。"奕䜣按照杜受田的指点，果然有奇效，道光帝认为他仁慈孝亲，心中大悦。最终的结果是道光帝将皇四子奕䜣立为皇太子，皇六子奕䜣封为恭亲王，世袭罔替。

奕䜣登上皇位后，仍对这个"对手"时时警惕。由于恭亲王在皇族中的影响力越来越大，他终日惴惴不安，总担心自己的皇位会被他夺去。他虽然一度任命奕䜣在军机处行走，但又无法容忍周围人对奕䜣的认可和爱戴。有件事足以体现咸丰帝在这件事上的矛盾。

咸丰五年（1855）夏间，已被册封为皇贵太妃的奕䜣之母病重，恭亲王在咸丰帝面前哭着跪下说母亲已经奄奄一息，只有皇帝给她上皇太后的封号才能瞑目。咸丰帝漫不经心地答应了一声，然后让内殿太监传口谕，晋封皇贵太妃为康慈皇太后。实际上，咸丰帝只是为了让皇贵太妃瞑目，但恭亲王却信以为真，随后就到军机处，命令臣僚准备册封典礼。承办官员拿着封典议案请咸丰帝过目，咸丰帝一看大为恼火，但此事确实是自己亲口所说，君无戏言，哪能当着臣僚的面出尔反尔，于是勉强同意了封号。咸丰帝对此耿耿于怀，免去恭亲王的军机大臣之职，罚他到他们以前一起读书的地方思过。为了平息臣工们的疑惑与不满，他推说是康慈皇太后驾崩前的懿旨。

对于咸丰帝与恭亲王的貌合神离，懿贵妃看得十分真切，但她不便介入，只能静观其变。咸丰帝不愿急于回京显然是担心为自己"背锅"的兄弟心怀叵测。奕訢若与洋人联手，废黜他这个皇帝是易如反掌的事情，所以他不得不小心谨慎，以需要长时间疗养为由，滞留承德避暑山庄，度过了一个寒冷而漫长的冬天。

2. 权力的制衡

咸丰十一年（1861）春，咸丰帝见形势稳定，决定于二月二十三日回銮。就在他做回京准备时，京城方面又转来了一大堆奏折。咸丰帝以处理这些奏折为借口，又推迟了回京的时间。其实，自从他到避暑山庄后，大部分奏折都是由懿贵妃代为批阅。一般奏折呈皇帝御览后，朱批"知道了"或者"准奏"，然后交军机大臣们议处或交相关部门办理。

之前在圆明园有很长一段时间，朱批的工作就是由懿贵妃"代劳"，这并非全因咸丰帝懈怠，而是表示他对爱妃的信赖。而在避暑山庄，他的心情和身体状况都很糟糕，让懿贵妃"代劳"的理由就更加充分了，但肃顺、载垣、端华等大臣都非常反感懿贵妃代皇帝批阅奏折。尤其是肃顺，屡劝皇帝不要专宠懿贵妃，并以汉武帝时期钩弋夫人的故事讽喻懿贵妃，让皇帝尽早除之，至少要留下遗诏，一旦皇帝驾崩，懿贵妃必须殉葬。咸丰帝听后连连摇头，表示他绝不会这么做。

此时肃顺的身份是御前大臣、户部尚书、协办大学士，署领侍卫内大臣，还兼领宗正、副都统等职务。他认为，即使皇帝因故不能亲自批阅奏章，也可由内阁、军机大臣代办。当时咸丰帝身边的军机大臣有景寿[①]、穆

---

① 景寿（1829—1889）：满洲镶黄旗人，清朝大臣、外戚，娶道光帝第六女寿恩固伦公主，咸丰帝顾命八大臣之一。

荫、匡源①、杜翰②、焦祐瀛③五人，为什么要违逆祖制让一个妃嫔代劳呢？

咸丰帝虽然特别倚重肃顺，在许多大事上依靠他出谋划策，但在懿贵妃这件事上任谁劝说都不管用。所以，肃顺话音还没落，咸丰帝便拂袖而去，转身进了懿贵妃的西跨院，照例让懿贵妃给他读奏折。

在批阅的众名奏章中有一份是以皇帝名义答复恭亲王的，诏曰："前经降旨，订日回銮。旬日以来，体气未复。绥俟秋间再降谕旨。"咸丰帝亲口授意，把回京的时间推迟到了秋后。

三月，恭亲王奕䜣请求前来面见皇帝。咸丰帝亲自拟诏，答复恭亲王："别经半载，时思握手而谈。唯近日欬嗽不止，时有红痰，尚须静摄，未宜多言。且俟秋间再为面话。"咸丰帝说的是实话，并非推拖之虚言，这一年他的哮喘病（也可能是肺痨）不仅没有好转，反而更加严重。

皇帝久病不愈，皇后和随行的文武大臣焦急万分，身边常有三四个御医伴驾，日夜诊脉写处方，咸丰帝吐血倒是止住了，但身体却一天比一天衰弱。咸丰帝料知自己时日无多，便把皇后和懿贵妃传进烟波致爽殿，陪伴在自己左右。他常问皇后夷务之事，但皇后只是从奏折中了解一二，并没有更深入的了解，于是劝他不必劳心，只管安心养病。咸丰帝之所以问皇后而不问懿贵妃，是因为他发现懿贵妃奏事时总是有所隐瞒。他嘱咐懿贵妃，凡要事都送皇后决断，皇后忙推说懿贵妃比自己聪明、有才情，诸事一起商量为好。但凡外来奏章，还是由懿贵妃读给咸丰帝听。

五六月，外来奏折明显减少，咸丰帝猜想懿贵妃有意隐瞒了一些奏

① 匡源（1815—1881）：字本如，山东胶州人，晚清大臣、书画家、教育家，咸丰帝顾命八大臣之一，"辛酉政变"后罢官还乡，在济南泺源书院讲学。

② 杜翰（1806—1866）：字鸿举，山东滨州人，晚清大臣，咸丰帝老师杜受田之子。"辛酉政变"时遭革职，流放新疆，后被赦免。

③ 焦祐瀛：清朝大臣，咸丰帝顾命八大臣之一。"辛酉政变"后罢直军机处，议罪革职。

折，没有读给他听。此时的懿贵妃开始独断专权，有时外面有奏章送进来，她不与皇后商量，自行批交出去。皇后心知肚明，并不与懿贵妃争。一方面，咸丰帝病重，亲自批复奏折确已力不从心；另一方面，皇后对权力不感兴趣，对朝政也不热衷，只因咸丰帝经常问政于她，她才不得不越"雷池"，如今懿贵妃代为理政，她不赞同但也不会去争权。况且懿贵妃表面上"慑于嫡庶之分，亦恂恂不敢失礼"。

咸丰帝料想自己时日无多，便趁头脑还清醒的时候安排后事。他在遗诏中明确告知天下，"立皇长子为皇太子"。然后，他极为审慎地考虑年幼的皇太子继承大统后朝政的监督制衡和皇权的分配问题。他认真研究分析了辅佐顺治帝的"二人格局"和辅佐康熙帝的"四人格局"。顺治初即位时，多尔衮①追封为摄政王，直接代表皇帝摄理政务，掌握最高权力。康熙朝的四大臣辅弼制度则是从旁辅佐皇帝处理政务，但因人数较少，形成了鳌拜一人专权的格局。他思忖着，皇后年方二十五岁，懿贵妃二十七岁，皇子才六岁，一旦他离去，留下的便是势单力薄的孤儿寡母。他必须想出一个万全之策，不致皇权旁落。因此，他没有采用摄政王制度，而是效仿康熙朝采用亲王和非王公大臣混合辅弼制度，而且人数由四人变为八人，希望通过多人互相牵制，杜绝"鳌拜式"专权。

在大框架设计好后，咸丰帝觉得不够完美，还必须给皇后和皇贵妃特别的权力——最高而又可以制约的权力，使她们能够在关键时刻自保，并保护年幼的皇帝。因此，咸丰帝赐给皇后一方"御赏"印，赐给皇太子一方"同道堂"印，因皇太子未成年，此印由其生母懿贵妃掌管。并申明，凡谕旨，起首处盖"御赏"印，即印起；结尾处盖"同道堂"印，即印讫。只有盖了这两方印鉴，谕旨才生效。这两方印鉴非同小可，它是皇权的象征。这就意味着咸丰帝在弥留之际，出于对

---

① 多尔衮（1612—1650）：清太祖努尔哈赤第十四子，清初杰出政治家、军事家。皇太极死后，和济尔哈朗以辅政王身份辅佐顺治帝，称摄政王。顺治元年（1644），指挥清兵入关，清朝自此入主中原。

皇权的长远考虑，还是把懿贵妃纳入皇权的核心之中。

当然，咸丰帝对懿贵妃的猜忌并未完全消除。据说为了防止懿贵妃成为皇太后以后依凭幼帝专权，他还赐给皇后一道密诏："懿贵妃援母以子贵之义，不得不尊为太后，然其人绝非可倚信者，即不有事，汝亦当专决。彼果安分无过，当始终曲予恩礼；若其失行彰著，汝可召集廷臣，将朕此旨宣示，立即诛死，以杜后患。钦此。"此诏由皇后密藏，后来再没有人见过这份密诏。

咸丰帝精心设计了权力分配方案后，就放下心来，决定再安逸地看几场戏。七月十四日传谕，如意洲花唱照旧；十六日晚饭后，咸丰帝突然晕厥，半夜以后才苏醒。他自知难以支撑，急忙传谕内廷大臣前来烟波致爽殿的西暖阁，当众誊写他亲拟的"派载垣等八大臣赞襄一切政务"诏书。主要内容有二：其一，皇长子载淳着立为皇太子；其二，派载垣、端华、景寿、肃顺、穆荫、匡源、杜翰、焦祐瀛尽心辅弼，赞襄一切政务。到十七日凌晨三时许，御膳房伺候端上冰糖煨燕窝，未来得及食用，咸丰帝于五时许驾崩。

七月十七日，颁布咸丰帝遗诏，遗诏进一步强调了八大臣辅弼制度。这一整套方案都由咸丰帝钦定，是合法的。该遗诏的公布，意味着咸丰皇帝确定了未来一段时间内的政权体制，即年幼的皇帝继位临朝，八大臣"赞襄一切政务"。七月十八日，内阁奉上谕，爱新觉罗·载淳继承皇位，改年号为"祺祥"，尊生母懿贵妃叶赫那拉氏为圣母皇太后、皇后钮祜禄氏为母后皇太后。

九月初一，新帝为两位太后上徽号，分别尊母后皇太后为慈安皇太后、圣母皇太后为慈禧皇太后。

3. 一场迅疾的政变

咸丰帝驾崩后，清廷形成了三股政治势力：一是以肃顺、载垣为首的辅政大臣势力，二是以恭亲王奕䜣、醇郡王奕譞（同治三年时加亲王衔，八年后晋封亲王）为首的皇室宗亲势力，三是以东太后慈安、西太后慈禧为首的帝后势力。虽然咸丰帝生前用心良苦地设计了较为完备的运作和制衡机制，然而，百密一疏，他对谕旨的拟订、呈览、修改、颁发等一系列问题没有留下具体要求。因此，新帝登基之时，表面上一派祥和，实则暗流涌动、杀机四伏。朝中三股政治势力的较量迅速拉开了帷幕。

承德避暑山庄在八大辅臣势力的控制之中，以两宫太后为首的帝后派随时会遇到意想不到的非难。对慈禧来说，皇帝只有六岁，还是一个需要她每天照顾的孩子，不足以为依靠；慈安太后作为先帝的中宫皇后，凡事理应以她为主，但她深居宫中，"见大臣呐呐如无语"，社交能力和魄力都不够。眼看三家势力已成，慈禧心里清楚，绝不能让这种对峙继续下去，必须做生死一搏。要么任肃顺等人随意摆布，坐视皇权被臣下僭越；要么找机会彻底铲除他们，拔掉这"眼中钉、肉中刺"。

要想扳倒肃顺等人，首先必须设法壮大帝后势力，慈禧想到了自己的妹夫醇郡王奕譞。虽然醇郡王在朝中没有实权，但作为皇室宗亲，其影响力不容小觑。同时，她又想到了恭亲王奕䜣。恭亲王虽然被咸丰帝排除在朝廷权力核心之外，但他仍不失为皇室宗亲里的实力派，他党羽众多，皇室宗亲中几乎没有第二人能与之匹敌。只有争取到醇郡王和恭亲王，帝后一派才有胜算。

慈禧做此设想后，立刻去找慈安太后商议。慈安太后首先考虑的是维持稳定，不希望先帝刚一宾天就引起内乱。慈禧只得搬出尸骨未寒的先帝："姐姐，肃顺一党嚣张跋扈，如果他们针对的只是宫闱后妃，那倒也无妨，只是你我的日子不好过罢了。可他们如今渐露虎狼之心，不除掉他们，皇权迟早落入他们手中，到时我们如何向先皇交代啊！"一提到咸丰帝，慈安觉得慈禧言之有理，八大辅政大臣只是皇权交接、朝政平稳过渡的桥梁，如果桥梁不是为新帝所设，不如趁早毁了它。慈安太后犹豫片刻，问道："那妹妹打算如何做？"慈禧说："仅靠我们两个人的力量是不够的，或许可以借助皇室宗亲的力量。"

咸丰帝驾崩后的第三天，两宫太后以尽快恢复处理朝廷政务为由，召见八位辅政大臣，商议有关谕旨的拟订、颁发及疏章上奏和官吏任免等最紧要的事项。这是一次试探，她们准备根据八位辅政大臣的反应和态度来采取相应对策。

肃顺等人提出了他们早已准备好的主张，其中提出谕旨由大臣拟订，太后只负责钤印，不得改易内容，官员上奏的章疏不呈内览。实际上，八位辅政大臣只给了两宫太后闭着眼睛盖印的权力。

自清朝入关以来，按例，谕旨必须由皇帝亲拟或者口授，全国各地的奏折呈送到京后，由内阁票拟，呈交皇帝御览。皇帝逐件朱批后再交代下去，由相关部门办理。加印和朱批是皇帝神圣的权力，如果臣下有伪造、假传谕旨或擅自改动朱批者，将以抄家灭门之罪处。

现在皇帝年幼，这一特权由辅政大臣代管，没有任何监督机制，太后只能盖印。慈禧一眼就看出这是一种极其严重的"侵权"行为，必须坚决反对。她知道，谕旨是皇权的象征，谁掌握了谕旨拟订和颁布的权力，谁就控制了最高权力——皇权。她也明白对朝政运作了如指掌的肃顺不会放弃操控的企图，她必须严阵以待。

在肃顺等人提出主张后，慈禧马上想好了对应之辞。她不紧不慢地从咸丰帝的安排说起。首先，她表示皇帝的遗诏是派八大臣"赞襄一切政务"，所谓"赞襄"，就是从旁参谋辅助、出谋划策，而不是替代皇帝处理政务。顺治朝、康熙朝都出现过错把"赞襄"当作"替代"以致引祸上身的，所以本朝要防止重蹈覆辙。其次，皇帝虽然年幼，不能处理政务，但先皇生前已做出安排，用"御赏"和"同道堂"二印代皇帝行使权力，并非将皇权全部委托给八大臣。这实际上是一种不能被替代的监督权。八大臣票拟的奏章，必须由两宫太后朱批后才能加印。但而今八大臣却试图取而代之，这不仅违反祖制，还置先帝遗命于不顾，更置先帝赐予两宫太后的御印于不顾。这难道不是公然篡权吗？

慈禧的反驳一针见血，不仅条理清晰，而且简明扼要，处处落在一个"理"上，让八大辅臣不能不服，也不敢不服。他们没想到这个年轻寡妇如此有胆识，连平素跋扈骄横的肃顺也一时语噎，其余七人也都面面相觑，无言以对。可以说，肃顺犯了一个严重错误，那就是低估了慈禧的能力。

八大辅臣还没来得及辩解，慈禧提出了自己的主张：两宫仔细揣度圣意。依遗诏，今后上呈章疏奏折由八大辅臣转呈两宫批阅，下行谕旨则由赞襄政务的八大辅臣合议票拟，经皇帝和两宫太后阅览后，加盖两印。所有一切应用朱笔处，均以两印代之。至于荐选官员，四品以上京官、各省督抚、八旗统领、将军、提督、总兵等要缺，由八大臣提名，两宫太后裁决；五品及以下官员的任命，则用抽签方法选定。

八大辅臣勉强同意了慈禧的主张。慈禧通晓满汉文，熟知朝政运作，在得到慈安太后的支持后更是如虎添翼。八大辅臣虽然对慈禧颇有微词，但在这些方面，她以先帝遗诏为理由，八大辅臣无法公然反对。但肃顺等人对这样的朝政格局显然是不满意的，更激烈的争斗必将继续。由于载垣等人在北京及地方官场的地位还没有确定和巩固，除掉慈禧这件事必须从长计议。而慈禧对此早有准备，她在各处安插了眼线，顾命大臣的动向都在其掌握之中，她可以随时制定对策。

虽然肃顺同意把恭亲王奕訢加进皇帝治丧委员会的名单中，但列入名单的五位京中官员，除了与肃顺关系密切的吏部尚书陈孚恩[1]奉命火速赶往热河外，其他四人"均毋庸赶赴热河"。这项禁令让几位丧仪大臣疑虑重重，百思不得其解。慈禧急于寻求帝胤派的支持，想尽快与京城的恭亲王互通音信，但八大辅臣阻断了帝后派与京城的一切联系，为此她不得不巧施一计——制造了一起看似极其平常的后宫事件。她授意安德海与慈安太后最宠信的宫女双喜发生争执。两人斗起嘴来，双喜说得安德海无言以对，他恼羞成怒，狠狠地抽了双喜一巴掌。此事发生后，为了平息慈安太后的怒气，慈禧严惩了安德海，并命殿内首领太监

---

① 陈孚恩（1802—1866）：字少默，江西新城县钟贤（今江西黎川县中田乡）人，清朝大臣、书法家，由七品小官仕至刑部、吏部、兵部尚书，军机大臣。

将他遣送回京。为了能与恭亲王奕䜣取得联系，在紧要关头，慈禧展示了非凡的政治手腕。

就在慈禧与辅政大臣初次交锋的时候，远在京城的恭亲王奕䜣坐立不安，他召集几位王大臣及军机大臣文祥、内务府大臣荣禄①等分析形势，奕䜣对众人说："现在皇帝大行，嗣主年幼，一切政权，想来总在怡、郑二王及尚书肃顺手中了。本王几次请往奔丧皆被拒，显见他们已另有打算。"他说到这里，连叹数声。对于咸丰帝在遗诏中将他完全排除出统治集团核心的做法，他满腹狐疑，心生不满。他的几个亲信齐声附和道："王爷是先皇胞弟，论起我朝祖制，新皇幼冲，应由王爷辅政，轮不到怡、郑二王，肃顺尚书更不必说了。"奕䜣听了不置可否，脸色十分阴沉。

大家正在商议时，总管内务府的大臣宝鋆②来报，说御前太监安德海从热河赶来，有密事求见恭亲王。奕䜣一心想探知热河那边的情况，一听慈禧太后身边的太监到来，料想有要事相告，于是让众人退下，单独召安德海进府。安德海匆匆给奕䜣行了个礼，立刻将慈禧的密信呈上。奕䜣一边看信，一边问了安德海几个问题，安德海一一作答。最后，奕䜣悄悄把他送走。

第二天，奕䜣又把醇郡王、宝鋆等人请来，醇郡王奕譞也不是辅政大臣，同样心存疑虑。他坚决要求前往行在吊唁，同时问个究竟。几人议定再呈折子请求前往行在吊唁。折子以六百里加急发出后，恭亲王、醇郡王、宝鋆一行从京城出发，迅速赶往热河。

奏折比二王早到一天。怡亲王载垣、郑亲王端华看后不知如何定夺，又交予肃顺。肃顺只瞥了一眼，也不详看恭亲王、醇郡王申述的理由，便对怡、郑二王说："恭亲王假借奔丧强行前来，实为夺我等政权，须想法子阻住方好。"载垣说："他是先皇胞弟，称来此奔丧乃家事，

① 荣禄（1836—1903）：字仲华，满洲正白旗人，清朝大臣，出身于世代军官家庭，"辛酉政变"后为慈禧和恭亲王奕䜣赏识，官至总管内务府大臣。

② 宝鋆（1807—1891）：字佩蘅，满洲镶白旗人，咸丰时曾任内阁学士、礼部右侍郎、总管内务府大臣，同治时任军机处行走并兼总理各国事务衙门大臣、体仁阁大学士。洋务运动的主要领导者之一，造就"同光中兴"。光绪年间晋为武英殿大学士。

名正言顺，这次恐怕是拦他不住了。"肃顺不知恭亲王、醇郡王已在来的路上，他对载垣说："立刻拟旨，就说京师重地，留守要紧，恭亲王不得片刻离京。况梓宫不日回京，更无须来行在奔丧……"

肃顺还未说完这番话，便觉得这个理由站不住脚。那个时候，朝中大臣遇丁忧可请假三年，就算正在前线打仗，也可请假一年。肃顺对京城的局面并不十分清楚，还有什么理由阻拦先皇的亲兄弟前来奔丧呢？他只能想办法迫使恭亲王、醇郡王速来速回。

恭亲王奕䜣抵达热河当天，慈安、慈禧两宫太后在内殿秘密会见了他。这次叔嫂会面称得上是咸丰帝宾天后朝廷最高首脑的首次会晤，两宫太后希望与恭亲王联合，扳倒肃顺一派。双方目标一致，都做好了放手一搏的准备，因此一拍即合。

这次会见的时间很短，其内容今人已无从探知，根据零星史料，可对会面商议的内容做一番推测。这次会面大约持续一个半时辰，三人足够详细地商议政变的细节。一是时间问题，因为只有在为先帝治丧期间，皇亲才有自由行动的机会，所以政变与治丧同步进行才是最好的选择；二是政变的地点，奕䜣认为热河是八大辅臣控制的地区，不宜在热河发难，"非还京不可"，必须促成先帝梓棺尽快回京；三是考虑外国人对政变可能采取的态度，预备必要的方案；四是确定政变拟旨的人选，这个人要绝对可靠，双方的一致意见是由醇亲王担任，他既是奕䜣的弟弟，又是慈禧的妹夫。他们还对政变的细节问题做了周密安排。奕䜣这位自诩为文武双全、又有与洋人交涉经验的亲王，对两位嫂子刮目相看，尤其不得不承认慈禧聪慧机敏、敢作敢为。他相信他们可以完成这一扭转乾坤、匡扶清廷的大业。

肃顺一党根本没有料到这次叔嫂会面会改变清朝的政治格局。先皇的两位胞弟在热河只进行了一些常规性活动便起程回京。这正是肃顺所希望的，他巴不得奕䜣早日离开热河。就这样，在肃顺严密控制的热河，一个旨在推翻肃顺一党的政变计划完成了。八月七日，奕䜣单独起程回京去做准备。

在热河，以肃顺为首的辅臣一派依然按照他们的意志把控着全局，自认为万无一失，但危机早已潜伏在朝局中。肃顺虽然深受咸丰帝信任并重用，但为人骄横跋扈，在朝中人缘极差，被人评价为"屡兴大狱，窃弄威福，大小臣工，被其贼害，怨毒繁兴"。他担任户部尚书时，协办大学士周祖培①也担任该职务（当时官制，凡高级官职满汉各占一席），二人同堂办事。周祖培的资历比较深，但肃顺却看不起他。

有一天，周祖培派人将已经批阅过的部分奏折交肃顺审核，肃顺佯作不知，故意问送文件的人："这些奏折是谁批阅的呀？"送文件的人小声告知："是周中堂批的。"肃顺顿时破口大骂："呸！这帮混混，就会吃干饭，哪里懂得公事！"于是将公文拟稿"尽加红勒帛"，即用红笔涂抹不合适的文句，表示严厉批评，连周祖培表示"同意"的批示也一并加上"红勒帛"。慑于肃顺的淫威，周祖培只能"默然忍受，弗敢校也"，经历此事后，周祖培终日提心吊胆，难安于位。

之后，周祖培被恭亲王奕䜣拉入阵营。在慈禧的授意下，奕䜣与周祖培积极配合，四处物色合适人选。周祖培首先将自己的得意门生——山东监察御使董元醇推上前台。按照惯例，一省之监察御使无权弹劾顾命大臣，但因有慈禧"撑腰"，董元醇斗胆上书，奏请两宫太后垂帘听政，并派恭亲王辅政。奏书中说："皇上冲龄，未能亲政，天步方艰，军国重事，暂请皇太后垂帘听政，并派近支亲王一二辅政，以系人心。"奏章传给两宫太后慈安与慈禧阅览后，她们召见肃顺等八位顾命大臣，把董元醇的上书交给他们看。肃顺首先反对道："臣等奉遗诏赞襄皇上，不能听命于皇太后，且本朝家法素无后宫临朝之例。"其余几位辅臣附议，双方不欢而散。

慈禧第二天又召集八大辅臣，督请他们照董元醇所奏实行，肃顺等人"勃然抗论"，并声称自己"系赞襄皇帝"，实难听从太后之命。双

---

① 周祖培（1793—1867）：字淑滋，河南省商城县牛食畈人（今安徽金寨牛食畈），晚清大臣，历仕嘉庆、道光、咸丰、同治四朝，担任过陕甘学政、侍读学士、詹事府詹事、文渊阁直士、内阁学士、刑兵户吏四部尚书等职，赏加太子太保衔。

方争论激烈，吓得小皇帝啼哭不止，以致"遗溺后衣"。但最终依旧是争论无果，慈禧只得另想他法。

第三天不等宣召，八大辅臣就径自闯入后宫与两宫太后大吵大闹，希望以威势震慑两宫太后与皇帝。面对这群径自冲进后宫的男人，慈安和慈禧气得浑身发抖，几乎晕厥过去。

面对两个寡妇，八大辅臣自然不会轻易退让，他们干脆以罢工相威胁，一切有关朝政国事的奏章都拒不处理，也不移交两宫太后。慈禧清楚地意识到，八大辅臣的行为直接关乎朝政的正常运行，如果处理不当，必将影响政局的稳定。此事拖延一日，朝廷就多一分动荡。此时热河已经完全被八大辅臣掌控，两宫及小皇帝随时有被劫持的危险。慈禧没有控制局面的力量，而恭亲王在北京准备得如何，她也不清楚。如果她坚持垂帘听政的主张，一旦让八大辅臣识破她夺权的用意，那么不仅前功尽弃，还会招来杀身之祸。慈禧审时度势，决定将八大辅臣拟订的公开批驳董元醇的谕旨下发，且一字不改。谕旨下发后，八大辅臣才"照常办事，言笑如初"。慈禧乘机催促道："京中闻已安静，不必多虑，总归早日回銮才好。"肃顺一党无论如何也没有想到此时北京已经磨刀霍霍，准备对他们采取行动。

咸丰十一年九月初四，在热河烟波致爽殿正殿，两宫太后召见顾命大臣，提出端华兼职太多，命端华只任署理行在的步军统领，醇郡王奕譞任全国步军统领，恭亲王奕䜣任京师步军统领。奕譞任步军统领，意味着他掌握了京师卫戍的军权。当然，京城内侍卫大臣还是端华。为了排除内侍卫的干扰，不久，奕譞又开始兼管善捕营事。

九月二十三日，咸丰皇帝的梓棺由承德避暑山庄起灵驾，新帝载淳与两宫太后随先皇梓宫从承德起程返回京师。两宫太后以皇帝年龄小、自己为年轻妇道人家为借口，从小道赶回北京，由八大臣中的载垣、端华、穆荫、景寿等大臣扈从；而醇亲王、肃顺、仁寿、陈孚恩等大臣护送先帝梓棺仍走大路。这一安排意在使核心人物肃顺与其他权臣分开，使其首尾难顾，以便各个击破。

九月二十九日，新帝载淳和两宫太后回到北京皇宫。因为下雨，道路泥泞，灵驾行进十分迟缓，肃顺等人被甩在后面。两宫太后到京后，即在大内召见恭亲王奕䜣等人。

在京城，帝胤派以恭亲王奕䜣为首，朝中重臣主要有军机大臣文祥、大学士贾桢和周祖培、户部尚书沈兆霖、刑部尚书赵光和执掌军权的僧格林沁、胜保以及品级稍低的董元醇等人。慈禧在众人面前哭诉载垣等人欺负她们孤儿寡母，希望得到众臣工的同情和支持。

周祖培欲报私仇，假意问道："何不重治其罪？"慈安、慈禧太后也装模作样地说："他们都是先皇钦命的赞襄王大臣，怎可径自给他们治罪呢？"周祖培出谋划策说："皇太后可先降旨夺去他们的官职，再予拿问。"恭亲王奕䜣顺势将早就准备好的治罪诏书奉上，二位太后分别用印，签发了逮捕令。

奕䜣此时早已取得军方支持，僧格林沁、胜保已站在他这一边，同时他身边之人早已为支持两宫太后垂帘听政、亲王辅政造好了舆论声势。九月三十日，两份奏章同时送到两宫太后手里。一份出自文臣之手，由大学士贾桢与周祖培、户部尚书沈兆霖、刑部尚书赵光联名；一份出自武将之手，起草者正是护送咸丰帝灵柩的胜保。两份奏章的内容大同小异，都是请求两宫太后垂帘听政并任用近支亲王（实暗指恭亲王、醇郡王）辅政。这就意味着朝中文官与武将都倒向了两宫太后与小皇帝一边。此消彼长，八大辅臣的势力被大大削弱。

九月三十日晨，正四品以上在京官员都接到了上早朝的谕令。清廷自雍正朝起，群臣早朝的例制已经废止，京官们奉谕到乾清门听宣时，一个个心怀忐忑，猜想定有大事发生。果然，在朝堂上，大学士贾桢、副都统胜保等吁请两宫太后训政。接着，恭亲王奕䜣宣读了捉拿载垣、端华、肃顺等人的诏书。载垣、端华二人莫名其妙，质问道："八大辅臣并未拟诏交两宫太后，这份诏书从何而来？"这时，他们的质问显然是毫无意义的。军机大臣文祥宣读圣谕，历数八大臣的罪行，特谕肃顺、载垣、端华解任，其余五人退出军机处。

　　随后，立于台阶上的带刀侍卫一拥而入，褫去载垣、端华二人冠带，废去爵位，押赴宗人府。另一边，肃顺一行刚到密云，睿郡王仁寿①、醇郡王便带领人马前去捉拿，破门而入，从床上捉住肃顺，连夜解往北京。一日之内，八大辅臣中的三个重要人物全部被抓。政变仅仅用了短短三天时间，可谓迅雷不及掩耳。

　　十月初，咸丰皇帝梓宫奉移至京，入紫禁城，停于乾清宫。在京的低品级官员和百姓这时方知咸丰帝已宾天，全城大哀，似乎大清朝最凛冽的寒冬已经来临。

　　十月初六，京城已恢复平静。两宫太后对八大辅臣做出处理决定：赐载垣、端华自尽；肃顺判斩立决；景寿、匡源、杜翰、焦祐瀛四人被革职，穆荫遣戍军台。相关人员仅处理了与肃顺来往特别密切的六名官员、五名太监，未波及太广。慈禧没有搞家族株连，命人将从肃顺等人家中抄得的书信及账簿统统"公开焚毁，毋庸呈览"。此举为两宫太后赢得了"恩泽惠下"的美名，并得到王公大臣们的拥戴。

　　为防止政变引起朝局动荡，慈禧还宣布："力除积习，若有专擅不臣者，文武大臣可行据实参奏，立予治罪。有人倘或不自检束，唯载垣等人是例。"同时授恭亲王奕䜣为议政王，在军机处行走；文祥、周祖培、宝鋆、荣禄等人皆加官晋级。

　　就这样，慈禧在恭亲王等人的配合下，经过缜密的准备，以闪电般的速度发动了中国历史上一场惊心动魄的政变，不发一兵一卒，以极小的代价稳定了政局，轻松转移了清朝的最高权力，自此开启了"两宫垂帘、亲王议政"的全新局面。这次政变设计之缜密、呼应之巧妙、舆论之完善、行动之周详、时间之准确、处理之精当，无不令人拍案叫绝，从中我们也可以看到年轻的慈禧身上已经具备了政治搏斗必需的性格特点——机敏、睿智、狡诈、冷静、决绝。

---

　　① 仁寿（1810—1864）：清朝宗室，摄政王多尔衮后代，袭睿亲王，担任过镶白旗汉军都统、正红旗蒙古都统等职，管理过左、右两翼宗学，做过玉牒馆总裁、镶黄旗领侍卫内大臣。

第五章　两宫同治

1. 整肃朝纲的恩与威

咸丰帝尚未入土，他苦心设计的新朝政权架构便被慈安、慈禧两宫太后彻底摧毁。幼帝载淳和两宫太后接管了朝政大权，但此时的清朝就像一座千疮百孔的大厦，摇摇欲坠。要收拾这个"烂摊子"，实在不是容易之事。

咸丰十一年（1861）十月底，幼帝载淳在太和殿重行即位礼，受王公大臣朝贺；同时颁布谕令，宣布改年号"祺祥"为"同治"，寓意两宫太后临朝共理朝政。以次年（1862）为同治元年，颁告天下。

俗话说，一朝天子一朝臣。慈禧在垂帘听政的第一年，行事小心谨慎，深藏不露，从不明目张胆地揽权，以免被怀疑有篡权的野心。与此同时，她努力学习如何处理国事，拉拢重臣，以获得更多的拥护与支持。

同治元年二月十二日，同治帝在弘德殿入学读书，特简礼部尚书、前大学士祁寯藻，管理工部事务的前大学士翁心存，工部尚书倭仁，及翰林院编修李鸿藻授读。

祁寯藻是嘉庆年间进士，官至体仁阁大学士、首席军机大臣，先后做过道光、咸丰帝的老师。他最突出的是书法，深厚遒健，自成一体，为清代中晚期著名书法家，有"一时之最，人共宝之""楷书称首"的美誉。翁心存是道光朝进士，官至内阁学士、兵部尚书、体仁阁大学士。他死后，由儿子翁同龢继续担任帝师。倭仁也是道光朝进士，官至文渊阁大学士，是著名的理学大师。李鸿藻出身于名宦世家，累代仕进通显，咸丰二年（1852）会试及第。他禀赋聪颖，读书刻苦，十几岁时便钻研经训、博览群书，因此百家之言无所不见，才华为世瞩目。

这几位帝师都是赤胆忠心的博学老臣，且各有专长。慈禧一下子延请了四位帝师，是希望通过名师的教诲，使儿子成为像康熙帝那样博学睿智的皇帝，她的用心良苦可见一斑。另外，她想借此名义拉拢这些朝廷老臣，利用他们的影响力，为她主政出谋划策。

"辛酉政变"的最大功臣恭亲王奕訢被授为议政王后，两宫太后又颁旨封赏恭亲王。但奕訢坚辞不受，他深知功高盖主遭妒、位尊至极必衰的道理。不过，慈禧此举是出自真心，垂帘听政犹如在迷宫中摸索，她需要理政经验丰富的奕訢为她献策。

慈禧明白，当务之急是重振朝纲，实施自己的听政计划，让朝中大臣都诚服于己。虽说是两宫垂帘听政，但慈安太后是一个清心寡欲、与世无争之人，她的主要精力都放在了后宫的规整上。每当议政王奕訢请她发表意见，她总是推说："妇道人家原不懂什么朝政大事，只请六爷忠心为国，替皇上办事，遇事奏明一声便了。"所以久而久之，朝中大事便都由慈禧和奕訢做主。

"辛酉政变"后，慈禧命内阁颁布上谕，对于听政一事，"着王大臣、大学士、六部、九卿、翰詹科道，将如何酌古准今、折衷定义之处，即行妥议以闻"。大臣们一议再议、一改再改，经过半个月的反复斟酌，一份史无前例的垂帘章程终于成形，对两宫太后垂帘一事做出规定。

同治元年十一月初一，两宫太后垂帘仪式在养心殿举行。养心殿从雍正帝开始就成为皇帝处理日常政务之所，批阅奏章、召见、引见臣下，均在此进行。

为了显示两宫太后听政与历代皇帝处理朝政没有区别，慈禧决定召见、引见臣下的地点不变，依然在养心殿，只是在殿中挂起薄薄的帘子。在东暖阁召见时，在东大墙前的栏杆上罩上黄幔；在明间引见时，则用八扇黄色纱屏相隔。当时，绝大多数三品以下官员都见不到太后的真容，但他们的命运却牢牢攥在这个看不见的女人手中。

垂帘听政伊始，慈禧就向朝廷大小官员明确了她的权力：朝中一切用人行政事宜，均须据实直陈，封章密奏。各级官员应各抒己见，切不可以空言塞责。

按照这一规定，各省和各路军营一切关于行政事务的疏章必须先呈报太后御览，然后再发还军机大臣悉心详议。也就是说，即使是奕䜣处理政务，也必须先获得两宫太后，尤其是慈禧的允准；而太后也如同历代皇帝一样，拥有皇帝的一切权力。

十月十四日，江南道监察御史徐启文呈上一份奏折，内中建议："将列圣实录、宝训择其简明切要者，恭纂一编；将汉唐以来，母后临朝的各事实，择其可法可戒者，不假修饰，据史直书，汇为一册，恭录进呈。"这个建议正中慈禧下怀。她当即谕令南书房、上书房、翰林院着手编辑，遴选史实，简明注释，以备御览。

经过大臣们五个多月的努力，这本书终于编辑完成。呈送御览时，慈禧大喜，特赐名为《治平宝鉴》，并经常让大臣们隔帘为她讲解，从中学到更多的统治之术。

听政，对慈禧来说是一件极具挑战的事情，因为她所面对的是千疮百孔的政局、纷繁复杂的朝政、瞬息万变的军机。尽管她在陪伴咸丰帝时，通过各级上书、奏报，对天下大势有了比较清晰的认识，但要独立处理军国大事，还需要具备一定的胆识和智慧。万事有主有次，此时摆在慈禧面前最棘手的问题就是官场的腐败与官员的无能。因此，她做了三件事：第一，恢复科举，考试选拔新人；同时对朝中大员进行调整。第二，重新拟订"剿贼"计划，对"剿贼"官员进行考评与奖惩，整肃军中纪律。第三，制定有关夷务的政策，完善相应机构。

她对军机处进行"大换血"，并确立了恭亲王的核心地位。值得一提的是，她将准备以户部侍郎衔调往山西的荣禄留在京师，让他担任京师步兵统领，守护京城和皇宫的安全。曾国藩出祁门后，慈禧任命他为兵部尚书，授予他节制四省的大权和征讨太平天国的一切权力。左宗棠、李鸿章均授侍郎衔，分别统领湘军和淮军与太平军、捻军作战。同时，慈禧认识到，官吏投机钻营、贿赂公行、骄横不法，不思为国分忧解难。在外敌入侵、农民起义日甚一日之时，朝中缺少带兵之良将、治国之能臣，因此，治本之道当为整顿吏治。

同治元年（1862），恰逢三年一次对官员进行考核的京察和大计。按照清朝的例制，京察时三品以下官员由吏部和都察院负责考核，三品以上官员及总督、巡抚等大员则先自陈政事得失，最后由皇帝敕裁，按照"称职""勤职""供职"三个等级，对官员实行奖惩。大计是考核道、府及州县官员，一般由各级官员依隶属关系逐级考查，做出评断，最后交由各省督抚核其事状，注考造册，送吏部复核。

这种考察制度的目的在于奖优罚劣，使各级官员时时恪尽职守、效忠朝廷。京察与大计涉及官员的奖惩，故而贿赂徇庇的事早已司空见惯。"长官往往博宽大之名，每届京察，只黜退数人，虚应故事，余概优容，而被劾者，又不免冤抑。"

对这一年的官员考核，慈禧已打定主意要严加整顿，而第一个撞到枪口上的是刚卸任兵部侍郎的庆英。庆英因在兵部动用公款而被议罪，兵部拟给他降两级处分。庆英想通过奕䜣在两宫太后前说情，于是趁着夜色来到恭王府。奕䜣推测庆英夜间来访，必与降职一事有关，坚辞不受其礼，只是苦心劝导庆英安分守己，接受朝廷安排。庆英听后干脆长跪不起，恳求奕䜣为他开脱。奕䜣顿时恼了，声色俱厉地将庆英赶了出去。第二天，奕䜣把庆英所为汇报给两宫太后，同时把庆英贿送的钱物上交。慈禧对庆英之举非常气恼，命内阁发出上谕，公布事情始末，给予庆英严厉制裁，由降两级改为革职。随后，慈禧诏谕各级官员，严惩贪污受贿行为。她还处置了直隶顺天府知府蒋大镛等行贿受贿的府县官员，并明令各地"随时严查，按律惩办"。

接着，慈禧处置了两江总督何桂清。何桂清早在咸丰十年（1860）

就任两江总督时，正值太平军全力进攻浙江，眼看常州将要失守，何桂清惊慌失措。有几百名当地百姓手持灯笼，在总督府衙门外排队下跪，请求何桂清守城。但何桂清贪生怕死，先将家眷转移，然后下令向拦阻他出逃的百姓开枪，当场打死打伤十余人。咸丰帝谕令将他革职拿问，刑部郎中余光倬根据《大清律》向朝廷请拟斩立决。朝中高官多与何桂清有故交，出面为他说情，希望缓刑。随后，由于英法联军侵犯北京，咸丰帝自顾不暇，此案被搁置。何桂清乘机逃往上海，利用官场盘根错节的关系，找人说情并做伪证，将他当时弃城逃走说成是去办理公事。慈禧最担心战区形势恶化，如果不刹住这种临阵脱逃的风气，战局将失控，何况何桂清出逃时还枪杀百姓，影响极为恶劣。抓住这个"典型"杀一儆百，已成必然，于是慈禧判何桂清斩监候，秋后处决。一个从一品的封疆大员被杀头，十分少见，慈禧由此树立了自己的权威，使朝廷内外对她有了敬畏之心。

随后，慈禧又把矛头指向了满人将领胜保。胜保久经沙场，却是个遇险即逃的"常败将军"。在"辛酉政变"中，他全力配合慈禧的计划，为政变立下汗马功劳。但是，他到陕西督军时依然采取能打就打，打不赢就逃的策略。每攻下一座城池，他就纵兵抢掠，并向地方官索取犒军费，当地行政长官都对他恨之入骨，他的这些行径也遭到军中和朝廷众多大臣的非议。慈禧只得将他革职拿问，交刑部治罪，最终胜保自尽，在京的家产一律查抄。

通过庆英、何桂清、胜保数案，慈禧以恩威并施的政治手段整饬纲纪，从而在清廷树立了绝对权威，站稳了脚跟。

此外，在官员任用上，慈禧不分满汉，奖惩分明。如潘祖荫以才华出众、耿介敢言蜚声朝野。咸丰八年（1858）至咸丰十年（1860）左宗棠因与樊燮一事官司缠身时，潘祖荫积极上书为左宗棠辩白，他十分推崇左宗棠的才能，其中"天下不可一日无湖南，湖南不可一日无左宗棠"的名句就是出自他之口。慈禧垂帘听政伊始，曾经诏求谏言，潘祖荫上书请皇帝勤圣学、求人才、整军务、裕仓储，敬请免民赋以纾民力。慈禧批阅后颇为欣赏，认准他是一个不可多得的人才，京察时将他升为光禄寺卿。

同时，她嘉奖在镇压太平天国运动中捐躯的官员，尤其是汉人官员。湖北巡抚胡林翼自太湖回援湖北，收复黄州、德安等地，死守鄂皖、鄂赣边界，遏制太平军经河南北伐的企图，因积劳成疾而得了咯血症，最后病死于任上。慈禧下令赠授总督，谥文忠。

这些措施对于改变官员尸位素餐的现状、提高行政效率、巩固慈禧的朝中威望等，有着积极作用。

2. 重用汉臣"剿贼"

对于刚刚垂帘听政的慈禧来说，直接威胁她统治的是江淮流域的太平天国和黄河流域的捻军，这些心腹大患一日不除，她的统治就一日不稳固。然而环视朝廷内外，那些满族大员不是颟顸无能，就是妄自尊大。从太平天国起义到两宫皇太后垂帘听政的十余年间，咸丰帝任命了十省四十三位团练大臣，其中一直尽心尽力效忠朝廷、屡受挫折却坚持围剿太平天国的最大功臣，是以曾国藩为首的汉族官员。

同治初年，曾国藩在前线捷报频传，不久便从太平军手中夺回安庆，之后的形势对慈禧愈加有利。左宗棠率军征战江西、浙江，很快把太平军赶出了浙江。三月，李鸿章率领淮军和湘军程学启①、郭松林②所部赶赴上海围剿太平军。随后，淮军在上海虹桥、徐家汇等地经过苦战，接连取胜，捕杀太平军三千余人。

慈禧大受鼓舞，继续重用曾国藩等人。她下旨让曾国藩节制江苏、浙江、江西、安徽四省军务，把江南的军事指挥大权完全交给他；紧接

---

① 程学启（1829—1864）：字方忠，安徽桐城人，清末淮军名将，原为太平天国英王陈玉成部属，后降清，官至南赣镇总兵，攻嘉兴时中弹负伤，死于苏州。

② 郭松林（？—1880）：字子美，湖南湘潭人，晚清湘军名将，参与平定太平天国及捻军起义，赐黄马褂，授轻车都尉世职。

着又授曾国藩为协办大学士。圣眷之隆，可见一斑。

为了战区绿营及各地方武装更好地配合协同作战，慈禧听从曾国藩等人的建议，任命了一批汉人官员为封疆大吏。其中，左宗棠为浙江巡抚，郑元善①为河南巡抚，张曜②为河南布政使，李续宜③为安徽巡抚，严树森为湖北巡抚，沈葆桢④为江西巡抚，李鸿章为江苏巡抚，刘长佑⑤为广西巡抚，毛鸿宾为湖南巡抚，江忠义为贵州巡抚，丁宝桢⑥升任山东按察使，等等。上谕发出后，朝中许多满族王公大臣认为，两宫太后将清朝军政大权交到汉族官僚手中，使"西至四川东至沿海"的半壁江山全掌控于曾国藩之手，实在是太冒险了。

在一大片因循守旧的声音中，慈禧还征调广西臬司蒋益澧率部到浙江助剿。另外，庐州一带，归多隆阿⑦剿办；宁国一带，归鲍超剿办；颖州一带，归李续宜戡定。各路大军，皆归大帅曾国藩节制。另外，还有淮上的漕运总督袁甲三、扬州的都兴阿、镇江的冯子材⑧，虽未经曾国藩调遣，但也由他统筹。

事实上，汉族官员无论是处理地方政务还是"剿贼"作战，都非常拼命。比如李鸿章率淮军在虹桥作战时，他就坐在桥头督战，面对两万多气势汹汹的太平军，他不允许不及对手一半兵力的淮军后撤一

---

① 郑元善（1799—1878）：字体仁，顺德府广宗县（今河北邢台市广宗县）油堡村人，清朝大臣，官至河南巡抚，以爱民与军事著称。

② 张曜（1832—1891）：字朗斋，浙江钱塘（今杭州）人，晚清名臣、将领，军政才略突出，为收复新疆、阻遏英俄侵略做出了贡献，在山东巡抚任上也多有建树。

③ 李续宜（1823—1863）：字克让，湖南湘乡（今湖南湘潭）人。晚清湘军名将，浙江布政使李续宾之弟，参与镇压太平天国起义，转战江西、湖北、湖南、安徽等省，累立战功。

④ 沈葆桢（1820—1879）：字幼丹，福建侯官（今福建福州）人，林则徐之婿，晚清政治家、军事家、外交家，中国近代造船、航运、海军建设事业的奠基人之一。

⑤ 刘长佑（1818—1887）：字子默，湖南新宁人，清朝大臣，湘军重要统帅，担任过广西布政使、广西巡抚、两广总督、直隶总督、广东巡抚、云贵总督等职。

⑥ 丁宝桢（1820—1886）：字稚璜，贵州平远（今贵州毕节市织金县）牛场镇人，晚清名臣，清廉刚正，勇于担当，一生致力于报国爱民。

⑦ 多隆阿（1817—1864）：字礼堂，满洲正白旗人，清朝著名将领，擅长指挥马队，与湘军第一名将鲍超齐名，有"多龙鲍虎"之誉。

⑧ 冯子材（1818—1903）：字南干，广东钦州沙尾村（今属广西）人，晚清抗法名将，官至贵州提督。

步，撤过桥则斩。太平军用火炮轰击，火力非常猛。淮军"春"字营的张遇春刚撤到桥边，正好撞到督战的李鸿章，只听李鸿章一声厉喝："拿刀来，把他的头砍了！"吓得张遇春赶忙率众掉转方向，又跟太平军去拼命。李鸿章在上海站稳脚跟后，又率军南进，向太平军占领的地区发起反击，收复苏州、常州，攻克常熟、太仓、昆山等地。慈禧因此记住了李鸿章的大名。

慈禧重用汉臣，激励了在战场上厮杀的汉族将领，让他们死心塌地地为朝廷效力。在汉臣中，位高权重的曾国藩对慈禧更是感激涕零，他在攻占南京上游的安庆之后立即坐镇指挥，进攻太平天国的都城天京（即南京）。他采取了围城打援的战术，在南京城外挖掘长壕，切断南京和外界的一切通道，加上南京有湘军彭玉麟的水师和曾国荃①、杨岳斌所部联合围攻，南京变成一座困守的孤城。

此时，太平天国的忠王李秀成、侍王李世贤率部进入江西，攻陷瑞州。曾国藩发加急手谕，让鲍超火速赴援。鲍超日夜兼程奔赴瑞州，大军行进中前面悬红绫丈余，中间书一奇大的"鲍"字，沿途太平军一见"鲍"字旗帜，纷纷溃逃。鲍超连破太平军七十余营后，将太平军驱逐出江西，江西即报肃清。

曾国荃听说江西已平，心里很着急。他想得到攻克南京城的首功，但西有鲍超、南有左宗棠、东有李鸿章，三部都是虎狼之师，都可能与他抢功。于是，他与兄长曾国藩商量如何尽快克城。曾国藩担心他兵力不够，令他回湖南添募乡勇。同时稳住鲍超、李鸿章，令其暂时不要强攻南京，先肃清周边之敌。李鸿章知道曾国藩有私心，但出于对老师的尊敬以及自己仕途发展的考虑，他决定做个顺水人情，按曾氏兄弟的计划，对南京城围而不打，且一围就是两年之久。

与此同时，李鸿章继续以上海为依托，收复华东大片失地。在此之

---

① 曾国荃（1824—1890）：字沅甫，曾国藩之弟，湘军主要将领之一，因善于挖壕围城，有"曾铁桶"之称，官至两江总督、太子太保。

前，清廷曾同意江苏巡抚薛焕雇用美国人华尔的洋枪队，配合清军作战，由吴煦任洋枪队督带，杨坊与华尔为管带，实际上指挥权仍归华尔。因守卫上海有功，清廷赐给华尔官衔，并称洋枪队为"常胜军"。华尔在与太平军的作战中毙命后，美、英、法侵略者互争"常胜军"的领导权，在美国公使蒲安臣①的活动下，最终由美国人白齐文出任洋枪队统领。李鸿章到上海之初，采取"借师助剿"的策略，一度请"常胜军"协同作战。但到同治二年（1863）初，白齐文与吴煦、杨坊产生矛盾，以致殴伤杨坊，抢走饷银。李鸿章借机将白齐文革职，还一并处置了吴煦、杨坊，后经与外方多次磋商，由英国人戈登出任"常胜军"管带。

心有不甘的白齐文投靠了太平天国，他召集旧部，抢夺清军炮船，设法购买军火，并建议洪秀全放弃苏州、南京，采取全力北伐的策略，但未被采纳。

同治二年（1863）秋，李鸿章率淮军和戈登的"常胜军"进至苏州城下。几次进攻受阻后，他决定采纳戈登的"智取"之计，即招降城中的纳王部永宽，让他刺杀守城主将慕王谭绍光。计划进行得很顺利，太平天国第二重镇就此陷落。

但是，接下来发生的事情却大大出乎戈登的意料。李鸿章在营中设计杀死部永宽等八名降将，并诛杀了城内已放下武器、毫无防备的太平军兵将，使招降的"担保人"戈登颜面大失。事后，戈登携枪找李鸿章算账未果，发表声明说：如果清廷不将李鸿章解职，他就率"常胜军"反攻淮军，交还太平军已占城池。李鸿章忙向慈禧呈上奏折，就此事百般辩解。慈禧并不完全相信李鸿章的解释，但她不仅未将他解职，反而奖赏了他，毕竟他攻下了太平天国的第二重镇，使南京城失去屏障，更加孤立无援。

为了显示公正，也为了尽快平息事端，慈禧对戈登给予万两赏银和

---

① 蒲安臣（1820—1870）：美国著名律师、政治家和外交家，美国对华合作政策的代表人物。

记头功的奖赏，结果遭到戈登的拒绝。李鸿章也不再理会戈登，自率军队攻陷常州，证明没有"常胜军"的协助，淮军依然可以打胜仗。戈登觉得无趣，卸任"常胜军"管带，回英国去了。

苏州、常州两城被李鸿章攻克后，南京城的战况变得对清军非常有利。与此同时，浙江巡抚左宗棠率部自江西攻入浙江，于同治三年（1864）二月攻陷杭州，并基本占领浙江全省。曾国藩见拿下南京城的时机已经成熟，令曾国荃尽快扫除城外之敌，做好总攻的准备。

同治三年（1864）四月二十七日，天王洪秀全病逝，幼天王洪天贵福继位。六月十六日，湘军轰塌南京太平门附近城墙二十余丈，蜂拥入城，其他方向的湘军也缘梯而入。洪天贵福在其他将领的护送下，乔装从南京城中逃出，城内太平军或战死，或自焚，十分惨烈。

同治三年（1864）六月二十日，对慈禧和整个清廷来说是一个不同寻常的日子，以曾国荃为首的湘军攻克了南京，捷报送至北京，朝野上下一片欢腾。兴奋无比的慈禧颁诏嘉奖功臣：议政王奕䜣主持朝廷军政大事，居首功，赏加三级军功；曾国藩着加恩赏加太子太保衔，赐封一等侯爵，世袭罔替，并赏带双眼花翎；各路统兵大员李鸿章、官文、左宗棠、曾国荃为一等伯爵；军机大臣、前敌将帅、各部、院、督抚均有重赏。

对太平军的大规模围剿结束了，但是太平军的残余势力依然存在。慈禧饬令闽浙总督左宗棠清剿南逃浙闽地区的太平军残部；赏郭嵩焘三品顶戴，令其署理广东巡抚，配合左宗棠形成夹击之势。同时，由于云南杜文秀①领导的回民起义声势越来越大，慈禧擢升云南布政使岑毓英②为巡抚，全力平乱。此外，更大的麻烦是捻军迅速集结，号称十万大军将进攻京城。

---

① 杜文秀（1823—1872）：清朝咸丰、同治年间云南回民起义领袖，在蒙化（今云南巍山彝族回族自治县）起兵，攻占大理，建立"回教国"，自立为"总统兵马大元帅"，通用阿拉伯语。政权极盛时占有东至楚雄、西至腾越、南至耿马、北至丽江等地。

② 岑毓英（1829—1889）：字彦卿，广西西林人，晚清大臣，历任云南布政使、云南巡抚、贵州巡抚、云贵总督等职，曾镇压金田起义、援越抗法。

京城危急之际，慈禧想到的还是那些汉臣，她首推的统军人选自然是曾国藩，因此慈禧敕谕他统筹全局，制订围剿计划。

曾国藩建议采取"追堵"之策，奏请科尔沁亲王僧格林沁统领清军主力追击，湘军、淮军以及袁甲三所部则在捻军的必经之地进行堵截。慈禧认为此计可行，加授僧格林沁为剿捻钦差大臣，节制调遣直、鲁、豫、鄂、皖五省兵马，建立防线进行堵截。但是，长江至黄河流域地域广阔，当清军建立起漫长防线围堵时，捻军便化整为零，展开游击战，清军稍有疏漏便被捻军钻空子；当清军追击时，捻军又展开运动战，从江淮跑到山东，又从山东跑往河南，清军十分被动，以致疲惫不堪。

同治四年（1865）四月二十四日，僧格林沁率一万一千余多人追击东路捻军赖文光、张宗禹部，追至山东曹州菏泽县高楼寨时，陷入捻军伏击圈，全部被歼，僧格林沁被击毙。

满蒙第一战将僧格林沁之死，震动朝野。慈禧无奈地环视朝堂，发现可用之将才实在寥寥无几。在满蒙大臣中，稍有才能的陕甘总督都兴阿拟调回辽东任盛京将军；英桂在河南表现不错，拟调往浙闽。可是，保卫京畿是重中之重，慈禧思来想去，决定任命曾国藩为直隶总督、钦差大臣，督办直隶、山东、河南军务，以李鸿章署理两江总督。

但曾国藩在剿灭太平军后已遣散大部分湘军，剿捻的主力为李鸿章部属，有令难行，曾国藩身心疲累，便向慈禧推荐了李鸿章。慈禧对李鸿章这个名字早有耳闻，只是一直未曾谋面。同治六年（1867）冬，慈禧改调曾国藩为两江总督，而以李鸿章署理钦差大臣，代替曾国藩剿捻。从此以后，慈禧与李鸿章逐渐形成了相互倚重的"铁杆"关系。在剿捻过程中，李鸿章的策略绝大部分与曾国藩相同，依然是堵截和追击，不同的是，李鸿章没有让捻军牵着自己的鼻子走，而是你打你的，我打我的。不管捻军分兵运动作战也好，集中兵力重点突破也罢，他只管"先固守局而后进兵"，让捻军自己往口袋里钻。

李鸿章首先实施第一步计划，即集中兵力打击捻军主力。当时捻军已分为东捻和西捻，李鸿章始终抓住最强的一股——赖文光、任化邦统率的东捻，逼迫他们决战。李鸿章手下有几名令捻军闻风丧胆的战将，如程学启、刘铭传①、张树珊②、吴长庆③、潘鼎新④等人，全都骁勇善战。这年年底，东捻进入山东富庶地区筹集粮草，李鸿章马上指挥清军分三路追击：提督刘铭传为中路，潘鼎新为北路，总兵董凤高、沈宏富为南路。三路清军连同山东巡抚丁宝桢所辖之地方清军，兜地而进。东捻发现清军的围歼意图后，不惜代价突围进入江苏，刘铭传部紧随其后，紧追不舍。同时，李鸿章将另两路撤至运河防线，等待捻军再次北进。

结果正如李鸿章所料，赖文光、任化邦率捻军主力在江苏赣榆一战受挫后又掉头向北，最后在北阳河、弥河之间陷入清军重围。捻军战死两万余人，另有万余人被俘，主将赖文光被擒获，几天后被杀。

同治七年（1868），以张宗禹为首的西捻军进逼京师。慈禧急命议政王奕䜣会同神机营王大臣办理巡防事宜，钦差大臣、陕甘总督左宗棠统领直隶境内各路清军防堵，钦差大臣、两江总督李鸿章督率所属各部急赴京畿围剿，署理闽浙总督兼江西巡抚李旭督派义勇军劲旅助剿，盛京将军都兴阿坐镇天津，以防西捻攻城。

四月底，左宗棠、李鸿章、赵向东在德州举行三方会议，议定楚军和淮军"坚壁清野，分地设防"，战斗力最强的义勇军则为"游击之师"，追杀西捻。鉴于西捻马队强悍、行动迅速，李鸿章下令修筑减河长墙八十余里，利用运河、黄河等河流限制骑兵行动，从而围困西捻。

几个月来，张宗禹带领西捻东奔西窜，四处碰壁。到了七月，大雨倾盆，河水泛滥。李鸿章、赵向东发现了战机，把西捻军限制在黄河和马颊河之间，圈起来打。张宗禹的马队因大雨而行动受阻，机动性大大

---

① 刘铭传（1836—1896）：字省三，安徽合肥（今安徽肥西大潜山麓）人，清朝名臣，台湾省首任巡抚，洋务派骨干之一。

② 张树珊（1826—1867）：字海柯，安徽合肥人，晚清淮军著名将领，曾任广西右江镇总兵，在周家口（今河南周口市）镇压捻军时战死。

③ 吴长庆（1829—1884）：字筱轩，安徽庐江县南乡沙湖山人，"清末四公子"之一吴保初之父。

④ 潘鼎新（1828—1888）：字琴轩，安徽庐江县广寒乡人，晚清淮军著名将领，官至广西巡抚，中法战争时率部入越南与法军作战。

削弱。他们从不敢在一个地方久驻，可是河水猛涨，道路泥泞，他们还是被困在了东昌。李鸿章、赵向东派重兵合围，全歼张宗禹的主力马队七千余人，张宗禹投河自尽，余部数万人作鸟兽散。

李鸿章为慈禧除去了心头大患，战功卓著，被任命为湖广总督、协办大学士，跃升至与曾国藩平起平坐的地位。李鸿章第一次入朝觐见，被特赐在紫禁城骑马。待到觐见时，李鸿章才隐隐约约一睹慈禧真容，慈禧因帘布遮挡未看清李鸿章的长相，但看得出他比其他人高大，所以后来她就给李鸿章取了个绰号，叫"李大架子"。

3. 支持洋务运动

咸丰十一年（1861）底，正在围剿太平军的曾国藩上奏折称，目前借外国力量助剿、运粮，可以减少暂时的忧虑；将来学习外国技艺，造炮制船，可以获取永久收益。

曾国藩的奏折引起了慈禧的重视。在当时内忧外患的局势下，要想挽救处于风雨飘摇中的清王朝，必须寻求一条新路。议政王奕䜣也认为，"治国之道，在乎自强，而审时度势，则自强以练兵为要，练兵又以制器为先"。慈禧将这项工作交给了由奕䜣牵头的总理各国事务衙门。如此一来，总理衙门这个机构越来越庞大，位居六部之首，而且在职能上几乎要取代内阁和军机处。它实际是总揽新政的中央政府机构。它不仅掌管清廷与各国之间的外交事务，还管理对外贸易、海关税务、边疆防务、海军建设、新式工矿业，以及建新式学校、兴修铁路等事务，实际上相当于清廷的内阁兼外交部。

不过，当时的人们对于办哪些洋务并不清楚。同治二年（1863）四月，清廷海关总税务司、英国人李泰国兴致勃勃地来到总理衙门，向奕䜣报告说，他在英国为清廷购买军舰，已经组建了英中联合海军舰队，又称"阿思本舰队"。这让奕䜣大吃一惊。原来，李泰国擅自做主，跟舰队司令阿思本海军上校订立合同，并制定了《英中联合舰队章程》。合同规定，这支舰队由英国人阿思本担任舰队司令，任期四年，而他只执行中国皇帝的命令，不接受皇帝以外清廷下达的任何命令。凡是作战中缴获的船和货物，其中三分之一归清廷，剩下的由阿思本舰队自行分配。

很显然，这支所谓的英中联合舰队的大权掌握在英国人手里。这个莫名其妙的合同是谁批准的呢？慈禧和奕䜣事先都没有见过这份合同。奕䜣听了李泰国的汇报后，当场表示不能接受。双方为此僵持了将近一个月，"阿思本舰队事件"成为慈禧垂帘听政以来遇到的第一起棘手的外交事件。

到了八月初六，阿思本率领舰队到达天津后，亲自到北京跟李泰国一起到总理衙门接洽。奕䜣决定拒绝英国的讹诈。他向两宫太后奏准以后，下令免去李泰国的海关总税务司职务，解散阿思本舰队。这件事让清廷付出了惨重的代价。经过数次谈判，清廷须支付舰队全体官兵的工薪、酬劳、来往经费，以及数万两赏银。解散阿思本舰队，表明了清廷维护主权的坚决态度，也表明了慈禧的强硬立场。难能可贵的是，她从中悟到"自强"的重要性，洋务活动正是在"阿思本舰队事件"后逐渐形成潮流。

在洋务运动正式启动之前，清廷主要支持"借师助剿"。这一点在奕䜣等人的奏折中表达得很清楚。奕䜣认为，太平天国、捻军等农民起义是"心腹之害"，俄国是"肘腋之忧"，英国是"肢体之患"，所以在处理次序上应"灭发、捻为先，治俄次之，治英又次之"。具体而言，奕䜣和曾国藩、李鸿章等汉族重臣的主张基本一致，他们认为，"但求外敦和好，内要自强"，而"中国欲自强，则莫如学习外国利器；欲学习外国利器，则莫如觅制器之器"。

从中可以看出，此时清廷高层已基本达成共识，即"自强"首先是强军。曾国藩担任两江总督时，曾考察湘军水师的舰船与洋人的炮舰。有一天，他登上一艘长约二丈八九尺的大船，这艘船开起来速度并不快，但船上见不到船公的身影，它有一个响亮的名字——"黄鹄"

号。这是中国第一艘自制的以蒸汽为动力的轮船。设计者徐寿、华蘅芳告诉曾国藩，这是仿照英国人的炮舰制造的，只是没有像洋人那样安装舰炮，也不是全铁甲，航速也不及英国舰船。曾国藩很感慨，一台机器竟能代替十几个橹手，而且船行速度有过之而无不及。他心中"徐图自强"的想法愈加强烈。

当然，也有一些朝臣反对兴办洋务。他们认为，照猫画虎很难画出虎的风貌和气质，学洋人的一点皮毛于事无补，于国无益。同治五年（1866）十一月初五至次年正月二十一日，议政王奕䜣连续呈上三份奏折，都得到两宫太后特别是慈禧的首肯。但朝廷里一批反对学习西方的保守大臣对奕䜣的奏折进行了抨击，由此引发了一场针锋相对的争论。争论从正月二十九日山东道监察御史张盛藻上奏发端，张盛藻指责奕䜣是在提倡"重名利而轻气节"，学习"机巧之事"。奏折呈上去后，慈禧认为这是冥顽不灵之辞，授意内阁拟旨驳斥。

但事情并没有就此结束，到二月十五日，德高望重的保守派领袖倭仁出场了。倭仁上奏折反对开设天文算学馆，他说国家的昌盛在于世道民心，而不在于各种各样的技术。他把争论的重要性归结到"何以立国"上，得出的结论是以清朝之大、人口之多，必定有精于天文数学的人，何必向外国人学。他担心清朝在向外国学习时"变夏为夷"，甚至认为中华民族有亡国灭种的危险。表面尊崇祖制的慈禧对倭仁的奏折很不以为然。

同治六年（1867）三月初二，奕䜣向朝廷上奏折重申招收科甲正途出身的人学习天文算学的重要性，同时指出，倭仁既然不认可这件事，想必有更好的办法，希望能够追随倭仁。三月初八，倭仁绕过奕䜣的反击，提出"天下之大，不患无才"，不必师事"夷人"以授人权柄，意在单靠自身使中国自强起来。三月二十九日，奕䜣再上奏折，表示兴办洋务的结果确实很难预料，接着话锋一转，要求倭仁保举几个人才，择地另开一个馆，由倭仁督导以观其效。慈禧接受了奕䜣的建议，而倭仁不得不上折承认，他并无精于天文算学之人举荐，不敢妄保。

作为朝廷的最高实际决策者，慈禧的态度令人有些费解，因为这一年她和奕䜣之间已开始暗中的权力斗争，而倭仁是支持太后的。那么，在这场争论中，慈禧为什么不偏向倭仁呢？事实上，慈禧只有一个标准，那就是看是否有利于皇权的统治和稳固。

在奕䜣的强力推动下，洋务运动的步伐开始加快，而慈禧也看出洋务运动对于挽救时局的重要意义。面对改革派与保守派大臣的争论，她在等待合适的时机表明立场。

洋务企业的创办最早是在同治四年（1865）。在曾国藩的支持下，李鸿章筹办了江南机器制造总局（简称江南制造局），这是当时国内最大的兵工厂。同年，李鸿章在南京设立金陵机器局。同治五年（1866），左宗棠在福建创办福州船政局，附设船政学堂，是当时国内最大的造船厂；同治六年（1867），崇厚在天津建立天津机器局。在创办福州船政局时，左宗棠深感中西科技的巨大差距和学习西方先进技术的重要性，在购置机器、雇聘外国工程技术人员时，他特别重视引进和学习西方先进的科学技术。他说，"兹局之役，所重在学造西洋机器以成轮船，俾中国得转相授受，为永远之利"。故在设厂造船时设立求是堂艺局，后改称船政学堂，延请熟习中外语言文字的老师教授英法两国语言、算法、画法。这所学校是近代较早开设的一所以学习自然科学为主的新式学校，同时又有军事学校的性质，以培养海军和造船人才为目的。

另外，清廷派遣了一批官员、学者出洋考察。同治五年（1866）春天，总税务司赫德①要回国结婚，向奕䜣请了六个月假，并建议清廷派人到西方考察。这正合奕䜣的心意，于是奏请派遣人员出国考察并获准，从而有了清廷派斌椿②等人走出国门的破天荒之举。

①　赫德（1835—1911）：英国政治家，曾任晚清海关总税务司达半个世纪之久，在任内创建了税收、统计、浚港、检疫等一整套严格的海关管理制度。他主持的海关还创建了中国的现代邮政系统。

②　斌椿（1804—1871）：中国第一个跨出国门的官员，是最早被英国女王非正式接见的中国官员，也是将标点符号引入中国的第一人。

创办洋务企业缺少资金，洋务派便采取了两个对策：一是募捐，鼓励民办；二是将军工产业商业化，兼办民用企业，如经营轮船、电报、采矿冶炼以及纺织等。开学堂、购军舰、买机器、设炮台、翻译书籍、派遣留学生等工作次第展开，这个古老的国家呈现出一片新气象。

洋务初兴，慈禧非常支持，但到同治七年（1868）捻军被剿灭之后，她的热情开始冷却。她把李鸿章调去做湖广总督，那是政务最繁重的地方；左宗棠则从东南调去西北做陕甘总督，平定回民起义，那里贫穷闭塞、民风剽悍，不是办洋务的好地方。但慈禧却坚信能者多劳，仍然很器重他们。

在"剿贼"和兴办洋务中，议政王奕䜣和直隶总督曾国藩的声望日高，权势越来越大，让慈禧产生了一种大权旁落的危机感。为了遏制这种势头，她开始构思权力的再分配计划。

对于议政王奕䜣，她还没有找到最佳的处置办法，但对曾国藩，处置的借口却很多。一是国内已基本平定，裁军已成必然，可借机削减其兵权；二是曾国藩生性耿直，傲骨铮铮，不善于跟洋人打交道，不宜担当通商大臣之职。巧合的是，同治九年（1870）四月到六月发生了"天津教案"。天津民众为反对天主教会肆意宣教，攻击天主教教会，杀了数十人。此后教会动用武力，外国军舰陈兵于天津港口，七国公使联合向总理衙门提出抗议。作为直隶总督，曾国藩自然难辞其咎。

不过，曾国藩是汉臣的标杆，直接将他降职或免职，会给官场造成巨大震动。偏巧，这时又发生了一起案件——两江总督马新贻①遇刺，使慈禧面临的问题迎刃而解，她借曾国藩在处理此案时的失误将其重新调回到两江总督任上。但是，谁来接替曾国藩担任直隶总督呢？慈禧心中早有人选——李鸿章。原因有四点：第一，他是曾国藩的门生；第

① 马新贻（1821—1870）：字谷山，山东菏泽人，晚清大臣，历任安徽按察使、安徽布政使、浙江巡抚、两江总督兼通商大臣等职。在任期间，处理漕运、盐政和河工之弊政，并着手减轻农民负担，解决了许多民生问题，颇受百姓爱戴。

二，他是洋务运动的积极推动者；第三，他善于跟洋人打交道，有外交才能。还有一条，也是最重要的，李鸿章善于体察上意，对慈禧俯首帖耳。

其实，慈禧大可不必费这番心思，因为曾国藩此时已是重病缠身。曾国藩离开北京前，正逢他六十大寿，慈禧和同治皇帝御赐给他许多贺礼，同治帝还亲手写了一首贺诗并御书"勋高柱石"的匾额相赠。

到同治九年（1870）十一月，曾国藩入朝觐见同治帝和两宫太后。慈禧与他的对话看似平淡，实含深意。

慈禧："你什么时候从天津起程的？"

曾国藩："回太后，臣二十三日自天津起程。"

慈禧："天津教案的凶手归案正法了吗？"

曾国藩："还未行刑。听驻天津的领事说，俄国公使即将到天津，法国公使将派人专程前来验看，所以尚未将凶手正法。"

慈禧："李鸿章计划什么时候对这些人行刑？"

曾国藩："臣二十三日晚上接到李鸿章来信，信中说他将在二十五日行刑。"

慈禧："天津百姓现在还惹是生非、刁难洋人吗？"

曾国藩："此事之后，百姓都已安谧，不再尚勇斗狠。"

慈禧："府、县官员之前逃至顺德等处，是何居心？"

曾国藩："府、县官员最初撤任时，并未拟罪，所以他们才敢放胆出门。"

慈安："你右眼现在能看见东西吗？"

曾国藩："右眼没有一隙之光，已看不到。左眼尚且能模糊视物。"

慈安："别的病都好了吗？"

曾国藩："别的病算好了些。"

慈安："我看你起跪的时候，身体还算利索，精神尚好。"

曾国藩："精神总没有复原。"

慈禧："马新贻这事岂不是很奇怪？"

曾国藩："这事确是很奇怪。"

慈禧："马新贻办事可好？"

曾国藩："他办事和平、精细。"

慈禧："你在直隶练了多少兵？"

曾国藩："臣练新兵三千，前任督臣官文练旧章之兵四千，共七千。计划再练三千，合成一万，已与李鸿章商明，照臣奏定章程办理。"

慈禧："南边练兵也是很要紧的，眼下洋人就很可虑，你们好好地办理。"

曾国藩："洋人确实可虑，现在尚无战事，应当防患于未然。臣计划在长江的要紧之处修筑炮台，以防外国船只强行驶入长江。"

慈禧："能防守便是好的。这洋人的教堂就常常多事。"

曾国藩："教堂近年到处滋事，教民总欺压不信教的百姓，教士出面庇护教民，领事官又庇护教士。明年与法国换约，须将传教一节加以整顿。"

从这段对话可见，慈安只是关注曾国藩的身体状况，对答之间更像普通的"拉家常"，而慈禧的问题都是简明扼要又一针见血的，这位端坐帘后的权力操控者高高在上，以不容置疑的姿态问询，而曾国藩则回答得小心翼翼。

曾国藩离开京城后，马不停蹄前往任所南京。一个月后，他接任两江总督，到任第一件事便是审办刺杀前任总督马新贻的刺客，判凌迟处死。

同治十年（1871）夏季，曾国藩坐船巡视、游览两江各地名胜，对那里井然有序的社会秩序颇为满意，此前因为被太平天国占领多年，那里长期处于战乱之中，狼藉一片，现已恢复安定，百姓生活归于平静。在到任后的第二年，即同治十一年（1872）初，曾国藩中风昏厥，紧急救治后苏醒过来，但第二天阅览一份公文时再次中风，他强打精神，嘱咐长子曾纪泽，丧事要从简。二月初四早晨，尽管身体非常虚弱，曾国藩依然强行起身，坚持处理了一些公务。傍晚，曾纪泽搀扶他到花园中散步，回屋路上再次中风。家人将他抬入正室，他口述对子孙的教诲，在家人陪伴下，他笔直端坐而逝，终年六十二岁。慈禧闻讯下旨盛赞这位忠臣，称其为"股肱心膂之臣"。

与此同时，李鸿章接任直隶总督后，很快成为慈禧最得力的帮手，也成为洋务运动的主力干将，并开始探寻海军的近代化之路。

第六章 专权之路

1. 打压恭亲王

一晃两宫太后垂帘听政已十年有余，其间，慈禧对国事的了解越来越多，也越来越透彻，对皇权的渴望逐渐让她对议政王奕䜣的意见和制约不耐烦起来。这十多年来，他们整顿吏治、平定匪患、兴办洋务，与西方资本主义国家通商发展经济，国家似乎出现了中兴局面。她不再需要奕䜣事事过问，甚至开始反感他的独断专行，而奕䜣也对慈禧太过贪权感到不满，两人的关系渐渐恶化。

过去，慈禧对奕䜣的制约手段是恩威并施。同治四年（1865）的一天，奕䜣和往常一样进宫朝见太后，在完成例行的仪式及朝政汇报之后，慈禧拿出一份奏折，严肃地对他说："有人参劾你！"奕䜣一愣，接过奏折看了一遍后，很不以为然，自己主持朝政多年，可以说是政绩显著，因此对这份奏折并不放在心上，他貌似谦恭地问："是哪位大臣上的奏折？"慈禧一直盯着奕䜣，尽管他表现得很卑谦，但他脸上转瞬即逝的无所谓的表情让她非常不满意，她依然很严肃地答道："是蔡寿祺！"奕䜣脱口而出："蔡寿祺不是好人！"在他看来，此人为重塑名声，不惜铤而走险，弹劾当朝亲王，真是胆大包天，利欲熏心。

蔡寿祺是翰林院的编修，入职多年都没升职，于是到处投机钻营。他曾以办团练"剿贼"的名义跑到四川，希望能找到一条升官发财的路子。由于没有朝廷的委派诏书，他只得私刻关防、招募乡勇、大肆敛财。没想到熟悉团练的骆秉章去四川任总督时，一眼看穿了他的假把戏，命藩司刘蓉将他赶回江西原籍，他的发财梦就此破灭，而且他在朝中也颜面尽失。为了报这"一箭之仇"，他投靠胜保，当了几年幕僚。胜保失势后，他利用安德海的关系重返京师，入宫做起了日讲官。从此，他与安德海来往密切，在入职不到一个月的时间内，连上两道奏疏。

慈禧自然明白，仅靠蔡寿祺的奏折来扳倒奕䜣是不可能的，此时她并不想要奕䜣下台，只是想从旁敲打他，叫他不要得意忘形。蔡寿祺在奏折中列了奕䜣贪墨、骄盈、揽权、徇私的四大罪状，希望太后能让奕䜣罢官引退，不再做议政王。慈禧本来是想试探奕䜣，看看他什么态度，没想到他竟准备捉拿蔡寿祺问罪，慈禧便决定动真格了。她和慈安很生气，召见大学士周祖培和瑞常①、吏部尚书朱凤标②、内阁学士桑春荣③和殷兆镛④等人，两人哭着对这些大臣说："奕䜣培植私党专权，已无法委任国事，请你们商议治他的重罪。"

诸大臣见太后盛怒，都不敢答话。慈禧接着说："诸位大臣应当以先帝为念，不要害怕议政王，议政王罪不可恕，你们应从速议罪！"

这帮大臣都已在官场中摸爬滚打多年，深知慈禧若真要治一个人的罪，何必跟臣子们商议！他们心知肚明，但仍表现出胆战心惊的样子，慈禧看到这种状况，知道他们至少与议政王不是一个阵营，气也就消了一半。在这些大臣中，周祖培资格最老，他一眼看穿了太后的真正用意，但又不能把话挑明，心里一权衡，就想到一个折中的办法。他伏地叩首说："如果要弹劾议政王，须有充分的证据，请太后容许臣等退下

① 瑞常（？—1872）：字芝生，蒙古镶红旗人，晚清大臣，历任光禄寺卿、内阁学士、兵部侍郎兼镶红旗汉军副都统、文渊阁大学士等职。
② 朱凤标（1800—1873）：字桐轩，浙江萧山城东朱家坛村人，晚清大臣；廉政严己，通晓治安、军务，擅长筑城建台。
③ 桑春荣（1802—1882）：字柏侪，山阴（今浙江绍兴）桑渎村人，晚清大臣，担任刑部尚书十多年，任内曾主审"杨乃武与小白菜"一案，平反大狱，执法公正。
④ 殷兆镛（1806—1883）：字补金，江苏吴江人（今苏州市吴江区），晚清大臣，历任礼、户、吏诸部侍郎，性耿直，关心民间疾苦。

以后再仔细探查，并请大学士倭仁跟臣等一起处理这件事。"慈禧厉声说道："没真凭实据还不赶紧去查？不然还要你们这帮人干什么？难道要等到皇帝长大成人后，再一起处罚你们吗？"

从殿中退出后，几位大臣都因紧张而汗湿衣衫，他们不敢怠慢，立即着手去查。周祖培和倭仁也不敢迟延，立即着手办理。他们就蔡寿祺在奏折中所称恭亲王奕䜣的四大罪状——讯问蔡寿祺。所谓贪墨，是指收受贿赂。经查没有物证，蔡寿祺只就此一项指出薛焕、刘蓉二人曾贿赂奕䜣，而且只是风闻，并无实据。另外三项指控更是含糊其词，实际与诬告无异。

案情扑朔迷离，可信证据极少，大臣们左右为难：如果据实回禀慈禧，那太后也同有诬告之罪；如果认定恭亲王有罪，就得捏造事实细节。更让大臣们焦虑的是，他们不知道慈禧要把这场戏唱到什么程度。最终，他们在复奏中用了极其谨慎的字眼叙述审讯的结果和处理意见："阅原折内贪墨、骄盈、揽权、徇私各款，虽不能指出实据，恐未必尽出无因。况贪墨之事本属暧昧，非外人所能得见。至骄盈、揽权、徇私，必于召对办事时流露端倪，难逃圣明洞鉴。臣等伏思黜陟大权操之自上，应如何将恭亲王裁减事权，以保全懿亲之处，恭候宸断。"

慈禧看到倭仁的奏折后，立马以同治皇帝的名义亲笔书写上谕，谕中充分表达了她对皇权旁落的担忧，她为了自己，也为了儿子，为了清王朝的稳固，必须防患于未然。这道懿旨使大臣们明白：太后只是想收回恭亲王奕䜣的权力，并没有置他于死地的意思。但慈禧为了掩盖自己的真实意图，随后又下了一道懿旨，准备推举惇亲王奕誴来接替恭亲王奕䜣。

奕誴是道光帝第五子，过继给惇恪亲王绵恺。他生性惇厚，经常一身普通老百姓的打扮。现在让他来替代奕䜣，这明显是一场假戏，大臣们心知肚明，所以都不愿表态。奕誴没有揣测太后的心思，只就事论事上奏折替六弟奕䜣辩白和求情。他在奏折中提到：有关于恭亲王的事情，实属暧昧，仅仅以语言和行为上的小过错，就骤然予以严惩，无以昭示天下。恭亲王做议政王以来，办理事务，没有听说有什么大的劣迹，唯有皇太后和皇帝召对时，在言词语气上有一些不恭，这终究不是臣民共见共闻的；而蔡寿祺所参劾的内容又没有真凭实据，若一味坚持罢斥奕䜣，恐难以服人。这道折子出自皇亲中最年长的亲王，在皇亲中影响很大，加之奏折内容是针对谕旨直陈意见，因而慈禧尽管心中不悦，但实在没有借口直接对奕䜣"动手"。无奈之余，她只得下令将惇亲王的奏折和蔡寿祺的奏折一并发给诸位王公大臣和内阁人员，召开会议讨论。

慈禧的态度让大臣们愈加摸不着头脑。其实，这个"哑谜"并不难解，太后想削减奕䜣的权力，她需要利用倭仁与奕䜣的不和，让他们找出奕䜣的过错。与倭仁意见相同的许多守旧派大臣也想借机抑制奕䜣一派的势力，他们按懿旨再查，多少发现了奕䜣的一些毛病。

比如，在两宫太后下发指示时，奕䜣总提高嗓音回复，而当慈禧说完某件事之后，他却佯装没有听清楚，要求慈禧重新说一遍。

再如，他经常绕过两宫太后直接与地方官员通信，自行决断任免之事，有时不经通传就擅自闯进后宫。

收集到这些事实后，同治四年（1865）四月十四日，王公大臣再次开会讨论奕䜣的去留，概括起来，大致有两种声音：一种是以倭仁为代表，认为奕䜣的四个罪名虽暂无实据，但决非空穴来风，所以恭亲王不能再用。一种是以醇郡王、文祥、王拯等人为代表，坚持不能在没有实据的情况下罢斥奕䜣。经过一番争论，最后，醇郡王的意见得到了大多数人的支持。

面对王公大臣们的质疑，慈禧采取了去其根本、留其枝叶的折中办法，于四月十六日颁发上谕，大意是说，议政王确有很多地方做得不对，念及他有大功于朝廷，给他一个处分以示告诫。错归错，但还可以留用，谕令恭亲王仍在内廷行走，管理总理各国事务衙门，免去议政王和军机大臣的职务。就这样，历时三十九天的一场权力风波，以革去恭亲王的议政王头衔落下了帷幕。这是慈禧扔掉"拐杖"，独立处理朝政的第一步。

一周以后，慈禧又以两宫太后的名义颁布一诏："本日恭亲王因谢恩召见，伏地痛哭，无以自容。当经面加训诫，该王深自引咎，颇知愧悔，衷怀良用恻然。自垂帘以来，特简恭亲王在军机处议政，已历数年，受恩既渥，委任亦专，其与朝廷休戚相关，非在廷诸臣可比。特因位高速谤，稍不自检，即蹈愆尤。所期望于该王者甚厚，斯责备该王也不得不严。今恭亲王既能领悟此意，改过自新，朝廷于内外臣工，用舍进退，本皆廓然大公，毫无成见，况恭亲王为亲信重臣，才堪佐理，朝廷相待，岂肯初终易辙，转令其自耽安逸耶。恭亲王着仍在军机大臣上行走，毋庸复议政名目，以示裁抑。"

事实上，慈禧与奕䜣之间的权力斗争并没有结束，此后她又进一步对奕䜣领导的洋务进行打击和限制，使之"事无巨细，愈加寅畏之心，深自敛抑"。奕䜣因为在同治八年（1869）与慈安太后一起谋划杀掉了慈禧的亲信安德海，再次招致慈禧的厌恶，两人的第二次、第三次交锋也在暗流涌动中展开。

2. 安德海殒命

安德海在"辛酉政变"中是慈禧太后和恭亲王奕䜣的联络人，故而在政变成功后便以有功之臣自居。慈禧听政后，安德海阿谀逢迎、狡诈势利、跋扈乖张的本性暴露无遗，但慈禧依然中意他，把他当作心腹。

安德海善于察言观色，他能从慈禧的言行、表情，甚至语气中探知太后的需要。自"匪患"平定后，慈禧放松下来开始消遣，听戏的瘾也上来了，安德海很快便在颐和园搭建了一座戏台，召集梨园弟子，演戏数日。但临时搭建的戏台总比不上圆明园的戏园子，数代皇帝花费无数心血建成的圆明园如今只剩下残垣断壁，令慈禧无限伤感。圆明园中有她的少女时光，也培育了她的政治美梦，如今再也没有机会重温旧梦了。

安德海见慈禧情绪低落，便知太后想起了辛酸的往事。他想逗太后开心，便在太后想听戏的时候将戏班子带进宫，在体元殿的台子上演唱。长春宫经咸丰帝改建，拆除了宫门及前宫墙，将原启祥宫后殿体元殿改为穿堂殿，加盖三间后改为戏台。但随便将民间的戏班子带进后宫唱戏，有违宫规。慈安太后是主掌后宫并严守宫规之人，她几次警告安德海，但安德海都置若罔闻。慈安太后不愿因这件事影响自己与慈禧的关系，也就不再追究。

如果安德海仅限于在后宫耍小聪明、偷巧卖乖，炫耀自己的能耐也就罢了，怎料他生性招摇、恃宠而骄，还常常仗势欺压大臣，甚至连皇亲也不放在眼里，就是同治帝也要让他三分。宫中其他人更奉他如太后一般。慈禧有时高兴，连咸丰帝遗下的龙衣也赏给安德海。御史贾铎素性耿直，听说安德海擅权越矩，深感义愤，便上奏弹劾。他在奏折中不便指斥慈禧，只说"太监妄为，请饬速行禁止，方可杜渐防微"。慈禧阅后下了一道懿旨，责成总管太监认真严查，如太监有不法等情，应交由总管太监举发，否则将革退总管太监，还要从重治罪。内外臣工见了此旨，都称太后从谏如流，称颂声不绝。

实际上，慈禧是把难题转移给了总管太监，但总管太监就是吃了熊心豹子胆也不敢动安德海一根汗毛！安德海在宫中为非作歹，人尽皆知。一些想求慈禧又苦于无引荐的官吏，总是设法打通安德海这一关节。安德海便借机贪赃敛财，私结朝臣。最出格的是，同治七年（1868），安德海极为高调地娶了一房妻子，慈禧特地赏赐白银千两、绸缎百匹，京城大为震动。

一天，同治帝正在乾清宫的上书房读书，安德海带着一帮人在殿外大声喧哗。同治帝逮住这个机会，狠狠地训斥了安德海一顿，并罚他在台阶下跪了一个时辰。事后，安德海向慈禧倾诉一肚子委屈，慈禧不仅不训斥他，反而还护着他，责怪同治帝小题大做。

类似的不快之事在恭亲王奕䜣身上也发生过。一天，奕䜣就江南的督军人选问题进宫请示慈安太后，慈安认为军中事务还是先去向慈禧请旨为好。于是，奕訢便前往西宫，当他走到西宫门口时，碰到了安德海，安德海竟佯装没有看见，大模大样地径直走进宫去。奕訢心中愤愤不已，谁料到了宫门外又被太监们拦住，说太后有事需稍事片刻。他只得强压怒火在宫门外候着，直到天色将晚，还不见传见，询问才知原来是安德海在殿内陪太后闲聊。奕訢气得直跺脚，火冒三丈地走出宫去，见了醇郡王便说："安德海这狗奴才如此无礼，我非杀他不可！"

奕訢对安德海恨之入骨，但一直苦于没有机会处罚他。同治八年（1869），同治帝满十四岁，慈安太后开始张罗他的婚事，找来奕訢商议。恰巧慈禧因小恙在慈宁宫静养，奕訢抓住这次难得的机会向慈安和同治帝奏称安德海贪赃枉法、越分专权。最终，三人达成共识，准备请慈禧严惩安德海。

安德海对朝中这三位核心人物的私密会见却不以为意。他依旧横行不法，在外面拉拢官员支持慈禧，有很多大臣加入了慈禧一党。慈禧的拥护者一天天增多，安德海的权力也随之增大，越来越膨胀的他丝毫没有觉察到自己处境的变化。

慈禧清楚，慈安作为先帝的皇后、现今的东宫太后，名义上她的地位仍在自己之上，要惩处几个太监宫女，完全可以自行裁断。慈禧为此提醒安德海："小安子，东太后那边，你得小心些，在外面不要太招摇，当心犯在东太后手里，那可不是开玩笑的。"安德海感激慈禧对他的关心，随即又假装气呼呼地说："再怎么说，皇帝还是咱们太后的皇帝，东太后再有手段，也大不过主子您。依奴才看，东太后进一步，主子就得进两步，决不能退半步。不然，奴才担心皇帝真会被东宫拉过去。"

安德海这些话并不是没有依据。自载淳出生以来，慈安太后一直把载淳视如己出，从小关心爱护他，而载淳也非常敬重慈安太后，与她很亲近，甚至超过了自己的亲生母亲，这让慈禧非常懊恼烦忧。她和儿子的关系仅仅是小皇帝与听政太后的关系，少了那种骨肉之间的亲密。正因为如此，慈禧才觉得安德海说得有理，这是权力斗争，决不能向任何人让步。所以，她放纵安德海私下拉帮结派，并在宫中安插了众多眼线。

安德海在宫中虽然可以为所欲为，但时间一长也就失去了新鲜感。同治八年（1869）入夏，他想劝说慈禧出游，可慈禧身体不适，连颐和园都不想去。或许是天意，安德海很快逮着一个机会——户部、礼部、宗人府、后宫正在为同治帝筹备大婚用品，需要人手四处去采买，安德海乘机密请，拟亲往苏杭，督制结婚用的龙衣等物。慈禧心想，自己凤体抱恙，小安子不想着怎样尽心侍候，反倒想跑出去逍遥敛财。慈禧心有不悦，但她嘴上却说："我朝祖制，不准内监出皇城，为避是非，你还是不去为好。"安德海看到太后脸上闪过一丝愠色，料知她在搪塞自己。他诣笑着对慈禧说："奴才是奉太后旨意办差，谁人敢说个不字。何况这本是后宫大事，其他人去反倒不如奴才合适。以前江南织造进呈的衣物，多不合体，平素穿用倒还凑合，但现今是为皇上大婚做准备，不精挑细选，如何大展我皇家的风范和尊贵？奴才自去督办，太后才能放心不是？"

皇宫有专管服饰的部门和太监，安德海这样说无异于是胡诌，但慈禧对安德海所请总是不忍拒绝，她自己也爱打扮，安德海去办这趟差，必然能为她带回不少江南精品，这一点她毫不怀疑。所以，她沉吟片刻便答应了，并交代说："你想去便去，但切莫太招摇，若是被地方那些官员揪着什么把柄，他们又该上折子弹劾你了。"这是慈禧能想到的最坏结果。

七月初，安德海带着二十几名太监、内侍卫，乘三艘大船，高悬日月龙旗，沿北运河一路南下。他自称钦差，奉太后旨意专为皇帝大婚采办物品。有些地方官员趋炎附势，想通过他巴结讨好慈禧，越矩迎送，极尽奉承之能事。安德海乐在其中，真把自己当钦差了。

安德海一行走走停停，二十多天后才到山东德州。当地知府赵新匆匆赶来河边码头迎接，但来迟了，安德海当众对赵新一顿臭骂，并暗示他要奉送五百两银子。

赵新跑到山东巡抚丁宝桢那里告状。丁宝桢听后非常愤慨，欲捉拿安德海严办，但念及他是慈禧的心腹，为慎重起见，他一边给朝廷写折请旨，一边派人将安德海一伙收押到省衙大牢审讯。

八月七日子时后，夜色深沉，山东济南的巡抚衙门里却灯火通明，亮如白昼。衙门的每个出口都有带刀侍卫把守，三步一岗，五步一哨。公堂上一切准备就绪，只听堂上官员大喊一声："带犯人！"话音刚落，几个侍卫便押着一个犯人走了进来。一般的犯人见到这个阵势，早就吓得面如灰土了，可今天这个犯人却没有一丝畏惧胆怯的神情，反而一副趾高气扬的样子，走起路来也是大摇大摆。押解的侍卫见状在他身后猛推了一把。犯人踉踉跄跄地被推到大堂中间，侍卫在他腿窝子上狠狠踹了一脚，他双膝弯曲，一下子跪倒在地。

犯人回头看着侍卫，恶狠狠地骂道："你是哪个王八羔子，居然敢踢本大爷，你知道我是谁吗？我可是跺跺脚整个紫禁城都要抖三抖的安公公，你个胆大包天的，不想活了吗？"

没错，这个犯人就是安德海。平日里他连皇帝、王爷都不放在眼里，如今又怎会怕一个地方巡抚呢？所以审讯的时候，他表现得非常嚣张。而丁宝桢虽有心惩治他，但因还未收到上级的旨意，只好先简单质询。

丁宝桢的奏折转到了恭亲王奕訢手中，折子里写到内监安德海私自出宫，借慈禧太后的威势，自称钦差大臣，沿途招摇，一路上骚扰地方，逼勒官府，特请旨严办。

此事属后宫内务，并不归奕訢管，于是他把折子转呈慈安太后和皇帝御览。"丁宝桢请旨要把小安子就地正法，但须与西太后商议。"慈安谨慎地回复道。奕訢连忙奏道："安德海违背祖制，擅出都门，罪在不赦，应立即饬丁宝桢拿捕正法为是。"此时恰逢慈禧在颐和园听戏，正是惩治安德海的好机会。

慈安太后征询小皇帝的意见，同治帝虽然还未亲政，但早有惩处安德海之意。既然三人如此同心，慈安也就不再犹豫了："既然如此，就让军机处拟旨，速颁至山东。"

拟旨一事本应由内阁负责，慈安之所以说军机拟旨，是因为奕䜣除了任总理大臣外，还任军机处行走之职，很明显她要奕䜣拟旨。于是，奕䜣就以慈安太后和皇帝的名义给丁宝桢下了一道密旨：内监安德海打着太后的旗号，擅自出京，若不从严惩办，何以肃宫禁而儆效尤？着直隶、山东、江苏、浙江各督抚速派干员，严密缉拿，捕到即就地正法，毋庸再行请旨。

此时安德海一伙已经在山东被捉拿，奕䜣之所以要在密旨中写上其他地方，只是一个障眼法，目的是保护丁宝桢。

丁宝桢在山东焦急地等候京城消息，过了两天，加急密旨送到。安德海被捉的第五天，丁宝桢又提审了他一次。直到此时，安德海依然不认罪，在公堂上嚣张骂道："丁宝桢！你连安公公都不认得，做什么混账抚台？难道你不想要项上人头了吗？"他骂得正起劲，突然听到"啪"的一声，丁宝桢在堂上一拍醒木，呵斥道："安德海，你已经死到临头了，休要放肆。今日圣旨已到，本堂奉旨审你，判你斩立决，就地正法，以正视听！"

安德海听到"就地正法"四个字，先前嚣张的气焰瞬间荡然无存，他强作镇定地问："奉旨？奉谁的旨？两宫太后怎么可能杀我？丁抚台，莫不是你欺骗我不成？"

"看来你是不见棺材不落泪，好，今天我就让你做个明白鬼。来人，把圣旨拿给他。"

安德海看后，立马瘫倒在地，过了一会儿，他向丁宝桢哀求道："其中必有隐情，安某着实冤枉，还求抚台大人复奏一本，如此安某死也甘心。"

丁宝桢怒道："难道您老不识字吗？要不要再看一遍？"安德海把每个字都看得很清楚，最令他绝望的是"毋庸再行请旨"一句。他在想到底是谁要置他于死地。是东宫太后？若如此，西太后绝不会同意盖印。是同治皇帝？他还在怔怔地想，身边的几个侍卫已经将他拖了出去，锁在一辆囚车里。

一行人在清亮的月光下疾步向前走着。安德海在囚车里耷拉着脑袋，脑子一片空白，他努力使自己清醒，做最后一件事——祈祷。押赴刑场后，刽子手举起大刀，寒光一闪，安德海的人头当即落地。嚣张跋扈、仗势欺人的殿内总管太监就这样一命呜呼了。

丁宝桢杀了安德海后，将详细经过具奏呈报。奏折很快送到慈禧手里，她只看到一半便大惊失色、暴跳如雷。这件事，她最恨的不是丁宝桢，而是给丁宝桢下旨的人——东宫太后和同治皇帝。如果说她之前对慈安太后只有几分嫉妒的话，那么现在则增添了几分恨意。很明显，他们的矛头是指向自己的，这直接威胁到她的地位。而且，慈安太后正加紧敦促亲王们为皇帝行大婚礼，皇帝一旦大婚就更有理由亲政，这是变相逼迫她交权。安德海被杀，她虽然有些心痛，但尚可忍耐；但要让她交权，则比要她的命还难受。当务之急是要尽快消除这件事给她造成的恶劣影响。

这样一想，慈禧便把心中的怒火强压下来，佯装大度，支持慈安太后的做法，但不该故意瞒着她。她也没下令处罚丁宝桢，以防朝野上下认为她挟私报复，但是她心里已经开始构想专权的计划了。

安德海死后，李莲英接任殿内大总管。与安德海的作风不同，李莲英处事谨慎，处处小心。他经常对身边的奴才们说："我受恩深重，不可一时失慎。天恩愈大，性命愈限，吾人不可不慎。"尽管如此，慈禧依然担心安德海的惨剧会重演，于是迅速擢升李莲英，甚至突破了雍正帝定下的太监品级以四品为上限的规定，最终使李莲英成为清朝历史上唯一的二品太监。

3. 母子生隙

同治八年（1869），帝师李鸿藻给同治帝出了一道作文题，让他写一篇《任贤图治》。将近一个小时，同治帝才写了寥寥四十个字："治天下之道莫大于用人，然人不同，有君子焉，有小人焉，必辨其贤否，而后能择贤而用之，则天下治矣。"尽管篇幅很短，但观点却让李鸿藻等人相当满意。李鸿藻面奏慈禧，说"圣学宜勤，不胜大幸"，意在请太后归政。但恋权的慈禧却以同治帝"典学未成"为由，迟迟不肯撤帝归政。东宫慈安太后请为皇帝筹备大婚之礼，也因安德海事件而暂时搁置。

又拖了两年，到同治十年（1871），同治帝已经十六岁了，婚事和亲政再次被提上议事日程。在清朝历史上，顺治帝十二岁亲政，康熙帝十四岁亲政，慈禧再也找不到拖延的理由，只得承诺在同治帝成婚后归政于他。于是，两宫太后和王公大臣们开始为同治帝物色皇后人选。

两宫太后把满蒙文武官员家中待字闺中的女孩都调查了一遍，耗时数月，方才挑选出十几个淑媛，又从中筛选出几个。

一晃到了同治十一年（1872），皇后人选进入最后的表决阶段。二月初二，对初选出的三名女子进行表决。慈禧坚持选刑部江西司员外郎凤秀的女儿富察氏。富察氏当时年仅十四岁，资性聪慧，容仪婉丽，是满洲正黄旗人，世代均出将入相。慈安太后则看中了同治三年（1864）科举夺得一甲第一名的蒙古状元、翰林院侍讲崇绮①的女儿阿鲁特氏。她雍容端雅，美而有德，性格直爽，不善阿谀。另一位则是知府崇龄之女赫舍里氏，亦品貌俱佳。

慈安太后说："女子以德为主，才貌倒还是第二位，不知这几个女子中，哪个德行最好，堪配中宫？"慈禧则说："闻得这几个女子，崇女年纪最大，今年已十九岁，凤女年纪最轻，今年才十四岁。"慈安太后随即接过话头："皇后母仪天下，总是年长的老成一点。"慈禧想了想，又道："凤女虽然年轻，但听说她很贤淑。"慈安太后又道："皇后册定，妃嫔也不可少，这样的女孩子，都选作妃嫔便是。"

---

① 崇绮（1829—1900）：字文山，原隶蒙古正蓝旗，后升为满洲镶黄旗，大学士、军机大臣赛尚阿之子，郑亲王端华的女婿，清代唯一一位旗人状元，妹妹和女儿均为同治帝后妃。光绪年间历任吏部尚书、礼部尚书。八国联军入京时，随荣禄逃至保定，后自缢而死。

　　两宫太后意见不一，只得将最后的决定权交给同治帝。出乎慈禧意料之外的是，儿子竟站在东宫太后一边，选择了崇绮的女儿阿鲁特氏。慈禧当即显出不悦之色，但又没办法改变结果。二月初三，两宫太后颁发懿旨，选崇绮的女儿阿鲁特氏为皇后，员外郎凤秀的女儿富察氏为慧妃，前任都统赛尚阿的女儿、崇绮的妹妹阿鲁特氏为珣嫔，并预定九月十五日为同治帝与阿鲁特氏举行大婚。

　　随后，同治帝的大婚典礼进入紧张的准备阶段。恭亲王奕䜣等一班亲王郡王，军机处的文祥、桂良、宝鋆以及礼部尚书等皆迎合慈禧偏爱奢华的喜好，所定典制比往时繁缛数倍。因此，同治帝的大婚典礼堪称清朝史上最奢华的帝后大婚。

　　九月十二日，因大婚期近，同治帝遣官祭告天地太庙。次日，同治帝亲临太和殿，阅视皇后册宝，派惇亲王奕誴为正使、贝勒奕劻①为副使，持奉册宝前往皇后府邸，册封阿鲁特氏为皇后。又派大学士文祥为正使、礼部尚书灵桂②为副使，操办礼典。

　　当时有位洋人叫威廉·辛普森，他制作了皇帝大婚的版画纪念册。辛普森介绍说，新娘进宫的仪式繁缛，一定要绕道大清门，一连五六天的清晨，这条路上的嫁妆仪仗队络绎不绝，如蚂蚁搬家一般。华盖的顺序、颜色、举旗人的爵位，都有严格的讲究。其中，端亲王骑白马上，四十八匹小白马由内侍牵引，三十二人举旗，四十八人撑华盖，后面又跟着二十顶形制相似但色彩各异的华盖，一百九十二人提"囍"字灯笼，然后是骑在马上的其他亲王，再是新娘乘坐的三十二抬大轿，后面还有一百个骑兵、二百个步兵。仪仗队行动有严格的时间表：新娘上轿，大约在夜里十一点钟，午夜十二点前新娘一定要进入紫禁城；新娘在大清门听训，凌晨两点前经乾清门大门到达内殿的坤宁宫中。

---

　　① 奕劻（1838—1917）：满洲镶蓝旗人，乾隆帝曾孙，晚清宗室重臣，清朝最后一位"铁帽子王"，首任内阁总理大臣。同治时加郡王衔，任御前大臣。

　　② 灵桂（1815—1885）：字芝生，满洲正蓝旗人，恭亲王常宁七世孙，清朝宗室。同治年间，兼理部务、旗务，历任实录馆总裁、玉牒馆副总裁、正蓝旗蒙古都统、都察院左都御史、礼部尚书、理藩院尚书，工、刑部尚书。

同治十一年（1872）十一月，慈禧发布一道圣谕，大意是现今幼帝已长大成人，准备将政权交还给他，并命钦天监选择黄道吉日，举行皇帝的亲政大典。随后，钦天监择定次年正月二十六日，天有吉兆。

同治十二年（1873），同治帝已经十八岁了。正月二十六日，两宫太后下达垂帘听政的最后一道圣谕："兹于本月二十六日，躬亲大政，欣慰之余，倍深兢惕。因念我朝列圣相承，无不以敬天法祖之心，为勤政爱民之治。况数年来，东南各省虽经底定，民生尚未乂安，滇陇边境及西北路军务未蒇。国用不足，时事方艰。皇帝日理万机，当敬念惟天惟祖宗所以付托一人者，至重且钜。祗承家法，夕惕朝乾，于一切用人行政，孜孜讲求，不可稍涉怠忽。视朝之暇，仍当讨论经史，深求古今治乱之源，克俭克勤，励精图治。此则垂帘听政之初心，所夙夜跂望而不能或释也。"

这一天，同治帝率王以下的大学士、六部、九卿前往慈宁宫行庆贺礼，然后来到太和殿接受王以下、三品以上文武大臣官员的朝贺。同治帝发布亲政上谕，表达对两宫太后的感激之情，同时表示不辜负两宫厚望。为表诚敬，同治帝又为两宫太后加上徽号，东太后加了"康庆"二字，西太后加了"康颐"二字。

亲政仪式后，两宫撤帘，太后似乎已不问朝政，退居后宫但又因慈禧与皇后不和，后宫的气氛再度紧张起来。起先因为阿鲁特氏身体丰腴，不便急趋，慈禧便故意让她来回奔走，使其大受其苦。而后又因为阿鲁特氏疏于宫廷礼节而责罚她。最让人惊讶的是，慈禧借皇帝亲政后国事繁多，不宜劳累之故，要求同治帝与阿鲁特氏节欲，同治帝不可每日在后宫留宿。有人说，慈禧提出这样无理的要求是因无法容忍自己选中的慧妃遭受冷落，认为冷落了慧妃就是跟她过不去。除了干涉同治帝与后妃间的事，遇有军国大事，慈禧还安排内监密行查探，探悉后便将同治帝召到身边训饬，责怪他为何不来禀报。同治帝很郁闷，为了表示对母后干预自己私生活和政务的不满，竟一气之下独宿乾清宫，白天则私自出宫闲游。

　　母子关系急剧恶化，同治帝想找个法子让慈禧真正放手。内务府那些精明的官员好像早就料到会出现这样的局面，纷纷给皇帝出主意，说慈禧太后今生最后的愿望就是想重修圆明园，皇帝若投其所好，把园子修好，让她安心去享福，想必不会再干涉皇帝的事了。其中，以内务府郎中贵宝、文锡和侍读学士王庆祺等鼓吹得最起劲。同治帝听了，颇为动心，不久便下诏重修圆明园。

　　慈禧对同治帝的决定表示反对。早在同治七年（1868），御史德泰就曾奏请修复被英法联军焚毁的圆明园，但是被慈禧否决，因为重修圆明园的工程实在太浩大了，要想恢复到被英法联军焚毁前的水平，将耗费巨资，这是朝廷难以负担的。至于此次反对的原因，是慈禧认为同治帝动机不纯，想借机让她彻底放手政务，从此在远离权力核心的园子里颐养天年，嗜权如命的她岂能甘心就此放手？

　　御史沈淮立即上书奏请缓修圆明园，同治帝以大孝养志之义当面斥责了他。"朕自御极以来，未奉两宫皇太后在园居住，于心实有不安"，次日，同治帝再颁修园上谕，重申值此物力艰难时机，一切可以从俭，但圆明园为两宫太后歇息养老居住之地，可以不尽华靡奢侈，但一定要修葺，无须再议。

　　同治十三年（1874）正月十九日，圆明园工程在一片反对声中正式启动。同治帝陪同慈禧亲临视察，并表示自己将亲自督察园建工程，完全不顾亲政时许下的"勤求吏治，义安民生"的誓言。

　　这时发生了一件事，承办建园木料的广东商人李光昭被揭发。此人在四川、湖北、香港等地凭借候补知府衔，私刻"奉旨采运圆明园木值李"的衔章，打着"奉旨采办"的旗号到处招摇撞骗。经李鸿章调查，证实李光昭有三项罪责：一是虚报木价，欺罔朝廷；二是与洋商签署合同时仅付定金，到后来既无力买木，又无力认赔，致使法国领事出面干预，并与法商极力谴责津海关道渎职；三是擅自以圆明园监督的身份代大清皇帝与洋商签订合同，以致本案上升为洋商与清廷之间的纠纷。朝廷以"诈称内使近臣"和"诈传诏旨"的律例，判处李光昭斩监候。

其他参与这起诈骗案的内务府官员也一并遭到严厉处罚。户部借此停发建园的所有经费，朝中大臣也纷纷上折要求立即停止修复圆明园，但同治帝置若罔闻，依然一意孤行。

更严重的是，同治帝自小沾染了乐淫好色的恶习。当时他对侍读学士王庆祺极其宠爱，王庆祺是世家子弟，也是个"美丰仪"的男子。他们二人爱看秘戏图，经常看得津津有味，旁人毫无觉察。现在同治帝亲政了，仍然很贪玩，把大把的时光花在捧戏子、逛窑子等消遣上。据说，京师内南城一带，向来是娼寮聚居的地方。同治帝常微服出宫到这些秦楼楚馆，沉迷于温柔乡，以致流连忘返。而每次出行，同行者中必有王庆祺。

纸包不住火，这些丑事最终被捅了出去。据记载，醇亲王曾经泣谏同治帝，同治帝却质问他消息从何而来，醇亲王怫然语塞。七月十六日，恭亲王、醇亲王及李鸿藻、文祥、徐桐等王公大臣联合呈上劝谏书《敬陈先烈请皇上及时定志用济艰危折》。奏折中列举了前辈们的创业艰难和后世之君的守成不易，对两宫太后垂帘听政十一年来所取得的政绩给予肯定，认为这是"内外协力，共济时艰"的结果；同时指出皇帝亲政以来的诸多弊病，希望同治帝能够勤政、勤学、遵祖制、慎言行，言辞恳切，表现了诸臣对修园的谨慎态度和真挚的忧国忧民之心。

同治帝打开奏折，阅批未及数行，便不耐烦地说："朕将园子停工如何？你们还有何饶舌？"奕䜣回答："臣等所奏尚多，不止停工一条，望皇上容臣宣诵！"他准备逐条解释下去。

同治帝越听越气恼，终于忍不住雷霆大发，怒吼道："朕把皇位让给你怎么样？"

一旁垂手侍立的众臣闻言都惊愕不已，军机大臣文祥更是伏地痛哭，喘息几近气绝，最后由人扶了下去。众人委婉地奉劝皇帝要珍重帝德，爱惜圣躬。同治帝对"爱惜圣躬"一词尤为反感，这不是暗指他微服出行、现身于烟花柳巷之地吗？在这场激烈的君臣对抗中，同治帝可以说是龙颜受损、威信全无。

七月二十七日，同治帝专召奕䜣入见。这次叔侄会面，同治帝不问国事，只追问皇帝"微服"一事是何人泄露出去的。奕䜣无奈，只能供出自己的儿子载澄①。奕䜣本以为同族堂兄弟的亲情会令同治帝不再追究此事，孰料同治帝又怒及载澄。为宣泄胸中恶气，他于七月三十日颁布上谕，削去恭亲王世袭罔替的亲王爵位："朕自去岁正月二十六日亲政以来，每逢召对恭亲王时，言语之间，诸多失礼。着革去亲王世袭罔替，降为郡王，仍在军机大臣上行走，并载澄革去贝勒郡王衔，以示微惩。"

同治帝怒气未消，于八月初一再降谕旨，尽革恭亲王奕䜣，醇亲王奕𫍽，御前大臣伯彦讷谟祜②、景寿、奕劻，军机大臣文祥、宝鋆、沈桂芬③、李鸿藻等人官职，指责他们"朋比谋为不轨"，遍召六部尚书、侍郎、左都御史、内阁学士，准备当众宣布此谕。群臣无不感到震惊。

事情闹大后，慈禧再也坐不住了，她和慈安太后急忙赶到弘德殿，在同治帝颁发谕旨之前，出面干预。据说母子相见的场面颇有几分悲凉。史书记载，慈禧哭哭啼啼地对同治帝说："这十年来如果没有恭亲王的协助，哪会有今天这般安稳的日子。皇帝还年轻，难免意气用事，哀家奉劝皇帝把褫夺恭亲王爵位一旨连同这道谕旨一并撤销。"一场政治风波在这次母子会谈中悄然结束。这件事使满朝文武清楚地认识到，同治帝羽翼未丰，尚无法慑服众臣，慈禧虽然归政却拥有极大的政治影响力。对同治帝来说，他亲政后值得一提的只有这两件大事——动工重修圆明园，将上折劝谏的大臣"一锅端"，但没有一件成功。

或许是因为同治帝没有"爱惜圣躬"，秋后他就染病了，一连几天

---

① 载澄（1858—1885）：满族镶蓝旗人，恭亲王奕䜣长子，人称"澄贝勒"，受封为郡王衔贝勒，曾任内大臣和正红旗蒙古都统。

② 伯彦讷谟祜：清代蒙古王公，僧格林沁长子。历任御前大臣、军机大臣、领侍卫内大臣、九门提督、崇文门监督等要职。

③ 沈桂芬（1818—1880）：字经笙，顺天宛平（今属北京市丰台区）人，晚清洋务运动主要负责人之一，历任内阁学士兼礼部侍郎、山西巡抚、军机大臣兼总理各国事务衙门大臣、兵部尚书等职。

烧热不退。御医诊断同治帝受了淫毒，但找不到对症的治疗方案，对外只说是生了天花（当时天花属不治之症）。过了几天，同治帝的病情越发严重，颈项、肓背、腰部等处生出紫斑，而且卧床不起。可是，御医还是无法确诊。到了十月底，同治帝躺在床上已动弹不得，御医们束手无策。冬至祀天，本应皇帝亲为，也只能由醇亲王代为行礼。所有内外各衙门奏章，全都转呈两宫太后阅示。消息传出后，京城官员私下里议论纷纷，揣测同治帝将不久于人世。

十一月，同治帝下发谕旨："谕内阁，朕于本月遇有天花之喜。仰蒙慈安端裕康庆皇太后、慈禧端佑康颐皇太后调护朕躬，无微不至，并荷慈怀曲体俯充，将内外各衙门章奏代为披览裁定，朕心实深欣感。允宜崇上两宫皇太后徽号，以冀仰答鸿慈于万一。所有一切应行典礼，着该衙门敬谨办理。"

十二月初五傍晚，同治帝驾崩于养心殿东暖阁，年仅十九岁。在场的有两宫太后和二十多位亲王及内务大臣，包括惇亲王、恭亲王、醇亲王等亲王贝勒，御前大臣、军机大臣、总管内务府大臣以及慈禧忠实的追随者荣禄。慈禧飞调直隶总督李鸿章的淮军入京，自己与慈安太后同御养心殿，急召二十几位王公大臣入见。

作为清王朝的实际掌权者，慈禧没有在丧子的悲痛中沉浸太久，更没有反思儿子的死是否与自己有关。她认为当务之急是选择一个合适的皇位继承人，这关系到自己的权力得失和清王朝的安危。同治帝身后无子嗣，这对她继续专权极为有利，但也难免出现意外。朝中皆知皇后阿鲁特氏此时已怀有身孕，极有可能诞下龙子，继承皇位。如若真的诞下皇子，阿鲁特氏将顺理成章升为皇太后，到时慈禧就变得无足轻重了。所以，慈禧必须尽快确立继承者，并处置皇后阿鲁特氏。

慈禧让王公大臣们讨论皇位继承人选。汉臣们心里都明白，他们只是旁观者，不会有谁真的对皇位继承人发表意见。慈安太后见大家缄默不言，先开口道："据本宫意见，恭亲王的儿子可以入承大统。"奕䜣闻言连称不敢，随口奏道："按照承袭次序，应立溥伦①为嗣子。"慈禧却不以为然，理由是"溥伦族系究竟太远，不应嗣立"。原来溥伦因过继给道光帝长子奕纬，血统上稍远一层，所以被慈禧驳回。醇亲王正要启奏，慈禧机警地对慈安太后道："据本宫看来，醇王奕谭的儿子载湉可以继立，应即决定，不可多耽延时辰。"奕䜣很不赞成，原因是载湉与同治帝为同辈兄弟，按祖制，应过继溥字辈近亲宗室子弟为嗣。奕谭则叩头力辞，而后号啕大哭，昏倒在地。慈禧见状便提议把皇位继承人的事转换为替咸丰帝择嗣，这样载字辈便有了充分的参与理由，随后慈禧建议由王大臣投票决定。慈安太后并无异议，于是慈禧命众人起立，记名投票。投票结果显示，仅醇亲王等投了溥伦，有三人投了奕䜣之子，其余皆如慈禧所愿，投了醇亲王奕谭之子。清王朝大位的继承人在一个时辰内确定。

奉两宫懿旨，醇亲王之子载湉——既是同治帝的堂弟，又是同治帝的姨表弟——入嗣文宗咸丰皇帝，尊谥同治帝为穆宗，封皇后阿鲁特氏为嘉顺皇后，改元光绪。

醇亲王在儿子深更半夜被抬进皇宫之后，因为担惊受怕，触发旧疾，几乎失去了自主行走的能力。而福晋，即载湉的生身母亲、慈禧太后的妹妹闻讯后更是悲痛欲绝，长久地抱着儿子默默垂泪。醇亲王为了避嫌，也为了表达心意，向慈禧请辞去一切职务。

光绪帝入宫时年仅四岁，他瘦弱多病，经常感冒、腹痛头疼。他说话结结巴巴，且胆小怕声，遇到雨天打雷常吓得大喊大叫。这样一个性情敏感、体弱多病的小皇帝，需要的是母亲的体贴关爱及父亲的呵护支持，然而在宫中，他可依靠的只有他的姨妈慈禧，慈禧被尊为"亲爸爸"。在此情况下，诸王大臣违心逢迎奏请两宫太后重行听政。于是，慈禧顺理成章地开始了第二次垂帘听政。

---

① 溥伦（1874—1927）：字彝庵，满洲镶红旗人，乾隆帝五世孙，过继给道光帝长子奕纬为嗣孙，袭封"贝子"爵位，时称"伦贝子"。宣统年间皇族内阁重要成员之一。

　　在竭力把载湉推上皇位后，慈禧还需要尽快解决另一个"麻烦"。对于同治帝之死，慈禧将责任推到了皇后阿鲁特氏头上。阿鲁特氏在同治帝死后，大恸大悲，不思饮食，本欲吞金自杀，但获救得生。她的父亲崇绮将此事奏告慈禧，希望得到垂怜，谁知慈禧只简单地回复了一句："可随大行皇帝去罢！"崇绮无奈将此话转告女儿阿鲁特氏。皇后心想，慈禧太后不为同治帝立嗣，也不待她生下孩子再行定夺，却匆匆让载湉继承了皇位，摆明了不给自己留活路。孤苦无依的她只有一条路可走——随大行皇帝而去。于是，这个用最高礼仪迎进皇宫的皇后仅仅享受了一年多的皇家恩宠就自尽了。事后朝廷发布消息称，"嘉顺皇后于同治十一年作配大行皇帝正位中宫，淑慎柔嘉，壶范足式，侍奉两宫皇太后承颜顺志，孝敬无违。上年十二月痛经大行皇帝龙驭上宾，毁伤过甚，遂抱沉疴，于本日（按：光绪元年二月二十日）寅刻崩逝"。同治朝就这样在一片阴云凄凉中结束了。

第七章　君臣母子

1. 收复新疆与国防政策

清王朝进入了光绪时代，而这艘在风雨中飘摇的大船的掌舵人仍是西太后慈禧。东太后慈安深居钟粹宫，很少陪慈禧听政。刚入宫的光绪帝年仅四岁，还是没有行为能力的幼童，所以光绪朝初期仍由慈禧独掌朝政。这时，后宫的人们尊称慈禧为"老佛爷"。按照满族习惯，孙子辈的称祖父母及以上长辈为"老祖宗"，但光绪帝是慈禧的堂侄、表侄，称她为"老祖宗"明显不合适，那么为何又称"老佛爷"呢？原来，女真族首领最早称为"满柱"，而"满柱"是佛号"曼殊"的转音，意为"佛爷""吉祥"。这是显赫家族、世袭首领的专用尊称，象征着地位和权力，这样的称呼慈禧自然喜欢，尽管她才四十岁。

重握权柄，慈禧自然喜上眉梢，可是内外交困的局面并没有让她高兴太久，因为清朝西北的边疆问题更加严重了。同治四年（1865），阿古柏率军侵入新疆；同治六年（1867），攻占库车、库尔勒，侵占了整个南疆。同治十年（1871），沙俄为阻止阿古柏的扩张出兵占领伊犁，并向准噶尔盆地渗透，新疆面临着被英、俄肢解吞并的危险。同时，广东至直隶的沿海防务也十分紧张。清王朝就像一间破屋子一样四处漏风，到底先堵哪个漏洞，这个问题考验着慈禧和朝中文武官员。当时慈禧对新疆的局势并不是很了解，但知道新疆地理环境的恶劣和远征新疆的艰难。她一时不好抉择，便令恭亲王奕䜣、李鸿章、左宗棠、荣禄、景寿、奕劻、文祥、宝鋆、沈桂芬、李鸿藻以及户部尚书翁同龢等人就"塞防"与"海防"之重要性进行陈述，奏章纷纷递送朝堂，而争论也就此而起。

海防派主要代表是直隶总督、北洋通商大臣李鸿章，他以日本为主要假想敌，主张放弃新疆，他认为："新疆乃化外之地，茫茫沙漠，赤地千里，土地瘠薄，人烟稀少。乾隆年间平定新疆，倾全国之力，徒然收数千里旷地，增加千百万开支，实在得不偿失。依臣看，新疆不复，与肢体之元气无伤，收回伊犁，更是不如不收回为好。"

东阁大学士、陕甘总督左宗棠这时正率军平定陕甘回民起义，对新疆情势较为了解，认为新疆自古以来物产富饶，在战略上非常重要，应该趁英国、俄国还没有完全介入的时候及时收复。他和翁同龢都反对李鸿章的"新疆贫瘠论"，认为"东则海防，西则塞防，二者并重"。他说："重新疆者所以保蒙古，保蒙古者所以卫京师。西北臂指相连，形势完整，自无隙可乘。若新疆不固，则蒙部不安，非特陕甘、山西各边时虞侵轶，防不胜防，即直北关山，亦将无晏眠之日。"此处他特别强调了新疆地理位置的重要性，此外，他尤其不赞同李鸿章的新疆"土地瘠薄"一说，反驳道："天山南北两路粮产丰富，瓜果累累，牛羊遍野，牧马成群。煤、铁、金、银、玉石藏量极为丰富。所谓千里荒漠，实为聚宝之盆。……"他指出，不收复新疆，则边疆不稳、中原不保。慈禧、翁同龢等人都认可左宗棠的看法，毕竟守土有责，丢掉国土将被视为民族罪人，慈禧也不想在这方面遗臭万年。随后，慈禧授左宗棠为钦差大臣，全权负责新疆军务，准备西征收复新疆。

左宗棠在军事战略上提出要"先北后南""缓进速战"。根据这一战略，他在出征前对所属部队进行了整顿，剔除空额，汰弱留强；规定凡是不愿出关西征的，一律给资，遣送回籍，不加勉强。他还发现西征的主力部队士气不高，担心无法平定回民起义，震慑不住武器精良的沙俄军队。为了稳定军心，他下令把自己的棺材从肃州运到哈密，以自己不胜不还的决心鼓舞军士。

　　远征新疆最大的困难是后勤补给。左宗棠花了将近一年半的时间筹措军饷。考虑到国库亏空，他精打细算、想尽办法给朝廷省钱，最终向朝廷申报了一千万两军费，这不是一笔小开支。慈禧经过斟酌，御批道："宗棠乃社稷大臣，此次西征以国事而自任，只要边地安宁，朝廷何惜千万金，可从国库拨款五百万，并敕令允其自借外国债五百万。"老佛爷发话后，管钱的大臣们东拼西凑，给了左宗棠五百万两白银，其余的由他自己出面去借。为了借钱，左宗棠可谓绞尽脑汁，既不想让外国银行借机提出无理要求，又要尽最大努力保障军队的正常补给。

　　光绪二年（1876）三月，左宗棠在肃州祭旗时，朝廷转给他一份战报：云贵督兵大臣岑毓英在西南平定了回民暴动。左宗棠大受鼓舞，马上制订西进计划，命令手下大将刘锦棠①、金顺兵分两路，先后率军出关。

　　六月初，两路大军走了一千七百余里，顺利到达哈密。接着，各营把从肃州等地陆续运到哈密的军粮再通过东天山九曲险道，分运至巴里坤和古城。左宗棠计划首攻新疆门户重镇乌鲁木齐。为了迷惑敌人，清军采取声东击西的战法，避开供水困难的大道，走敌人严密防守但水源充足的小道，直逼乌鲁木齐北面重地——古牧地。

　　左宗棠亲督主力兵马疾进，六月中下旬，基本扫清了乌鲁木齐外围的敌人据点。他下令用大炮轰塌乌鲁木齐城墙，于同年六月二十八日从缺口冲入城内，敌守将白彦虎②等仓皇南逃。清军一举歼敌五千余人，于六月二十九日收复乌鲁木齐。

　　七月，金顺部进占昌吉后，开始攻打玛纳斯南城，月余不克。后刘锦棠、伊犁将军荣全先后增援会攻，于九月二十一日占领该城。至此，天山北路全部被清军收复。

---

　　① 刘锦棠（1844—1894）：字毅斋，湖南湘乡人，晚清著名将领，参与镇压太平军和捻军，平定西北区域的同治回乱和新疆乱局中阿古柏的继承人伯克胡里势力，有"飞将军"之称，后推动新疆建省并担任新疆首任巡抚。官至太子太保，一等男爵。

　　② 白彦虎（1830—1882）：经名穆罕默德·阿尤布，陕西泾阳人（一说大荔人），清朝同治年间陕甘回变的回军领袖之一。

时临冬季，大雪封山，刘锦棠等遵命就地筹粮整军，以待来年进军南疆。连战告捷，左宗棠更加信心满满，召集张曜、刘锦棠、周绍濂、魏光焘①、刘端冕、黄鼎、雷正绾、陶茂林等一干大将，共议下一年的作战计划。经讨论，决定平定南疆之前先平定吐鲁番。因吐鲁番是进入南路的门户，故左宗棠分兵三路进军：西路由刘锦棠率部自乌鲁木齐向东；东路由张曜由哈密向西；北路由徐占彪由巴里坤与古城向南。三部通力合作，进军迅猛，以摧枯拉朽之势打败阿古柏集团。

慈禧收到左宗棠的捷报后，既高兴又忧愁。她不懂军事，但也知道数千里之外的号称十万之众的大军每天要消耗多少粮草，如果一两个月就能收兵，朝廷还能扛过去，但若拖个两三年，朝廷必然无法承受。慈禧把管钱的户部尚书翁同龢找来问话，看能给西征大军筹集多少粮草。翁同龢一脸懊丧，当初他是积极支持左宗棠收复新疆的，但真要拿真金白银出来，他也束手无策。慈禧不得不召开王公、六部、九卿大臣会议，让众臣齐心协力想办法。有人提出募捐，让各地商贾出钱买官。这时，慈禧突然想到一个人，他就是曾经因资助左宗棠平剿太平军而被赏三品顶戴的官商胡雪岩。她立刻下发谕令，让胡雪岩进京。同时，不少大臣呼吁停止圆明园的修复工程，慈禧下狠心叫停了工程。有些大臣则提议继续增加税赋。这时地方各种税赋已沉重无比，要加只能加关税和工商业税，但这样做很冒险，极有可能激怒洋人，甚至引发战乱。

胡雪岩奉旨进京后，从商业的角度帮朝廷做了一些分析。由于捐来的官有名无实、地位也低，读书人的热情大减；靠工商业无偿捐助，多数人是敷衍了事，捐来的钱只是杯水车薪，起不了太大的作用。说完这些，他给朝廷出主意，向外国银行贷款，由朝廷担保。万

---

①　魏光焘（1837—1916）：字午庄，湖南隆回人，晚清重臣，历任新疆布政使、新疆巡抚、云贵总督、陕甘总督、两江总督、南洋大臣、总理各国事务衙门大臣等职。曾筹建三江师范学堂，为开启近代新疆博达书院、南京大学的重要人物。

般无奈的慈禧最后接受了胡雪岩的建议，决定向外国银行贷款来打这场仗，并将贷款事宜交给胡雪岩去办。

正在达坂城附近指挥作战的左宗棠听到这个消息后，非常振奋，他没有料到老佛爷如此重视新疆收复事宜。军费充足，收复南疆的战事也得以顺利进行。他立马修改作战计划，将部队调回来攻打吐鲁番和盐池，这是阿古柏重兵把守的地方。光绪三年（1877）春，左宗棠一举突破阿古柏的主要防线，昌吉、呼图壁及玛纳斯北城的敌人闻风溃逃。

战事的进展出乎意料地顺利，战前左宗棠已经做好了打持久战的准备，在兰州建立兰州制造局，同时命令一部分清军在哈密屯田。尽管遇到地理条件、人为因素等方面的困难，但经过努力，屯田积粮的效果很好，仅头一年就收获五千余石粮食，解决了西征军近半年粮食所需。而且，开春后朝廷的军费也拨发下来，基本上解决了后顾之忧。

光绪三年（1877）三月，冰雪渐渐消融，左宗棠再次调整作战计划。在收复地区设立善后局，并留兵力驻守，以防敌人反扑；主力大军再分三路向西并进，以求速决。三月初三，刘锦棠部奇袭达坂城，当夜破城，毙俘敌方三千余人。三月十一日，刘锦棠分兵一部向东助攻吐鲁番，主力则向西直捣托克逊，迫使守敌海古拉弃城西逃。与此同时，张曜、徐占彪率领清军连克辟展、胜金台等地，吐鲁番守敌白彦虎望风西窜。至此，南疆门户大开。

在后续的几次战役中，清军攻无不克，战无不胜，左宗棠严令各部军将不准虐杀叛军，所以众多叛军纷纷献城归降。阿古柏见大势已去，于四月初十在库尔勒自杀。阿古柏的儿子海古拉留下白彦虎防守库尔勒等地，自己带了几个人用车拖着父亲的灵柩，一口气向西跑了几百里，准备安葬父亲。来到库车时，海古拉被兄长伯克胡里杀死。之后伯克胡里在喀什噶尔称王，企图在英俄的庇护下负隅顽抗。

左宗棠决心彻底收复南疆，光绪三年（1877）秋，他以刘锦棠部为"主战"之军,以张曜部为"且战且防"之军,相继长驱西进。南疆各族人民久受阿古柏荼毒,纷纷拿起武器配合清军作战。

八月,刘锦棠部以破竹之势驰骋两千余里,收复喀喇沙尔(今焉耆回族自治县)、库车、阿克苏、乌什等南疆东四城。西四城叶尔羌(今新疆莎车县)、英吉沙尔、和阗(今新疆和田)、喀什噶尔之敌愈加孤立,内部分崩离析,已降敌的前喀什噶尔守备何步云也乘机在内部策应,刘锦棠闻讯,立即挥师分路挺进,于十一月中旬连克喀什噶尔、叶尔羌、英吉沙尔。白彦虎等率残部逃入俄境。随后,清军进攻和阗并攻克。至此,新疆全境除伊犁地区外,全部收复。

收复南疆进展非常迅速,大大出乎所有人的预料。虽然为了打赢这一仗,朝廷向外国银行借了近两千万两白银,利息至少占总数的一半,可以说是非常惊人的高利贷,但从实际情况来看,这一借款对清朝乃至后来的中国都是极有意义的。左宗棠一生中功勋最为卓著的就是收复新疆,而慈禧决策最正确的一件事就是支持左宗棠西征。实际上,这也体现了光绪朝前期的靖边与国防政策。面对外国势力的不断渗透,慈禧也曾采取过一些强硬的抵抗对策。

日本人制造"牡丹社"事件,强行霸占琉球国,直逼台湾。对于琉球,清廷当时已没有足够的保护能力。西部与英、俄的博弈还未结束,东部与日本的交涉又起,面对琉球争端,慈禧担心整个国家陷入长期的纷争之中,于是选择了放弃琉球,却并未承认归属日本,后来在台湾争端上指示刘铭传坚决抵抗,暂时挫败了列强觊觎宝岛台湾的企图。

左宗棠从新疆凯旋后,慈禧准备封他为一等公爵,但遭到不少大臣的反对,理由是曾国藩曾向清廷引荐左宗棠,他在剿灭太平军后封的是一等侯爵,如果左宗棠这次封的爵位高于一等侯爵,则对曾国藩不公。最后慈禧听取多人意见,诏封左宗棠为二等恪靖侯。新疆各地则先后在大小村镇修建左公祠,烧香礼拜。

2. 东太后慈安之死

自光绪帝即位，慈安太后便不再主动听政，除非慈禧太后邀请。左宗棠镇压陕甘回民起义和西征新疆，李鸿章大办洋务和整顿江海边防、筹建新式海军，岑毓英平定西南回民起义，以及遣使与俄国就伊犁归还问题进行谈判等重要政务，虽然颁谕用的是两宫太后的名义，实际上慈安太后并没有怎么过问。

这一期间，在重要的人事任免上，慈安太后也只在慈禧询问时才发表意见。比如，改调山西巡抚曾国荃驻守辽东；派刘锦棠等帮办西域军务；加吴大澂①三品卿衔，令随吉林将军铭安督办东陲防务；饬彭玉麟操练长江水师；调沈葆桢进京，升任两江总督兼南洋通商大臣，督办南洋海防；起用淮军、湘军中久经沙场的名将如刘铭传、鲍超等……这些安排基本上是慈禧一人说了算，而慈安则"倦怠少闻外事"。

光绪六年（1880）五月二十七日，鲍超奉诏进京觐见两宫太后，因西南形势紧急，有可能与法国发生武装冲突，作为汉人中的第一"壮勇巴图鲁"，慈禧派鲍超督办军务。鲍超觐见慈禧时，慈安太后并不在殿，鲍超表示一定要向慈安太后请安答谢，慈禧便让内监去请慈安太后。

慈安太后不愿驳慈禧的颜面，过了一会儿来到殿内，简单地与鲍超说了几句。慈安太后问："你这到湖南好多路？"鲍超回道："轮船不过十余日至湖北，由湖北不过十余日即到任所。"慈安太后又问："你咳嗽好了没有？"鲍超回道："咳嗽已好。"慈安太后转而严肃地说："本宫靠你们在外头，你须任劳任怨，认真公事！"鲍超惶恐回道："仰体

---

① 吴大澂（1835—1902）：字止敬，江苏吴县（今江苏苏州）人，清朝官员、学者、金石学家、书画家。第二次鸦片战争后，与沙俄谈判，收回了被沙俄非法霸占的黑顶子百余里领土，纠正了"土"字界牌，又争得了中国船只在图们江口的航行权。其战略眼光与爱国精神令后人称颂。

天恩，臣不敢有负委任。"慈安太后最后问："湖南尚有洋人否？"鲍超回道："洋人曾到湖南，因湖南百姓聚众一赶，所以最后并没有到湖南。"

从简短的对话可知，慈安与即将担当大任的鲍超只寒暄了几句，并没提及他去西南备战之事。她知道慈禧召鲍超来所为何事，但她早已表明凡涉及朝政大事，概不过问。

这年夏末，慈禧突然得了一种呕吐不止、腹部胀痛的疾病，久病不愈。宫中御医都束手无策，朝廷便以光绪帝的名义发了一道上谕，让各地火速推荐医术高明的医生前来京城为太后看病，越快越好。李鸿章、李瀚章等人保荐了名医薛福辰，他不但医术高超，脑子也很灵活，把脉之后断定为孕后症状。这个诊断结果让薛福辰大惊失色，太后已孀居二十几年，怎么可能怀孕呢，假如此时说出真相必定招来杀头之罪。他灵机一动，只说老佛爷过于操劳，身体虚弱，湿毒侵体，导致腹痛呕吐，需要服用一些温补、舒筋活血的药。但这个药方是祖上密传，不能外泄，从抓药到煎制只能由他一个人完成。因为这样做有违皇室医规，所以他请李鸿章出面担保。

慈禧对李鸿章一向很信任，她心目中的"李大架子"是个靠得住的人，于是答应按薛福辰所请照方吃药，几个月后病愈。外界的人只知道她在经历一次"血崩"后死而复生。这病症或许是民间杜撰，但可以肯定这段时间慈禧在养病，且宫中留有记录。

光绪七年（1881）三月初六，时隔数月，慈禧在养心殿召集奕䜣、宝鋆、左宗棠、李鸿藻、翁同龢、李鸿章、王文韶[1]等一帮满汉大臣议事，慈安太后也到场听政。大臣们先讨论了曾纪泽与沙俄签订的《中俄伊犁条约》问题，然后商议甄选南洋大臣。有人推举了曾纪泽，有人则认为曾纪泽资历不够，议来议去，始终没有结果。慈安太后像往常那样

---

① 王文韶（1830—1908）：字夔石，浙江仁和（今属杭州）人，晚清大臣，历任湖南巡抚、兵部侍郎、云贵总督、直隶总督兼北洋大臣、户部尚书协办大学士，官至政务大臣、武英殿大学士。

只听不言，最后还是慈禧一人拍板，任命左宗棠为两江总督兼南洋大臣。一左一李，一南一北，这是一个看似很合理的军事、外夷事务布局。

三月初十，宫中突然传出消息：东宫太后薨逝！这个噩耗令朝野震惊。军机大臣兼在总理衙门行走的左宗棠得知这个消息后更是非常惊讶，他捶胸顿足地说："昨早奏对时，慈安太后还是清朗周密之态，哪像有病的人？即使身染暴疾，又何至于如此急速？"当日午后，为慈禧治病并得到封赏的薛福辰去户部拜谒尚书阎敬铭①，两人叙谈很久，到傍晚时分，一个户部司员进来说："出城时，听城中宣传东太后上宾，已经让准备吉祥板（棺木）了。"薛福辰闻言大惊道："今天早晨不才还为太后请脉，只是小感风寒，肺气略微不舒畅而已，何至于下午就薨逝？或许是西太后病有反复，外间讹传，把东、西宫互换了不成？"他以为是慈禧发病了，吓得魂不守舍。

慈安太后的突然崩逝，不仅让朝野上下感到意外，也让人疑窦丛生。比如慈禧很宠爱的恭亲王奕訢之女、固伦荣寿公主便怀疑有人给慈安太后下毒，矛头暗指慈禧。后来一些野史又牵扯出两宫太后近三十年的恩怨，把两宫之间的钩心斗角、争权夺利写得复杂曲折，让人真假莫辨。其中，恽毓鼎的《崇陵传信录》影响甚大。

事实上，慈安和慈禧的关系一向比较融洽，并不存在不可调和的尖锐矛盾。两宫听政的方式与顺治朝有惊人的相似之处。顺治朝时哲哲②治理后宫讲求公平和谐，她诚心待人，宽厚仁慈，顺治帝即位后，被尊为母后皇太后，无徽号。母后皇太后的地位远比博尔济吉特氏③的圣母

---

① 阎敬铭（1817—1892）：字丹初，陕西朝邑赵渡镇（今陕西大荔县朝邑镇）人，晚清大臣，光绪年间担任过户部尚书、兵部尚书、总理各国事务衙门大臣、东阁大学士。为官清廉耿介，理财有道，有"救时宰相"之称。

② 哲哲（1599—1649）：即孝端文皇后，清朝皇帝皇太极的皇后。

③ 博尔济吉特氏（1613—1688）：清朝皇帝皇太极的侧福晋，生皇九子福临，即后来的顺治帝。顺治帝即位后，与姑母孝端文皇后两宫并尊，称圣母皇太后。康熙帝即位后尊为太皇太后。她是中国历史上有名的贤后，一生培养和辅佐了顺治、康熙两代皇帝，是清初杰出的女政治家。

皇太后高，但哲哲将精力放在管理后宫上，而朝中事务则主要由博尔济吉特氏掌管。慈安与哲哲的品行做派和处事风格非常相似，仅管家事，少问国事。

慈安猝死之因，后世给出的科学解释多半为脑血管疾病急性发作。当时的协办大学士兼军机大臣、总理各国事务衙门大臣翁同龢是光绪帝的老师，他有写日记的习惯。他在日记中便曾记载过慈安早期的一次发病，那是在同治二年（1863）二月，慈安二十六岁时，当时的病症表现为"有类肝厥，不能言语"，与中风相似。厥症表现为突然昏迷、不省人事、四肢厥冷，轻者昏厥时间较短，重者死亡。当时因病情较轻，加上慈安太后正当盛年，所以很快便恢复了，但发生急性脑血管疾病的危险因素并未清除。

因担心朝野流言四起，在处理慈安太后的后事时，慈禧显得很谨慎，她做了三件事。第一，召大臣入宫商议后事。慈安太后逝于晚上，被召大臣连夜进宫，见慈禧坐在矮椅上，目视众人为慈安太后小殓，十分镇静地说："东太后素来健康，怎会突然死去？"说话时微微饮泣，诸臣赶忙顿首慰藉，均不敢问东太后因何病而死。第二，领王公大臣瞻仰慈安太后遗容。这件事是在次日早晨进行的，慈禧命太监揭开盖在慈安太后脸上的面幂，令在场的满族王公大臣瞻仰，当时惇亲王奕誴、醇亲王奕譞，各御前大臣、内务府大臣等人都亲眼看过慈安太后的遗容。第三，为慈安准备了一个精致的棺椁。

东太后慈安的突然离世，使慈禧的权力到达顶峰，她成为清王朝实质上的统治者，无人能制衡她。

3. 改组枢、译两署

时光飞逝，一晃光绪帝已经即位十载，慈禧越来越感到一种莫名的压力。慈禧一次次地问自己是什么让她心生烦闷，终于发现是时间在折磨自己。眼看着光绪帝一天天长大，而她则一天天变老。

慈禧心想，同治帝十四岁的时候，慈安太后就开始为他张罗婚事，那时的情形虽然对慈禧不利，但慈安太后公正仁德，而且同治帝毕竟是自己的亲生儿子，所以她并不怎么担心。如今的情形却大不相同，一旦光绪帝大婚，她再不愿交权也不成了。因为恭亲王奕䜣和醇亲王奕譞是亲兄弟，而光绪帝又是醇亲王之子，要是他们三人联手，朝廷哪里还有她的立锥之地，别说独掌朝政，只怕是连干预朝政都不可能了。

为此，慈禧从光绪帝即位开始就采取了一些非常不近情理的措施：颁布懿旨，晓谕天下，光绪帝生下皇子后，皇子将承继同治帝皇嗣，也就是说光绪帝必须以咸丰帝为父，认她这个姨母为母亲。当然，要想让光绪帝心悦诚服地认自己为母亲，成为自己可操控的木偶，仅靠一份懿旨是不够的，她还必须与光绪帝建立新的母子关系，割断他与醇亲王夫妇的一切联系，将皇家的威严与亲情深深地烙印在光绪帝的心上。

醇亲王奕譞在儿子即位后就向慈禧呈交了辞职书，自己仅保留亲王爵位。他在同治朝是朝中重臣，但作为朝官，他又是光绪帝的父亲，长子无法承欢膝下，自己更要每日上朝时站在丹墀下三叩九拜，于情于理，他都难以适应这样的变化。这十年来他深居家中，闭门谢客，更不出访。光绪帝的生身母亲、慈禧的妹妹对于儿子当上皇帝没有表现出丝毫的喜悦，儿子进宫后，她想见儿子一面都极不容易。

光绪帝入宫第十八天，慈禧便以两宫太后的名义颁布懿旨，规定今后光绪帝身边的所有近侍，只能选用老成质朴的内监，但凡年少轻佻者，概不准服侍左右。次年，光绪帝在毓庆宫开蒙读书，慈禧指派翁同龢为帝师。翁同龢一面向小皇帝教授中国传统文化，特别是今文经学中的"微言大义"和积极进取的思想，试图为皇帝理清社会兴衰治乱的缘由，从而挽救民族危机及日益衰微的王朝；一面通过书房进讲，指导光绪帝学习批阅洋务折件，向光绪帝灌输社会变革思想。但他的革新思想与恭亲王奕䜣、左宗棠、李鸿章的思想有很大区别，他立足于传统文化，是从维护封建统治阶级利益出发的。他的思想观点、行为做派让慈禧认定他是老成质朴之人。而光绪帝不仅接受了翁师的思想，还接受了洋务派的思想。

在慈禧的精心塑造下，光绪帝表面上温和顺从，逐渐与太后建立起所谓的母子关系，但骨子里却很叛逆。因为他只是一个傀儡皇帝，在他头上永远端坐着一个绝对权威——慈禧，他的"亲爸爸"。

掌握了光绪帝的这一特点后，慈禧不得不示之以威。据《戊戌变法资料》记载，"西太后待皇上无不疾声厉色，少年时每日呵斥之声不断，稍不如意，常加鞭挞，或罚令长跪；故积威既久，皇上见西太后如对狮虎，战战兢兢，因此胆为之破。至今每闻锣鼓之声，或闻吆喝之声，或闻雷辄变色云。皇上每日必至西后前跪而请安，唯西后与皇上接洽甚少，不命之起，则不敢起"，可见慈禧在光绪帝心中已是绝对权威。这也使光绪帝在成长的过程中，从未体会到帝王的尊严和君临天下的霸气。入宫后，每逢慈禧在养心殿召见或引见臣工，他都必须到场，正襟危坐。面对匍匐在地的群臣，发号施令的只有慈禧一人，他不过是慈禧案桌上的摆设罢了。

慈禧整天忙于政务，有意培养的亲情和树立的威严仅限于表面，光绪帝内心的真实感情，她很难了解。随着年龄的增长，光绪帝越来越频繁地表达自己的主张，一旦亲政，还能否秉承慈禧的意志办事，连翁同龢都没有把握。所以，慈禧对光绪帝的教育引导和监督一刻也没有放松。

当然，慈禧最担心的还是恭亲王奕䜣。自"辛酉政变"之后，慈禧对奕䜣始终采取既用且疑的策略，用人之道与咸丰帝一脉相承。现在奕䜣的声威一天比一天盛，军机处和总理衙门全都掌握在他手中。这两个部门常以"枢译两署"称之，军机处总揽军、政大权，是执政的最高权力机关，而总理衙门也已经从临时的外事机构发展为一个庞大的综合职能机构。

在总理衙门的行事范畴内，外事牵涉内政，外交牵涉通商，通商牵涉洋务实业，办洋务牵涉培养新型人才，培养人才又牵涉公派留学，从而形成变革的连锁反应。所以，大凡修铁路、开矿山、办工厂、办学校、公派留学生等事务，均归总理衙门管辖。

为了强化总理衙门的权力，奕䜣还建议由军机大臣兼领总理大臣，这样一来，总理衙门实际上已经是洋务运动的决策与执行班子。而且，这时奕䜣还兼宗人府宗令，领神机营，负责稽查弘德殿。

慈禧对奕䜣的权力膨胀感到恐惧，但她环视朝堂，在文祥、英桂相继去世后，军机大臣大多由奕䜣扶植起来。光绪六年（1880），慈禧最倚重的内务府总管、京师步兵统领荣禄被翁同龢举报淫乱后宫，慈禧查证后被迫将他解职。如此一来，她越发显得孤立无援，满蒙大臣中可倚仗的人寥寥可数，她只能更加重用汉臣，同时开始寻找机会解除她最担忧的隐患。

光绪九年（1883），法军入侵越南。越南长久以来都是中国的藩属国，法军此举意在让越南脱离中国的保护，使之沦为法国的殖民地。慈禧得知这个消息后，十分震怒，准左宗棠所奏，命王德榜招募新军，赴镇南关。但对于法国殖民势力在越南的渗透与扩张问题，军机大臣们的意见很不一致。李鸿章在与法方会谈时，同意无论中国对越南的宗主权还是法国对越南的保护权，都暂时搁置不议，因为他认为当时各省的海防兵单饷匮，水师又未练成，不可与欧洲强国轻言战事。李鸿章这番话提醒了慈禧，在洋人心目中，恭亲王奕䜣才是真正的清廷代言人，如果他借用洋人的势力来逼迫朝廷，后果将不堪设想。这让慈禧对奕䜣的戒心又加深了一层。

为解越南的燃眉之急，慈禧除了暗中帮助黑旗军刘永福[①]援越抗法外，又饬令云南巡抚唐炯和广西巡抚徐延旭派兵出境援助。光绪十年（1884）二月，米乐继孤拔之后成为法军统帅，兵力增至一万六千余人，进犯北宁。二月十七日中午，李鸿章在天津收到上海传来的电报，

---

① 刘永福（1837—1917）：字渊亭，广东钦州防城司古森峒小峰乡（今广西防城港市防城区扶隆乡小峰村）人。清末民初军事人物，原是反清的黑旗军将领，甲午战争时奉命赴台抗日，但最终失败。曾被台南地方绅民推举为台湾最高领导人，但他拒绝担任，以抗日盟主的身份继续领导台湾民众抗日。

称法军加强了对越南北部中国军队的攻势，对垒的黑旗军死伤甚众，越南北宁已被法军占领。他立即转报总理衙门，晚间又补充报告上海的洋轮听到北宁清军失守，都升起法国国旗庆贺。日本驻天津领事面见李鸿章时也接到东京电报，确认了这一消息。

慈禧收到李鸿章的奏呈后，召见了几位军机大臣，让他们传阅了李鸿章的简短电文，但大臣们认为奏报太简略，无法判断越南局势，于是暂且搁置不议。这一天北京正下着蒙蒙细雨，军机大臣们走后，慈禧站在养心殿台檐下，望着阴沉的天空长长叹了口气，脸色也像天空一样阴郁。

这一细节被翁同龢看得真切，他预感到一场大风暴即将来临。这天夜里果然风雨大作，翁同龢心中不安，索性起身在昏暗的烛光下，给醇亲王写了封短信，讲到老佛爷的不悦。他在当天的日记中写道："恐从此棘手矣，噫！"

其实，感到惶恐不安的不止翁同龢一人，总理衙门大臣张佩纶心中同样不安。第二天他给岳父李鸿章写信，也提到老佛爷的不满情绪，并在信中说："北宁又失，事更棘手。徐延旭太不知兵，鄙见欲去之久矣，此坐谁属，仓卒求才，殊不易得。愿我公密筹见复。"徐延旭是援越桂军统帅，对于前线失利负有直接责任。而徐延旭出任巡抚正是张佩纶两年来极力推荐的结果，李鸿章又能说什么呢？

慈禧很快做出决定，下令将徐延旭摘去顶戴，革职留任，责令他收拾败军，尽力抵抗；如再退缩不前，将从重治罪。然而，越南战局并未出现转机。二月二十七日，李鸿章第三次奏报朝廷，位于越南东北的太原失守，黑旗军和清军死伤甚众，法国准备向中国索要巨额赔款。慈禧闻报震怒，于二十九日颁旨："镇南关外军情万急，徐延旭株守谅山，毫无备御，唐炯退缩于前，以致军心怠玩，相率效尤。故将徐、唐革职拿问，解交刑部严处。"

滇、桂两省大员受到重惩，但战事还没有结束，法军继续向北推进。慈禧又急发一道懿旨，饬令湖南巡抚潘鼎新、贵州巡抚张凯嵩分别署理广西、云南巡抚，督军驻守镇南关。

张佩纶深为自己荐人失察而自责，他又给李鸿章写信说："误荐徐延旭，乃鄙人之罪，此时亦无诿过之理，俟奏报到日，自请严遣，公谓何如？"李鸿章的回复却是轻描淡写："徐延旭当地方官自是能吏，而以关系洋务、军务大局之事轻相委任，在你为失言，在朝廷为失人，不独鄙人不谓然，天下皆不谓然也。你为言官，论列贤否，朝廷向无严遣之例，枢臣对徐一意信任，则不可解。我与李鸿藻及你皆至交关切，不得不深痛惜之，以后望更加虚衷体察，勿愎谏自是为幸，自劾万不必也。"他没有严厉批评张佩纶，只是善言提醒他以后不要轻易举荐。但是这时却有人出面弹劾张佩纶，他就是左副都御史盛昱，肃武亲王豪格的七世孙。作为爱新觉罗宗族，他认为自己数代荣享皇恩，必须仗义执言。

三月初八是清明前的寒食节。禁烟冷食让一向喜欢热闹奢华的慈禧有时间冷静地整理一下思绪，她又想起了越南战事。从越南北部到北宁，再到越南东北部太原，清军先是不战而退，再是战而不胜，这些与军机处的怠惰有莫大关系，正好可以借机整治军机处，把奕䜣拉下马。她正考虑该从何处入手，盛昱弹劾军机处的奏章适时出现了。

盛昱以张佩纶推荐唐炯、徐延旭失察为由，上奏弹劾全体军机大臣。他在奏折中说："唐炯、徐延旭自道员超擢藩司，不二年即抚滇桂粤，外间众口一词，皆谓侍讲学士张佩纶荐之于前，而协办大学士李鸿藻保之于后。张佩纶资浅分疏，误采虚声，遽登荐牍，犹可言也；李鸿藻内参进退之权，外顾安危之局，乃以轻信滥保，使越事败坏至此，即非阿好徇事，律以失人偾事，何说之辞？恭亲王、宝鋆久直枢廷，更事不少，非无知人之明，与景廉、翁同龢之才识凡下者不同，乃亦俯仰徘徊，坐观成败，其咎实与李鸿藻同科。……有臣如此，皇太后皇上不加显责，何以对祖宗，何以答天下？"

盛昱也主张弹劾新委派的潘鼎新、张凯嵩两位巡抚，指出："唐、徐既经拿问，即当另简贤员，却就近于湖南用潘鼎新，于贵州用张凯嵩，该二员一则粗庸、一则畏葸，该大臣等岂不深知？而依其愚见揆之，是恭亲王等鉴于李鸿藻而不敢言，李鸿藻亦自鉴于前而不敢言，以为就地取材，用之为当固不为功，用之而非亦不为过；如此存心，是诿卸之罪也！"为此，他在奏章中提出解决方案，"惟有请明降谕旨，将军机大臣及滥保匪人之张佩纶均交部严加议处，责令戴罪图功，认真改过，将讳饰素习悉数涤除"。

这份奏折写得尖锐而恳切，义正词严，以张佩纶"滥保匪人"的罪名，要求揪出他的后台，完全站在为太后和皇帝谋划的角度，将用人不力的原因层层剖析。慈禧如获至宝，破例将这份奏章拿给光绪帝"御览"。光绪帝也认可是军机处结党营私导致越南战场失利，所以他支持慈禧对军机处加以整顿。

慈禧和光绪帝都赞同盛昱的观点，认为恭亲王奕訢、宝鋆"俯仰徘徊，坐观成败"，景廉、翁同龢"才识凡下"，张佩纶、李鸿藻"滥保匪人"。这样的话，军机处就没有一个可用之人了。慈禧决定以此为借口，改组军机处。

清明节这一天，皇亲国戚都要去东陵普祥峪（今河北遵化市）祭拜慈安太后，由恭亲王奕訢主持慈安太后逝世三周年祭典。因东陵距离京城较远，奕訢提前几天就离京去做准备。慈禧抓住这一时机，立刻展开行动。这天上午，她亲自到西直门内大街后半壁街寿庄公主府赐奠，目的是找机会会见醇亲王奕譞。寿庄公主是道光帝第九女，也是醇亲王的同母妹妹，这位老公主二月十四日去世，清明节赐奠也在情理之中。赐奠之后，慈禧在公主府传膳，并邀见醇亲王。之所以邀见，是因为慈禧不以皇太后身份而是以妻姐身份相邀。醇亲王虽然不太情愿，但既然是妻姐邀请，必是有什么私事，于是只得前往。据说两人密谈甚久，究竟谈了些什么，外人无从得知。但是，慈禧与醇亲王奕譞会谈后才两三天，北京就有各种谣言流传开来，其中流传最广的是醇亲王奕譞将重新出山的消息。

张佩纶得知消息后，于三月十一日给李鸿章写了一封密信，信中提到朝中变化万端的形势，以及自己被多次弹劾的处境。从张佩纶提供的信息中，李鸿章觉察到慈禧太后将与醇亲王联手，矛头不仅指向军机处，还指向总理衙门，这极有可能会有一次人事大地震。

帝师翁同龢也打探到了弹劾奏折的内容及太后与醇亲王密谈之事。他没想到自己一个堂堂大学士、军机大臣、帝师，竟被人说成是平庸无能之辈。他排解忧虑恐慌的办法就是写日记，彼时字里行间流露着他惶恐不安的心情："盛昱一件未下，已四日矣，疑必有故也。……自巳正迄未正，兀坐看门，尘土眯目。吁，可怕哉！"第二天，翁同龢又写道："前日封事总未下，必有故也。"盛昱的弹劾奏章并没有公布内容，大臣们只得揣测其中缘故，到底有怎样的变故，他们并不清楚。

此时，恭亲王奕䜣对京师的传言仍一无所知。办完祭奠后，他于三月十三日回京。这天早上，慈禧召见在京王公大臣、大学士和九卿六部大员，唯独没有召见等候许久的恭亲王和军机大臣。显然，这样的反常举动预示将有大事发生。待大臣们散去后，慈禧颁发了一道懿旨，主要内容是：

现值国家元气未充，时艰犹巨，政虞丛脞，民未衽安，内外事务必须得人而理，而军机处实为内外用人行政之枢纽。恭亲王奕䜣等始尚小心匡弼，继则委蛇保荣，近年爵禄日崇，因循日甚，每于朝廷振作求治之意，谬执成见，不肯实力奉行，屡经言者论列，或目为壅蔽，或劾其萎靡，或谓簠簋不饬，或谓昧于知人。……恭亲王奕䜣、大学士宝鋆，入直最久，责备宜严，姑念一系多病，一系年老，兹特录其前劳，全其末路，奕䜣着加恩仍留世袭罔替亲王，赏食亲王全俸，开去一切差使，并撤去恩加双俸，家居养疾；宝鋆着原品休致。协办大学士、吏部尚书李鸿藻，内廷当差有年，只为囿于才识，遂致办事竭蹶；兵部尚书景廉，只能循分供职，经济非其所长，均着开去一切差使，降二级调用。工部尚书翁同龢甫值枢廷，适当多事，唯既别无建白，亦有应得之咎，着加恩革职留任，退出军机处，仍在毓庆宫行走，以示区别。

　　同日，慈禧又颁布圣谕，任命了新的军机大臣：礼亲王世铎①、户部尚书额勒和布②和阎敬铭、刑部尚书张之万③。工部左侍郎孙毓汶④在军机大臣上学习行走。

　　以恭亲王为首的军机处就这样瞬时失势。谁也不曾料到，慈禧竟会有如此惊人之举。自雍正帝创设军机处以来，罢黜全体军机大臣，进行彻底改组，这是第一次。起初多数人都认为这是盛昱告恶状的结果，但仔细一想，一个左副都御史的弹劾会有如此大的威力吗？被罢斥贬谪的军机大臣们心知肚明，这分明是慈禧在重新布局。

　　李鸿章获知易枢消息后，惊骇不已，连忙写信向张佩纶打探内幕消息。李鸿章显然是在瞎操心，慈禧早有对策。任免完成后，她心犹未甘，同一天又发布上谕，任命礼亲王世铎为首席军机大臣；军机处如果遇到紧要事情，必须和醇亲王商办。这样就形成了醇亲王奕譞、礼亲王世铎、贝勒奕劻联合执政的"三驾马车"。在众多宗亲中，世铎是对慈禧百依百顺的"好好皇叔"；而奕譞是光绪帝的亲生父亲，又是慈禧的妹夫，慈禧把他从家中请出来协办军机大政，一方面是因为他没有政治野心，另一方面因为他是皇帝生父，地位高，对皇帝和几位王爷有一定的影响力。

　　这道圣谕发布当天，醇亲王奕譞召集军机大臣和总理衙门大臣议事，宣布皇帝和太后对枢、译两署工作权限与分工的旨意，强调枢廷、总署分为两家后不能出现恭亲王执政时期一人既主军机又管总理衙门的

---

　　①　世铎（1843—1914）：清朝宗室，满洲正红旗人，礼烈亲王代善九世孙，清末后党重要成员。光绪年间曾任军机大臣行走、宗人府宗令、御前大臣等职。

　　②　额勒和布（？—1900）：字筱山，满洲镶蓝旗人，晚清大臣，历任理藩院尚书、户部尚书、内务府大臣、协办大学士、体仁阁大学士、武英殿大学士。

　　③　张之万（1811—1897）：字子青，直隶南皮（今河北沧州市南皮县）刘八里乡双庙村人，张之洞的堂兄，晚清大臣，四朝元老，历任河南巡抚、江苏巡抚、闽浙总督、兵部尚书、吏部尚书、协办大学士、体仁阁大学士、东阁大学士等职。

　　④　孙毓汶（1833—1899）：字莱山，山东济州人，晚清大臣，历任工部左侍郎、军机大臣、总理各国事务衙门大臣、刑部尚书、兵部尚书等职，深得慈禧信任，与太监李莲英交好。

局面了。但实际上，此时枢、译两署的大权都在醇亲王奕𫍽掌握之中。而奕𫍽与奕䜣不同的是，他几乎对慈禧唯命是从，这也让他处在一个相对安全的位置。

枢、译两署重组，是晚清政坛上一场极具震撼力的风暴，史称"甲申易枢"事件。后来的历史进程表明，清末政局的败坏跟这次彻底改组军机处有直接关系，它也是慈禧政治生涯中一个重要的转折点。

这次改组，不仅没有扭转越南战场的败局，反而使战火进一步蔓延，从大陆延伸到海上。"三驾马车"执政伊始，他们就感到处理国务和夷务之艰难，在对法交涉中转而倾向议和。光绪十年（1884）五月十三日，法国全权公使巴德诺与越南代表阮文祥①、范慎遹②等签订第二次《顺化条约》。条约中明确规定越南承认并接受法国的保护，法国将代表越南处理一切对外关系，在外国的越南人亦受法国保护。当天签约换文前，越方在顺化法国使馆将清廷册封越南国王所授镀金驼钮银印当场销熔，铸为银块，以示中越宗藩关系永久断绝。

凡此种种，仅仅是慈禧完全掌控清廷最高权力、呼风唤雨的开始而已，政局的颓败、国家的腐朽犹如一列失控的火车向前俯冲，而驾驶这辆列车的慈禧太后却对此熟视无睹，仍沉浸在海晏河清的幻梦中。

---

① 阮文祥（1824—1886）：越南阮朝官员，在嗣德帝死后担任辅政大臣，先后废立了四位皇帝，即育德帝、协和帝、建福帝、咸宜帝，也是 1884 年反法勤王运动的领袖之一。

② 范慎遹（1825—1885）：字观成，越南阮朝时期官员、史学家。

第八章　太后归政

1. 老佛爷五十寿庆

彻底改组了枢、译两署之后，慈禧终于长舒一口气。当时中法战争还在进行中，但她并不焦虑，将士在外浴血，打得赢就打，打不赢再谈。

一天，殿内总管李莲英对慈禧说："近些日子，老佛爷一心操劳国事，身子劳乏得很，这几天天气燥热，不如去城外园子里走走，散散心，解解乏。"慈禧只应了一声，斜眼盯着李莲英不说话。她想，小李子与小安子比虽无大功可言，但各方面都比小安子做得更妥帖，尤其是待人处事聪敏活络、善解人意，不仅对主子忠心，对其他人和手下的太监和宫女也比较和善。"小李子，进宫多久了？"慈禧突然问道。李莲英愣了一下，回道："回主子话，奴才是咸丰六年入宫的，二十八年了。"慈禧听后，不禁感叹时间过得太快。

李莲英九岁入宫，初在景仁宫当差，因善梳头挽发辫，人称"小篦李"。慈禧怀孕住进储秀宫时，把他从景仁宫要过来，从那以后，他就一直服侍慈禧。安德海被杀后，李莲英经授殿内太监大总管，比内务府内监大总管还差几级。鉴于一些大臣声明要严禁宦官专权，要处置越权的太监，而慈禧又倚靠太监，她便给太监们加封正式官品，给了他们身份和荣誉。

正是从这个时候起，慈禧认为清王朝的一切都在自己掌控之中，她人性中本能的一面更充分地显露出来。时光飞逝，人生易老。作为一国最高统治者，在得到自己想要的一切之后，该怎样享受呢？李莲英完全猜透了主子的心思，极力怂恿老佛爷去逛园子。圆明园是慈禧的幸运之地，她比任何人都想修复这块"圣地"。同治帝想重建，但刚动工就被迫停建。现在她想去看看圆明园到底变成了什么样子。

光绪十年（1884）夏天即将结束的时候，慈禧带着后宫众人去了圆明园。"圆明三园"的圆明园、长春园、绮春园被英法联军烧毁已经二十多年了，看着眼前破败不堪的景象，想到当年与咸丰帝在圆明园度过的那段缠绵悱恻、刻骨铭心的美好时光，她流下了眼泪。对她来说，那样快乐的日子太短暂了，作为女人，自咸丰帝驾崩至今，已有二十三年。这些年来，她要与那些精明圆滑的大臣们过招，还要提防皇亲对自己构成威胁，整日心事重重，没有哪天不是提心吊胆，心里的苦又能和谁倾诉呢！

精明圆滑的李莲英真真切切地看见老佛爷落泪了，他知道她是想起了伤心往事。为了讨好主子，他说现在海疆无事，宇内承平，不如重修园子。在李莲英看来，中法战事远不如哄老佛爷开心要紧。只听慈禧淡淡地说："眼下办洋务、建海军、兴学堂、采煤开矿，一大摊子要紧事得花钱，哪有闲钱修园子？况且，要把偌大的园子修好，三五年都难成，耗资甚巨，朝廷可吃不消！"

李莲英听出老佛爷并没有拒绝的意思，只是担心耗资甚巨，没有钱修，便进一步蛊惑说，园子全部修复比较艰难，不如先修复一部分。为了不影响整体观瞻，他提议修建西面的清漪园。而且，那里山水相映，也是一块福地。

慈禧一听，确有几分道理。清漪园虽然也被烧毁，但它面积小，位于万寿山下，靠近湖泊，自成一体，规划起来也方便些。慈禧心动了，但她并未马上表态。当天，她驻跸万寿寺，拈香礼佛。

令人不解的是，慈禧回到紫禁城后，绝口不再提修园子的事，甚至任何暗示都没有，就连李莲英也想不明白。又过了些日子，慈禧带着几位近臣及后宫一些人到紫禁城外西北侧的三海（北海、中海、南海）秋游。这三海原为大明御苑，起初并没有多少景致。乾隆帝好山乐水，对三海之一的北海进行了大规模改造，这才使御苑有了景致。那些亭、台、殿、阁、塔、寺，既有辽、金、元、明遗留下来的古迹，也有乾隆帝时期增建的，从中可以看出不同民族文化及宗教的大融合。

北海虽与紫禁城仅一墙之隔，但慈禧从未有过到这里游乐的兴致，为何突然带这么多人来此游玩呢？随行的内务府大臣、侍卫、太监、宫女，一个个兴趣盎然，步行走完北海全程，他们摸不着慈禧此行的目的，只是小心翼翼地欣赏园中景致，唯有李莲英悟透了老佛爷此行的目的——她是想重修三海。但李莲英不明白，老佛爷为什么突然想要修这个她并不十分感兴趣的地方。他不敢试探，只能先在心里琢磨。

入秋后，传来两广总督张树声病逝于军中的奏报，同时还有他临终前写的遗折。张树声是当时很开明的汉臣，也是一位战功卓著的淮军统领。在对法战争中，他是主战派，对慈禧"战和不定"的立场很不满意，也曾上折反对改易枢、译两署。他在临终之际鼓足勇气，用遗折的方式上奏朝廷，呼吁开设议院。

看过遗折，慈禧联想到汤寿潜①等人也曾建议朝廷设置上院和下院，上院由在京高级官僚组成，下院由在京中下层官僚组成。凡有政事，上、下两院各抒己见，做出决策，最后上报天子，请旨按议院决定执行。这不就是反对她专权吗？慈禧很生气，故而对张树声死后的封赏迟迟不表态。

光绪十年（1884）十月十日，慈禧出人意料地发布一道懿旨，命人改修储秀宫院落。尽管人们猜不到住在西院最大宫殿长春宫里的太后为何还要改修储秀宫，但相关人员都依命去照办了。

至于张树声，一位有功于朝廷的封疆大吏病逝在任上，朝廷总得表

①　汤寿潜（1856—1917）：字蛰先，浙江萧山人，清末民初实业家和政治活动家，晚清立宪派的领袖人物，因争路权、修铁路而名重一时，对中国近代化发展做出卓越贡献。

明态度。作为枢、译两署的总管，醇亲王奕谭只得去请示太后和皇帝如何下谕。慈禧思考良久，才定了一个基调。十月二十三日，朝廷下达谕旨："张树声才识优长，勤能练达。咸丰同治年间，从事戎行，战功卓著，由道员洊擢封圻，于吏治、营伍、驭远、筹防诸务，均能实心规划。……留办广东防务，正资倚畀。兹闻溘逝，悼惜殊深。加恩着照总督例赐恤，并将事迹宣付史馆立传。任内一切处分，悉予开复。"同时赠谥号"靖达"。没有像其他这一级别的去世官员那样加赏，只是比照着予以抚恤。

转眼到了光绪十一年（1885）正月，军机处以光绪帝的名义下发一道誊黄上谕，给慈禧做寿。京城内外的大小官员都想利用这次慈禧寿诞好好表现一番，说不定还能因此得到晋升的机会，每个人都想方设法进贡。李莲英更是捞到一个肥差——接收登记贡品。离慈禧的生辰还有大半年，贡品已堆满了几个屋子。这些贡品属于慈禧的私产，不上缴国库，所有金银珠宝都将收入慈禧的小金库。有些官员想通过李莲英巴结慈禧，也私下给他一笔好处。李莲英对钱财的欲望大开，有人找他办事都要给他送钱。

到了四月份，全国各地的贺礼差不多都送到了，李莲英整理出一份名单，督抚大员里除了左宗棠，其他人都送来贡品。李莲英将此事汇报给慈禧，慈禧并不介怀，说："此人秉性如此，由他去吧。"此时，左宗棠正以钦差大臣身份在东南沿海督办军务，中法战争断断续续打了一年多，双方都有意和谈。

四月十七日，中法两国在天津签订和约，中法战争结束。在和约中，清廷承认法国对越南的保护权，也承诺对外开放西南边疆，"法国不胜而胜，中国不败而败"。

中法战争刚结束，慈禧就发布懿旨勘修三海，并暗示各地捐献钱款。但是，这次无论是朝中大臣还是各地方官员，都反应冷淡，远没有给太后送五十寿礼那么积极踊跃。慈禧隐约有一种不好的预感，修园子的事又要夭折了。

七月二十七日，从福建传来丧报，左宗棠在福州北门黄华馆钦差行辕任上去世。闻此噩耗，慈禧的心情十分复杂。"中国不可一日无湖南，湖南不可一日无左宗棠"之言犹在耳边，他在历次战争的生死关头化险为夷，为清廷解决塞防边患，在老百姓心目中地位崇高，无人可以替代。但他个性强硬耿直，太无拘束，甚至慈禧的五十大寿也不送礼，还曾怀疑慈安太后的死因。慈禧为给左宗棠怎样的封号而发愁。左宗棠已经拥有七个头衔：二等恪靖侯、东阁大学士、太子太保、一等轻骑都尉、赏穿黄马褂、两江总督、南洋通商事务大臣。现在他已离世，再多的封号也不能让他起死复生，但是，封号是对一个人一生功绩的认可，否则还有谁会像左宗棠那样死心塌地为朝廷效力呢？

一个多月后，朝廷才发布上谕，赐左宗棠一个汉臣能得到的最高荣誉："追赠左宗棠为太子太傅，照大学士例赐恤，予谥文襄，入祀京师昭忠祠、贤良祠，并命于湖南原籍及各立功省份建立专祠，其生平政绩事实宣付国史馆立传。"据说就在慈禧下达诏谕后的一个夜晚，福州暴雨倾盆，一声霹雳把东南角城墙劈开一道几丈宽的大口子，而城下居民竟安然无恙。老百姓传言附会称，左宗棠之死乃天意，是上天要毁大清的长城。

慈禧并没有听到这些传言，她正把心思放在给自己做寿上。她的生辰就要到了，各项准备已经就绪。储秀宫经过大半年的修缮已焕然一新，原本各自独立的翊坤宫和储秀宫也打通了，形成翊坤宫、体和殿、储秀宫及后殿丽景轩四进大院。与之并列的是咸丰帝改造的另一个四进大院，即太极殿、体元殿、长春宫和后殿的怡情书室。这样，西六宫就变成了两个四进大院。

走进翊坤门，首先看到的是翊坤宫，在殿前左右各摆放着一对铜凤和铜鹤。至今可见铜摆件上文字记载为光绪九年（1883）制造，这些都是专门为慈禧五十大寿定制的。

游廊一律饰以彩绘，画的都是佛手、葫芦之类的图案，取其谐音，寓意"福寿、福禄"。四进院子里随处可见长寿的符号，在院内走廊的墙上，有多幅大臣书写的庆贺万寿无疆的书法作品，其边饰无论是木雕还是琉璃砖，都由团寿和万字符组成。储秀宫内的楠木门窗上都雕刻着万字锦地，上面还有团寿纹，取"万寿"之意。

过了翊坤宫是体和殿，两院打通后，这里成了慈禧用膳、喝茶、休息及听戏的地方，为此慈禧还特意命令御窑厂烧制了一批体和殿瓷器。储秀宫的最后一进院子里，主殿是丽景轩，东配殿叫凤光室，西配殿叫猗兰馆。储秀宫正间设有宝座、屏风、匾额等，是慈禧接受朝拜的地方，整体布局庄严大气。

令人吃惊的是，整个四进大院修缮改造耗费白银达六十三万两！据说生辰当天慈禧打扮得特别娇艳，还特意让人给她拍照留念。她的侄女固伦荣寿公主看了颇有微词，说话间也带了情绪："老佛爷，眼下国弱时艰，您老只顾大办生辰庆典，只怕那些朝廷御史们又要上奏言事了，再说，这事传到民间，恐对老佛爷的声名不利呀。"站在一旁服侍的李莲英听到这些话，吓得不敢出声，而固伦荣寿公主的父亲恭亲王则一个劲儿地给女儿递眼色，让她赶快向慈禧太后赔罪。不知为什么，慈禧竟毫不生气，她对自己的这个养女一向疼爱，也只有固伦荣寿公主敢对这位清朝的至尊太后如此出言不逊。

2. 归政动议与"颐养"

光绪十一年（1885）九月，清廷颁旨设置管理全国海军的机构——海军衙门，或称海署，任命醇亲王奕谭署理节制沿海水师，庆郡王奕劻、大学士总督李鸿章、都统善庆、侍郎曾纪泽从旁佐助。

自洋务运动开始，新式海军建设就被当作重中之重，朝廷每年拨出数百万两白银用于海军建设，清朝已建成了南洋、广东、北洋三支海军舰队。按理说，海军衙门这样重要的机构，要有深谙海军的专业人才，但五个管事的人中，竟无一人是专业出身。李鸿章和善庆都出自陆军行伍，而且只是帮办，海军衙门实际上由奕劻说了算。

　　光绪十二年（1886），奕劻奏请慈禧"修治清漪园工备操海军"，并提出创办昆明湖水操学堂。水上操练要请太后和皇帝阅兵，设施岂能简陋？于是，奕劻又奏："因见沿湖（昆明湖）一带殿宇亭台半就颓圮，若不稍加修葺，诚恐恭备阅操时难昭敬谨……拟将万寿山暨广润灵雨祠旧有殿宇台榭并沿湖各桥座、牌楼酌加保护修补，以供临幸。"想要得到慈禧的同意，就必须投其所好，其实备操海军与修治清漪园有何关系？虽然清漪园西南有昆明湖，但在这个城中湖里能操练出新式海军吗？显然，操练海军和兴办水操学堂只是一个冠冕堂皇的借口，慈禧修园子的意图已昭然若揭，"上欲行之，下必趋之"，各有盘算的机构及个人都在极力促成此事，以讨得老佛爷的欢心。这也是慈禧在"勘修三湖"计划受挫后的另一个措施，因为强化海军建设是朝廷多数大臣赞同的最紧要大事，只有打着这个旗号修缮园子，反对的人才不敢吭声。

　　慈禧埋下这一伏笔后，还是不放心，因为朝廷的预拨经费每年仅四百万两白银，而三大舰队都在竞相修造和购买军舰，不包括军饷和其他开支，仅添置装备一项，清廷都难以支撑。因此，她还必须采取一些后备措施——设想以归政作为交换条件来让光绪亲自颁诏筹款修园子。

　　此时三海的工程正以慈禧归政后颐养之所的名义大张旗鼓地进行，但慈禧对西郊的旖旎风光仍念念不忘，一心想复修清漪园。她完全认同李莲英的说法：圆明园局面过于散漫，复修工时浩瀚，且是一马平川，有水面无山色，反不如清漪园倚山傍湖的翠微灵气，而且那是乾隆帝为母后祝寿而造，重修可以借用先例来驳斥反对者，她已决定将清漪园作为自己晚年的另一处怡乐之所。

　　光绪帝听了慈禧太后的计划后，没有对此事表态，于是翁同龢又去拜见醇亲王。他记录这次访问是"深谈时局，极耿耿也"。所谓时局，便是复修园子的工程及可能带来的各种社会反响。他们一致认为，修园子一事已成定局，他们要考虑的是如何巧妙地堵住悠悠之口。

　　慈禧已经颁谕勘修三海，虽然筹到的经费有限，但还是动土开工了。三海修得怎样对慈禧个人来说没有多大意义，她只是借此向朝野大臣表示，她想做的事情一定要做下去，即使有再大的阻碍和困难。在启动三海工程的懿旨里，她明确要求主管大臣不得动用部库存款及其他正式收入，只许使用闲杂各款。然而，所谓的闲杂各款又从哪里来呢？种种难处最终都集中到主持政务的醇亲王奕譞一人身上。

过了一段时间，大臣们东拼西凑筹到一笔款子，先是修了一条从紫禁城到北海的路，而后在北海和中海之间建造了两座高大的白石桥，东西两端立起两座石坊，西坊题"金鳌"，东坊题"玉蝀"。

光绪十二年（1886），三海第一期工程完工后，内务府官员和亲王、郡王的福晋们陪慈禧去验工游玩，果然比原来气派了许多，三海连成一体，气势阔大，亭台壮丽。慈禧很满意，赞不绝口。众人正逛得高兴，慈禧忽然又想起从前的圆明园来，说道："这三海的地方虽好，如何赶得上圆明园的万分之一！可惜先帝亡故，圆明园被毁，再要和先帝在时一般热闹，怕是没有这个日子了！"说着便用手帕拭泪。太后情绪突变，众人手足无措，都不知如何劝慰她。这时，李莲英开口道："老佛爷为朝廷用心费神几十年，如今是该有个清净之地享享福了。奴才听说万寿山下有片湖，如在湖边修建几间宅子、佛堂，定是一个极佳的颐养之所。"

李莲英故意说出这番话，在场的人都听得明白——太后莫不是想归政退隐？慈禧见众人惶恐而立，又道："哀家倒是这样想呀，只怕没这福分。"众人听到这里，终于相信慈禧是真的想退位归政，但前提是得有一个清净的地方"颐养"。这一消息让光绪帝惊喜交加。

六月初十，慈禧和光绪帝在宫中召见醇亲王奕譞、领班军机大臣世铎等人。此次召见的主题是商量慈禧归政之事，将朝廷日常事务的处置权还给光绪帝。慈禧亲拟懿旨说，当年皇帝即位时只有四岁，年幼而无法亲政，清朝一切用人行政，王大臣等不能无所秉承，所以那时不得已允准廷臣之请，垂帘听政，并郑重约定一旦小皇帝典学有成，即行亲政。现已过去整整十二年，皇帝德业日新，已长大成人，此乃国家之幸、万民之福，所以她想借此机会卸任息肩，颐养天年。她郑重地宣布，她将遵守当年的约定，于明年举行皇帝亲政典礼。慈禧还表示，她之所以提出让光绪帝亲政，主要还是为清王朝的长治久安考虑，希望光绪帝在实际历练中成熟起来，树立威望，并逐步建立自己的执政班底。

这个令人期待已久的懿旨颁发后，朝廷上下颇为震动，反应最强烈的莫过于光绪帝本人。在懿旨颁发当天，他顺水推舟地发布一道上谕：

……兹奉懿旨，于明年二月归政。朕仰体慈躬敬慎谦抑之本怀，并敬念三十年来，我圣母为天下忧劳况瘁，几无暇刻可以稍资休息，抚衷循省，感悚交深。兹复特沛温纶，重申前命，朕敢不祗遵慈训，于一切机务，兢兢业业，尽心经理，以冀仰酬我圣母抚育教诲，有加无已之深恩。……所有归政届期一切典礼事宜，着各该衙门敬谨酌议具奏。

从中可以看到光绪帝按捺不住的喜悦之情。随着年龄的增长，光绪帝已经逐渐意识到高居皇位却没有皇权的尴尬，他努力地学习，就是希望能够早日胜任皇帝之位。

慈禧宣布自己的决定后，醇亲王奕譞、礼亲王世铎再三恳请慈禧在皇帝亲政后继续训政，理由是十六岁的光绪帝要担负起清王朝的政治责任，委实有点早，由"亲爸爸"老佛爷亲手掌舵，清朝这艘大船才能在大风大浪中平稳航行。他们以时事多艰、万几繁钜之由，恳请太后从缓归政，再送光绪一程，但慈禧没有答应。

醇亲王奕譞才能平庸，一向胆小怕事，缺少担当，如果慈禧当真撒手不管，掌管朝政的重任将全落在他的身上，他们父子能让大船在风浪中平稳前进吗？奕譞没有这样的胆气和信心。礼亲王世铎虽然长期居于军机处领办大臣的显赫地位，但也是平庸无谋之人。他对慈禧忠心不二，在慈禧当政期间，他一直以满洲贵族掌门人的身份协助处理朝政，慈禧如果真的撒手，他不知还能做什么。

光绪帝也意识到自己羽翼未丰，还没有独掌朝政的能力，于是跑到慈禧宫中长跪恳辞，但仍然没有让她回心转意。帝师翁同龢与御前大臣、毓庆宫诸臣准备一起劝请慈禧，但慈禧却置之不理。翁同龢建议醇亲王率枢、译两署大臣继续面谏，争取让太后收回成命，但慈禧主意已定，并不理会，表示十二年前"垂帘听政"乃非常之举，本属一时权宜，现在皇帝既然典学有成，自应遵从同治十三年（1874）的懿旨约定，即行亲政，以慰深宫期望之意。

慈禧的真实意图大臣们心里自然清楚，他们不得不配合太后表演一番。六月十一日，翁同龢将他起草的奏折底稿交给同僚讨论，众大臣阅读后大致同意翁同龢的建议，于是议定联衔上奏。之前，醇亲王先上了一个折子，折子的前半部分吁请慈禧体念时艰，继续听政，即便要归政也应等皇帝二十岁时；后半部分专言皇帝亲政后，宫廷一切事务仍请太后裁决，皇帝不问，始可专心向学。同一天，礼亲王世铎等也奏请慈禧再听政数年。慈禧表示，所有奏请都不予考虑，倒是奕譞在奏折中提到的"凡朝中要事难以裁决的，仍请太后裁决"这一建议可以考虑。接着，翁同龢将与各位大臣商量写好的奏折也呈上来，奏折中说，"垂帘听政"虽然是清朝过去几十年的权宜之计，但并没有违背清朝规矩；接着称颂过去二十余年皇太后在治国理政中的功德；期望未来还能仰承皇太后的政治经验和政治智慧。奏折中恳请皇太后在归政之后，海防及一切紧要事务仍由太后做最后决定，并准许内外重要臣工的奏报直达储秀宫，像过去那样直接向皇太后请示汇报。这两条也在醇亲王的奏折中出现，只是变成了众臣工的"共同心声"。

慈禧见王公大臣们"盛情难却"，只得"让步"，她表示训政是她的政治责任，不容推卸。按这个安排，光绪帝亲政后似乎还有一段政务处理见习期。光绪帝将独立处理政务，慈禧为光绪帝把关。需要慈禧操心的政事，由醇亲王转呈慈禧，听取慈禧的意见。众大臣认为这样做更妥当，所以当时并没有人提出不同意见，或者说根本没有人敢提意见。

一切都在按部就班地进行。几天后，钦天监将选好的黄道吉日提交上来，光绪帝的亲政典礼定于光绪十三年（1887）正月十五日举行。

亲政典礼这一天，年仅十六岁的光绪帝率王公大臣、蒙古王公以及六部九卿满汉三品以上官员，前往养心殿举行典礼，再往慈禧居所行庆贺礼。礼成，光绪帝颁布亲政后的第一道诏书，感谢皇太后的养育之恩，感谢皇太后过去十几年孜孜不倦为国事操劳，颂扬清朝在皇太后的精心治理下纲举目张、物阜民康，丰功伟绩史无前例。诏书中特别强调尽管自己遵照皇太后懿旨亲政，但未来几年朝廷的重大决策依然由皇太后做最后决定；也希望诸王贝勒、文武群臣，全力辅佐皇帝，报效国家。

早在光绪亲政的前一年，光绪就曾在老师翁同龢的指导下，恳请慈禧训政，随后，慈禧颁布一道懿旨重申："……览奏均悉，垂帘听政，历稽往代，皆出权宜之举。行之不慎，流弊滋多，史册昭垂，可为殷鉴。前因皇帝典学有成，特降懿旨，及时归政。此深宫十余年来殷殷盼望之苦衷，天下臣民自应共谅。故于十四日王公大臣等合词吁陈，均未允准。数日以来，皇帝宫中定省，时时以多聆慈训俾有秉承，再四恳求，情词纯挚。兹复披览该王大臣等章奏，沥陈时势艰难，军国重要。醇亲王折内，兼以"念切宗社，仰慰先灵"等词，谆谆吁请。回环循览，悚惕实深。国家值此时艰，饬纪政纲，百废待举。皇帝初亲大政，决疑定策，实不能不遇事提撕，期臻周妥。既据该王大臣等再三沥陈，何敢固持一己守经之义，致违天下众论之公也。勉允所请，于皇帝亲政后再行训政数年。俟数年后斟酌情形，再行降旨。"

慈禧的再三推辞让朝野官员产生错觉，他们以为朝政的最终决策权必将逐步移交给光绪帝，一个新的时代正在开始，这样肯定更有利于王朝的稳定。于是纷纷上表祝贺。

光绪十四年（1888）二月初二，朝廷以光绪帝的名义发布上谕，改清漪园为颐和园，取"颐养冲和"之意，并下令"殿宇一切，亦量加葺治，以备慈舆临幸"。上谕说，过去二十余年，皇太后为天下忧劳，无微不至，而对自己考虑得太少，现在想来实在有些不合适，因念西苑距皇宫不是很远，往年乾隆爷曾经在那里驻跸，殿宇尚多完整，稍加修葺，便可养性怡神，将作为皇太后六十大寿的贺礼。

当然，由于有言官以及朝廷内外无数官员的瞩目，光绪帝宣布此项工程不动用国库中的经费。

对于光绪帝的孝心，慈禧当然很满意，但她也训示光绪，现在虽然寰宇粗安，但也不能有暇逸之心，还是应该一切从简。只要能将朝政处理好，维护国家稳定，她的心也就安宁了。慈禧的此番"表演"似乎让她在官民心中的形象高大起来。

又过了两年多的时间，慈禧"归政"于光绪帝，履行了自己的"诺言"。可是，她又通过《训政细则》，使自己获得了在幕后操纵皇权的权力。

3. 光绪帝的婚事

在商议归政和举行归政典礼的过程中，光绪帝的婚事也提上了日程。光绪十三年（1887）五月，慈禧下旨光绪大婚应需款项，"着户部先行筹划银二百万两"，各省"预为指派二百万两"。光绪十四年（1888）四月，慈禧再下谕，"办理大婚之款四百万两尚不敷用，着户部再行筹拨一百万两"。同时强调，应当本着力行节俭的原则，并命醇亲王稽查。

皇帝的婚事是宫中的头等大事，大婚典礼也是国家的盛典。根据慈禧太后的指示，朝廷成立了以总管内务府大臣世铎、醇亲王奕譞为首的大婚礼仪处，负责大婚典礼的一切事宜。

在所有准备工作中，选妃立后是最慎重的事情。经过反复筛选，光绪十三年（1887）九月二十八日有五人"入围"，分别是慈禧的内侄女、桂祥之女静芬，江西巡抚德馨的两个女儿，侍郎长叙①的两个女儿。最后一次阅选在体元殿，慈禧面前的桌子上摆放着一柄白玉如意、

---

① 长叙（1837—?）：满洲镶红旗人，他他拉·裕泰的四子，晚清大臣，历任礼部右侍郎、刑部右侍郎、刑部左侍郎、户部右侍郎等职。其四女为瑾妃，五女为珍妃。

两个绣花荷包，得到玉如意的秀女就是未来的皇后，两个荷包则送给未来的妃子。

民国时期，黄濬在笔记资料《花随人圣庵摭忆》中有这样一段记载："西后为德宗选后，在体和殿，召备选之各大臣小女进内，依次排立。与选者五人，首列那拉氏，都督桂祥女，慈禧之侄女也（即隆裕）。次为江西巡抚德馨之二女，末列为礼部左侍郎长叙之二女（即珍妃姊妹）。当时太后上坐，德宗侍立，荣寿固伦公主及福晋命妇立于座后。前设小长桌一，上置镶玉如意一柄，红绣花荷包二对，为定选证物。西后手指诸女语德宗曰：'皇帝，谁堪中选，汝自裁之，合意者即授以如意可也。'言时，即将如意授予德宗。德宗对曰：'此大事当由皇爸爸主之。子臣不能自主。'太后坚令其自选，德宗乃持如意趋德馨女前，方欲授之，太后大声曰'皇帝'，并以口暗示其首列者（即慈禧侄女）。德宗愕然，既乃悟其意，不得已乃将如意授其侄女焉。太后以德宗意在德氏女，即选入妃嫔，亦必有夺宠之忧，遂不容其续选，匆匆命公主各授荷包一对与末列二女，此珍妃姊妹之所以获选也。"可以看出，光绪帝相中的是江西巡抚德馨的女儿，但因为慈禧"以口暗示"才选了慈禧的侄女。

十月初五，太后连下两道懿旨，皇后的人选终于公布于世："兹选得副都统桂祥之女叶赫那拉氏，端庄贤淑，着立为皇后。特谕。""原任侍郎长叙之十五岁女他他拉氏，着封为瑾嫔；原任侍郎长叙之十三岁女他他拉氏，着封为珍嫔。"

据查证，桂祥之女叶赫那拉氏·静芬参选秀女时，已满19周岁，超过了选秀年龄，有违祖制；而且她比光绪年长三岁，容貌平平、气质欠佳，立为皇后，只因她是慈禧的侄女。不难看出，这是一桩政治婚姻，是慈禧有意的政治布局，目的是在归政后继续操纵皇帝。最让光绪帝不满的是，他已经做出让步将玉如意递给慈禧的侄女，慈禧多少应该考虑他的感受，将他相中的江西巡抚德馨的女儿选为妃嫔，但慈禧担心她会对其貌不扬的侄女构成威胁，居然把她淘汰出局。

经过将近一年的准备，光绪帝十八岁了，在当时已经是"晚婚"的年龄。光绪十四年（1888）六月十九日，慈禧终于颁发了给光绪帝举行大婚及亲政的懿旨："前因皇帝甫经亲政，决疑定策，不能不遇事提撕，勉允臣工之请训政数年。两年以来，皇帝几余典学，益臻精进，于军国大小事务，均能随时剖决，措置合宜，深宫甚为欣慰。明年正月，大婚礼成，应即亲裁大政，以慰天下臣民之望。"

然而光绪十五年（1889）正月，慈禧归政不到一个月，朝廷内部就有了不同的声音。正月二十一日，御史屠仁守①上了一份奏折，建议皇太后在归政后，对外省密折、廷臣封奏，仍按照训政时期的体制上呈皇太后、皇上圣鉴，待皇太后阅览后再施行，并建议皇太后暂时不要远离皇宫住到颐和园去，而是继续住在紫禁城，以方便处理朝政。

如果按照屠仁守的建议，归政伊始又降懿旨，内外奏折仍书"皇太后圣鉴"，仍由皇太后指示，这不是让皇太后自坏规矩、自损名声吗？于是慈禧下令将他开除公职，永不叙用，屠仁守只好到山西讲学教书。慈禧之所以严惩这位言官，显然是想堵住众人之口。

对慈禧来说，光绪十二年（1886）在所谓的光绪帝亲政以后，她获得了"训政"数年的机会，无论是治理朝政、处置官员，还是选定后妃，都是她说了算。《慈禧外纪》中这样评论："太后以己之侄女，选为皇后，亦具有深意。前此为同治帝选择有勇有德之阿鲁特皇后，其后常与太后反对，至其死而后已。太后惩于前事，故此次为光绪帝选后，其意重在为己心腹，以监察皇帝之行为，而报告之。"

就在皇宫上下为皇帝的大婚做最后准备之时，紫禁城莫名其妙地发生了一场火灾。这天夜里，京城下着大雪，北风呼啸，天寒地冻，太和门突然燃起了大火。太和门是从午门进入紫禁城之后通往朝堂三大殿和后宫的朝门，有二十多米高，气势恢宏，跨度为九间，左右陪衬的贞度

---

① 屠仁守（1836—1904）：字梅君，湖北孝感西河镇人，晚清铁面御史、开时代风气的教育宗师，道光时曾上书提出改良朝政的六项措施及指出海防建设的五大弊端。慈禧修颐和园时因上谏而被罢官，遂到山西讲学，执教 14 年。

门和昭德门也气势非凡。门内东西庑各三十二楹，廊庑相接。最先起火的地方是西边的茶房，火借风势，很快冲出了茶房的房顶，一下子飞上太和门的门檐。由于大火发生在深夜，扑救不及时，火势发展迅猛，顷刻间越过太和门，很快就烧毁了武备院的毡库、甲库和鞍库等，然后向东烧到了昭德门。由于门檐太高，水泼不上去，只得用九城水龙奋力扑救，但为时已晚，众人只能眼看着太和门在火海中化为灰烬。

翁同龢赶到现场时，大火烧过的太和门还冒着浓烟。他在日记中写道："此灾奇也，惊心动魄，奈何奈何！"最不安的自然是慈禧。起火地点虽在太和门，距朝堂三大殿和后宫还有一段距离，但水火无情，尤其是紫禁城建筑多为木料，一旦遭遇火灾，火势将难以控制。她还担心大火过后舆论难平，中外臣工会以"天怒人怨"来指责她干预朝政。因此，她必须尽快拿出应急之策。

当满朝文武还处于惊慌失措的状态中时，慈禧发布了应急措施。首先，以光绪帝的名义发谕旨，惩罚与奖励并行。将点灯入睡引起火灾的直接责任者处以死刑，负有管理责任的总管内务府大臣、步军统领、前锋统领等，也分别给予降级、罚俸的处分。奖励救火有功人员，由户部拿出白银作为赏资。其次，暂停颐和园重修工程。在火灾之后，慈禧知道自己必须做出"寅畏天威，益加修省"的姿态。她颁发懿旨："本月十六日贞度门不戒于火，固属典守不慎，而遇灾知儆，修省宜先，所有颐和园工程，除佛宇暨正路殿座外，其余工作一律停止，以昭节俭而迓庥和。"最后，大加奖赏，笼络人心。大火过后，慈禧三天之内连下懿旨，对朝廷文武百官、封疆大吏以及皇亲国戚大加封赏，连驻京的外国使臣也不忘"设宴款待"。

慈禧这样做是想尽快消除火灾带来的不良影响。光绪帝的大婚庆典定于光绪十五年（1889）正月二十七日，婚期不可更改，但朝门突然焚毁，对皇帝大婚来说是不吉利的事情。按照清朝礼法，皇后的仪仗与辇驾必须经过五门——大清门、天安门、端门、午门、太和门。如今少了一个门，重新修建已来不及，而且暂时也拿不出钱修。但无论如何必须加以补救，大臣们建议，可以让棚匠、扎彩工临时扎一座太和门，慈禧同意了这一建议。

内务府迅速找来大批搭棚、裱糊、扎彩的工匠，木钉纸糊，不久倒也搭起一座足可以假乱真的太和门。这座临时的门不仅高度和宽窄与原太和门分毫不差，而且兽头、雕饰、瓦沟等都酷似真物，连长期在内廷行走的人也难以一下子辨出真伪。

正月二十六日，是奉迎皇后的吉日。光绪帝先派遣官员告祭天地、太庙、奉先殿，然后到慈宁宫向慈禧行礼。正午时分，光绪帝头戴珠冠、身着龙袍，在太和殿接受文武百官的三跪九叩，之后命正副使节持金节奉迎皇后。使节接受金节后，率领仪仗队伍出太和门，紧随使节之后的是盛放金册、金宝的龙亭。凤舆在十六人的抬护下，列在龙亭之后。队伍浩浩荡荡出午门、大清门，前往皇后府邸。光绪帝回到内廷乾清宫，等候皇后到来。

内务府官员早在皇后府邸做好了准备，正使先向皇后之父宣读迎娶皇后的制文，然后把金册、金宝放在册案宝案上。皇后身着龙凤同合袍，头梳双髻，戴富贵绒花，福晋们用藏香熏凤舆和盖头，以便驱除邪气，然后皇后手执苹果、金质双喜如意，搭上红盖头上轿辇。正使持节偕副使出，乘马先行。皇后之母率诸妇人送至凤舆前，皇后之父率子弟跪送于大门外。銮仪卫校尉抬起凤舆，提炉侍卫手持凤头提炉引导，太监左右扶舆，内大臣侍卫在后乘骑护从，向皇宫行进。骑马、抬轿、举旗、提灯笼的人员数量也都按定制。

皇后的凤舆于夜里到达大清门下。引礼女官引导新皇后到拜位前，由侍仪女官向皇后宣读册文宝文，皇后接过金册、金宝。最后，皇后行三跪三拜礼，册立大礼即告完成。等钦天监官报告子时吉时一到，皇后身着龙凤同合袍正式坐上凤舆从大门进入皇宫。其进宫路线为大清门中门——天安门外金水桥（正副使下马持节步行进入）——天安门中门——端门中门——午门中门（钟鼓齐鸣）——太和门中门——中左门——后左门——乾清门中门（正副使至此完成使命，与内大臣侍卫退下）——乾清宫阶下。

皇后凤舆到乾清门时，光绪帝早已身着龙袍在乾清宫西暖阁等候，接着近支王公在乾清宫正殿为光绪帝结发，然后光绪帝从后槅扇前往坤宁宫洞房等候。

待到寅时，即凌晨三点至五点，皇后的凤舆迎到乾清宫阶下，在恭侍命妇的导迎下，皇后走出凤舆。恭侍命妇接过皇后手中的苹果和金如意，同时递给皇后一个宝瓶，宝瓶内装有珍珠、钱币等多种金银财宝。皇后怀抱宝瓶，进入乾清宫内，首先要跨过火盆，然后出乾清宫后槅扇门，改乘孔雀顶轿，由交泰殿前往皇后中宫坤宁宫东暖阁的洞房。在坤宁宫的门槛上还设有一个马鞍，马鞍下压着两个苹果，寓意平平安安，皇后要从上面跨过才能进入洞房。奉迎正使和副使待光绪帝回宫后，率领奉迎大臣们前往后邸迎接皇后入宫。与此同时，瑾嫔、珍嫔也由神武门被迎入后宫。

光绪帝大婚，英国送上的贺礼是一座自鸣钟。按中国的习俗，这份贺礼是不吉利的。英国女王的致谢国书这样解释："十二时备致嘉祥，吉语遥颁。"英国政府命工匠在自鸣钟两旁，用汉字镌刻了一副对联：

日月同明，报十二时吉祥如意。
天地合德，庆亿万年富贵寿康。

这样的解释似乎滴水不漏，但慈禧看到这副对联却十分介怀，因为这副对联中有一个字是她特别忌讳的，那就是"明"字。自清朝入关以来，各种反清复明势力层出不穷，此起彼伏。而且自从她入宫以来，几乎每年都在动荡不安中度过。如今她终于让自己的侄女完成了一个她久埋心底的愿望，那就是让叶赫那拉氏的女人入主后宫。表面望去，这个庆典办得喜气洋洋、热闹非凡，然而，清朝早已如同那纸扎的太和门一样，看上去威严气派，其实无比脆弱。

光绪帝违心地把皇后之宝赐予叶赫那拉氏以后，还必须频繁地往来于坤宁宫、慈宁宫、太和殿、奉先殿之间行礼，尤其是对慈禧的礼节更不能有丝毫不周。

皇帝大婚典礼后，还要向全国臣民发布诏书，使天下皆知。外廷庆贺礼结束后，立即进行颁诏礼。捧诏官将诏书放至天安门城楼的黄案上，然后宣诏官登上城楼，用满、汉两种语言宣读诏书，文武百官于金水桥南排立，面北行三跪九叩礼。天安门颁诏，象征着皇帝大婚的消息已传达给所有百姓，普天同庆。

接下来，摆喜宴答谢百官及亲朋来宾，大婚典礼才算结束。但对光绪帝来说，大婚并非大喜，皇后与太后的特殊关系和渺茫的亲政梦想都让他郁郁寡欢。

这场大婚，共花费白银五百五十余万两。其中，各种外办耗费一百余万两，而内办的帝后冠服、朝珠、钿钗、金银珠宝、玉器、皇后妆奁、嫔妃所用器物，以及后嫔铺宫用的金银器皿等，耗费白银达四百万两以上。而这年上半年，直隶省顺天府、大名府、宣化府的粮价，平均每仓石计银一两四钱六分。如果每人每年口粮按二石计算，计折银二两九钱二分。五百五十余万两白银，按此粮价折算，可购买近三百八十万石粮食，足够一百九十万人吃一年。一场婚礼耗费了清廷当年财政总收入的四分之一，这对陷入内忧外患的清王朝来说绝非好事。

第九章　甲午之耻

1. 海军衙门与颐和园庆寿

从光绪十二年（1886）开始，清漪园的修建工程就断断续续地进行着，朝中的反对之声因"备操海军"的名头也变得不那么大了。工程进展缓慢，主要是因为没有钱，因为圣谕要求只能用"节省羡余"的钱修园子。慈禧听政二十几年，当然了解国库从未充盈过，维持官员的薪饷都得东挪西借。不过，慈禧并不担心，这园子是光绪帝为她准备的六十寿礼，君无戏言，无论经费如何紧张，光绪帝都得在她六十大寿前保证园子完工。但是，如果因为钱款不济而使工程无限期地延期，也不是个事。为此，慈禧和她的心腹们想出一个既可以筹到款又不落人话柄的法子。

光绪十二年（1886）四月，直隶总督兼北洋大臣李鸿章称北洋水师已练成，奏请朝廷派大臣检阅。慈禧便派总理海军衙门大臣、醇亲王奕譞前去天津、旅顺、烟台等地巡阅水师。她还特意赐给醇亲王一顶杏黄色的轿子，醇亲王非但不敢乘坐，还奏请李莲英与自己一同前往阅兵。慈禧料知醇亲王主动要求派李莲英随行是想减少自己对他的猜忌。于是，她下了一道懿旨，称醇亲王是光绪帝生父，身份高贵，因此要加派内监、御医随行；并借机将李莲英提升为正三品殿内总管，陪同醇亲王前去视察；随行人员还有帮办海军大臣善庆、海军衙门总办文案恩佑等。

四月十八日凌晨，阅兵官员在李鸿章的陪同下，由天津大沽口出发前往北洋水师基地旅顺。醇亲王乘坐排水量为两千八百吨的"海晏"轮，由北洋、南洋两大水师的十四艘战舰护送。北洋五舰在左，分别是"定远""镇远""济远""超勇""扬威"；南洋三舰在右，分别是"南琛""南瑞""开济"；其余六艘炮舰跟随在"海晏"轮后，一起前往旅顺口。

四月二十日，演习在旅顺附近海域进行。演习舰主力为北洋水师的两大主力舰——"定远"舰和"镇远"舰，演习科目是打靶和鱼雷艇发射鱼雷。这次演习共耗费军舰、炮台的炮弹百余发，鱼雷一枚，水雷八枚。随后两天，阅兵队伍又来到威海，参观了"镇南"舰等六艘炮舰的打靶演习。

李鸿章举办这次海军演习，本来是为了讨慈禧欢心，向慈禧展示自己的功绩。只有把慈禧哄高兴了，才有可能继续得到财政支持兴办海军，没想到"聪明反被聪明误"，自讨苦吃。

在这次检阅中，李鸿章见李莲英一副公事公办、拒人于千里之外的模样，认为他还有别的目的，于是就派亲信、天津海关道盛宣怀去打探。盛宣怀找机会接近李莲英后，李莲英向盛宣怀暗示能不能帮他从洋人银行那里借点钱。盛宣怀一时大意，说可以从天津电报局在外国银行存的钱中拿出几万借给他。李莲英不动声色，只当自己没有注意到这句话。

回宫后，李莲英向慈禧汇报了自己的所见所闻，他说北洋水师很强大，不必再为海防担忧；北洋水师军费充足，还能官款私存；从海军军费里抽出钱来建园子是完全可行的。此后，李莲英成了海军衙门的常客，与醇亲王奕谭联系密切。

当时，海军衙门的主要职责，除了购买引进外国军舰、兴办海军教育、编制区域舰队、构建海军基地、制定海军章程、聘请外籍顾问训练官兵之外，还有一个重要工作就是筹拨海军军费。然而，从后来的事实来看，这个衙门更像是海军的"吸血虫"，因为大量的海军经费通过奕谖之手源源不断地转移到了颐和园工程上。

光绪十七年（1891），奕谖在奏折中提到颐和园自开工以来，每年暂由海军经费内腾挪三十万两，拨给工程处使用。据说腾挪的经费大多补齐了，办法是筹一大笔银款，存在北洋生利息。本金专门用于购舰设防等事务，其余的钱另款存储，专备工作之需。李鸿章探听出这是慈禧太后的旨意，立即通报两广总督张之洞、两江总督曾国荃、湖广总督裕禄①、湖北巡抚奎斌、四川总督刘秉璋②、江西巡抚德馨等人量力认筹。各地督抚心领神会，争先恐后，合计筹款白银二百六十万两。但存到洋人的银行里，每年能否有三十万两利息呢？何况修园子每年花费的银子远远超过三十万两。人们普遍认为超支部分占大头，实际上最后只能占用海军军费。

占用军费并不表示清廷对海军不重视，相反，从咸丰十一年（1861）清廷决定出巨资向英国购买第一艘新式战舰起，到北洋水师练成的二十七年时间内，仅建成北洋水师就耗银三千余万两，连慈禧皆称"唯念海军关系重大，非寻常庶政可比"。可见在建军伊始，清廷给北洋水师所拨的款项并不少，慈禧本人对北洋水师也十分看重。

正因为海军建设和修造颐和园均开支巨大，而朝廷财政又捉襟见肘，所以醇亲王奕谖才整日焦头烂额，一方是国家的安全保障，一方是太后的个人享受。光绪十七年（1891）二月十六日，奕谖在奏折中就颐和园工程说："每年拨工之款原属无多，各省认筹银两亦非一时所能解齐。钦工紧要，需款益急。思维至再，只有腾挪新捐，暂作权宜之计。所有工程用款，即由新海防捐输项下暂行挪垫。一俟津存生息集有成效，陆续提解臣衙门分别归款。"实际上，因工程挪垫的款子从未有过

———————————

① 裕禄（约1844—1900）：字寿山，满洲正白旗人，晚清大臣，历任安徽布政使、安徽巡抚、湖广总督、盛京将军、四川总督、军机大臣、礼部尚书、总理各国事务衙门大臣、直隶总督等职。

② 刘秉璋（1826—1905）：字仲良，安徽庐江人，晚清重臣、淮军名将，中法战争时指挥了著名的"镇海之役"。督蜀十年，勤政廉洁，用竹笼古法维修都江堰水利工程，后在"成都教案"中被罢职。一生淡泊名利，重视教育，为家乡捐建了三乐堂书院、南京庐江试馆。

归还的账目明细，可见挪用的款项从未归还。同年，因经费短缺，还被迫停建从京城到山海关的战备铁路，将修路经费也挪用修园子。

颐和园工程直到光绪二十一年（1895）才完工，粗略估算工程总费用为白银一千一百多万两，其中挪用海军的经费竟多达七百五十万两！

朝野上下似乎忘记了修建颐和园的最初目的是操练新式海军，也似乎忘记了俄国在北方、英国在西方、法国在南方、日本在东方虎视眈眈，时刻准备侵吞中国。

光绪十八年（1892）十二月初二，光绪帝颁下上谕，提前两年为慈禧六旬生日做准备："甲午年，欣逢花甲昌期，寿宇宏开，朕当率天下臣民胪欢祝嘏。所有应备仪文典礼，必应专派大臣敬谨办理，以昭慎重。着派礼亲王世铎、庆亲王奕劻，大学士额勒和布、张之万、福锟①，户部尚书熙敬、翁同龢，礼部尚书崑冈②、李鸿藻，兵部尚书许庚身③，工部尚书松溎、孙家鼐④，总办万寿庆典。该王大臣等其会同户部、礼部、工部、内务府，恪恭将事，博稽旧典，详议隆议，随时请旨遵行。"这道圣旨提出了三个方面的要求：从朝廷到地方，从皇帝到臣民，普天同庆；六部九卿中枢大臣全动员；相关的行政部门相互协作。具体做法是"王、公、二品以上官，集慈宁门外，三品以下集午门外，朝鲜使臣列西班末，按班行礼，不赞。唯遇大庆年，俟皇太后升殿后，增用宣表例"。

光绪十九年（1893）春，朝廷成立庆典处，专门负责办理庆典事

---

① 福锟（1834—1896）：字箴庭，满洲镶蓝旗人，康熙帝次子、理密亲王胤礽六世孙，历任太仆寺卿、兵部侍郎、工部尚书、总理各国事务衙门行走、内务府大臣等职。

② 崑冈（？—1907）：字小峰，满洲正蓝旗人，清朝宗室，历任内阁学士、侍郎、副都统、都统、左都御史、总理各国事务衙门大臣、尚书等职。

③ 许庚身（1825—1893）：字星叔，仁和人。曾参与撰修《宣宗成皇帝本纪》、皇室宗谱及《臣工列传》等书。

④ 孙家鼐（1827—1909）：字燮臣，安徽寿州（今安徽淮南市寿县）人，晚清大臣，历任工部侍郎、署工礼户吏刑五部尚书、协办大学士、文渊阁大学士、学务大臣等。与翁同龢同为光绪帝师。

宜。自此，相关部门的筹办工作正式启动。这时，当年被撤职外放的荣禄借机回到京城，官复原职，担任步军统领。过去三年，他一直待在西安，担任挂衔大将军的闲职。

为表示心意，所有高品级官员均"受邀"将自己俸禄的四分之一捐出，作为贺礼送给慈禧，总共有几百万两。

慈禧的寿辰临近，寿宴准备得极其隆重，但慈禧仍觉不够周备，命人在西华门至颐和园的几十里大道旁，沿途搭建牌楼。油饰庆典场所，添置庆典所穿的服饰，令江西烧造绘有"万寿无疆"字样和各种吉庆图案的瓷器。全国各地贡献的圣寿礼品以九为基数，九九为最多，寿礼囊括人间各种稀奇之物。为显示圣寿的隆重豪华，慈禧还下令设计《万寿点景画稿》，整个点景工程分六十段，城外三十三段，城内二十七段，耗费令人咂舌。据估算，每段需要四万两白银，整个点景工程需二百四十万两白银。这笔钱从哪里来？城内的点景费用由大臣们"孝敬"，城外则从宗室、王公、京城各衙门和各省督抚将军们的祝贺、报效银中支拨，但因甲午战争爆发，点景工程未能完工。光绪二十年（1894）八月初，慈禧以光绪帝的名义颁发诏书表示遗憾。

本年十月，予六旬庆辰，率士胪欢，同深抃祝。届时皇帝率中外臣工，诣万寿山行庆贺礼，自大内至颐和园，沿途跸路所经，臣民报效，点缀景物，建设经坛。予因康熙乾隆年间，历届盛典崇隆，垂为成宪，又值民康物阜，海宇乂安，不欲过为矫情，特允皇帝之请，在颐和园受贺。讵意自六月后，倭人肇衅，变乱藩封，寻复毁我舟船，不得已兴师致讨，刻下干戈未戢，征调频仍，两国生灵，均罹锋镝，每一思及，悯悼何究。前因念士卒战阵之苦，特颁内帑三百万金，俾资腾饱。兹者庆辰将届，予亦何心侈耳目之观，受台莱之祝耶？所有庆辰典礼，著仍在宫中举行，其颐和园受贺事宜，即行停办，钦此。

庆寿工程基本完成，但无法为庆贺慈禧六十大寿的典礼所用，光绪帝和慈禧都深感遗憾。尽管如此，仅在紫禁城庆贺，布置庆典的隆重豪华程度也令人咂舌。九月二十五日，王大臣以及外省各大臣呈进万寿贡物，拉开了慈禧六旬庆典的序幕。从十月初一起，内外臣工需在一个月内穿戴蟒袍补褂，隆重的祝寿活动正式开始。

光绪二十年（1894）十月初十，慈禧从西苑乘八抬大轿至皇极殿，光绪帝跪在慈禧跟前进表文，又率诸王大臣等行三跪九叩礼。随后，光绪的后妃、皇室公主、满洲贵族的福晋、命妇来到慈禧前行三跪三拜礼。早上，慈禧改换礼服，由乐寿堂乘坐八人花杆孔雀顶轿出神武门，进北上门，到寿皇殿列圣前拈香行礼。又到承乾宫、毓庆宫、乾清宫东暖阁、天穹宝殿、钦安殿等处拈香行礼，礼毕后回到乐寿堂。上午十时许，慈禧由乐寿堂乘坐八人花杆孔雀顶轿出养性门，升皇极殿宝座。礼部堂官引光绪帝从宁寿门进入，到慈禧面前跪进表文，旁边的监侍人员跪接表文，摆在宝座东旁的黄案上。光绪帝步行至宁寿门外，率诸王大臣等行三跪九叩礼。

礼拜结束后，慈禧回到永寿宫，又接受后妃、公主、福晋等人的参拜。然后，慈禧行至乐寿堂，乘轿至阅是楼院内，光绪帝率皇后、瑾妃及珍妃跪接、进膳、进果桌、看戏。

祝寿活动的前后经过，帝师翁同龢都写进了他的日记中。初九、初十、十一这三天，太后与君臣"听戏三日，诸事延搁"，从前线发来的战报也被暂时搁置一旁。十二日，"慈禧升皇极殿宝座，光绪率领近支亲王、贝勒、贝子等诣皇极殿筵宴，光绪向慈禧进酒爵、进舞"。十三日，"慈禧升皇极殿宝座，皇后率领妃嫔等位、公主、福晋、命妇等诣皇极殿筵宴，皇后向慈禧进酒爵、进舞"。十五日，"光绪御文华殿，美、俄、英、德、法、瑞典、比利时、日斯巴尼亚（即西班牙）等国驻京使臣觐见，祝贺慈禧六旬万寿"。十七日，又是君臣看戏，"戏毕，光绪率皇后、瑾妃、珍妃跪送"慈禧回宫。这是翁同龢第一次见到规模如此庞大、极尽繁文缛节的寿典，他情不自禁地叹道："济济焉，盛典哉！"

这些只是在紫禁城的仪式。既然颐和园是光绪献给慈禧的寿礼，她不趁祝寿带众人去那里享受一番显然于情理不合。于是，大排銮驾浩浩荡荡地出皇宫西华门，走北长街，折向西安门大街，经西四路口，往北沿西四北大街，经新街口，出西直门，直奔颐和园，然后在颐和园内听戏并不摆筵宴。慈禧命军机大臣、礼亲王世铎担任庆典总办，一切都按照当年乾隆帝的排场进行。

慈禧还准备了一出放生的好戏，以彰显自己的德行。据宫中内官记载，殿内的一部分太监每人养了一只鹦鹉，就是给慈禧放生用的。但在放生环节却出现了意外，慈禧打开鸟笼后，嘴里念念有词："希望尔等今后不再为人所捉。"但是有的鹦鹉在慈禧打开鸟笼后并没有飞走，这让慈禧很不高兴。李莲英在一旁连忙说："老佛爷洪福齐天，这些鹦鹉被您的慈悲感化，自愿留在您身边，所以才不肯飞走。"慈禧这才露出笑容。

几乎与慈禧大寿同一时间，在离北京不远的黄海上，八月至九月，北洋水师与日军展开了激战。北洋水师损失"致远""经远""超勇""扬威""广甲"五艘军舰，官兵死伤惨重。随后，日军攻占了辽南重镇大连。

2. 陆、海军建设

慈禧的大半生都在战争的喧嚣中度过，也许是因为在后宫与朝堂上经历了大大小小的战争，她才有了处变不惊的胆魄和勇气；也许是因为与外国势力作战屡战屡败，她才认识到洋务的重要性。

自咸丰末年兴起的洋务运动内容庞杂，涉及军事、经济、外交等，而以"自强"为名，兴办军事工业并围绕军事工业开办其他制造业部门，建立装备新式武器的陆、海军，是其主要内容。时至光绪甲午年，即光绪二十年（1894），洋务运动已持续三十余年，令人振奋的是，陆、海军在这一运动的推动下得到了较快发展。

陆军方面，在咸丰年间，淮军的武器装备便大有改观，陆续淘汰了前膛枪，换用后膛洋枪。光绪初年，又成立克虏伯炮队十九营。就枪而言，在光绪十年（1884）以前，英国的马梯尼、士乃德，法国的哈乞开斯，德国的老毛瑟，美国的林明敦、黎意等枪种均已进入淮军。在炮兵装备上，淮军主要有英国的阿姆斯特朗式、格鲁森式和德国的克虏伯式后膛炮。仅同治十年（1871）至同治十二年（1873），李鸿章就购置了德国克虏伯后膛四磅钢炮一百四十一门；到光绪十年（1884），淮军配备的后膛钢炮已达三百七十多门。自光绪十二年（1886）起，广东又陆续拨解北洋钢炮一百多门。同时，江南制造局共造出后膛大炮一百四十五门，大部分用于装备淮军。

早年曾国藩在镇压了太平天国起义后便遣散了湘军的主力部队，后来左宗棠西征新疆后也遣散一部分湘军。因此，与淮军相比，湘军无论在规模、建制还是装备上都相对落后。光绪十八年（1892），湖南巡抚吴大澂奏称："湘中风气未开，所用洋枪屡修屡坏，实不足以资抵御。"直到甲午战争前夕，布政使魏光焘受命募集新军北上参战，而湖南湘军并无后膛枪，湖北也极少，仅有林明敦的数百支，而且子弹很少。同年底，湘军宿将刘坤一被任命为钦差大臣，吴大澂受命帮办军务，但所部枪械未齐，子弹不足，有步队而无炮队，辖下二十三营又三哨，仅有各种枪支四千六百支。但是，也有些地方兴办的新式陆军配备了比较先进的武器。比如，湖广总督张之洞奏报，已委托驻德国公使许景澄[①]购买德国新式小口径五连珠快枪三千支、子弹三百万颗；从信义洋行购买十响连珠毛瑟枪一千二百余支、子弹一百五十万颗，平响毛瑟枪五千支、子弹二百五十万颗，格鲁森快炮十二尊、炮弹一千二百颗；从瑞记洋行购买克虏伯七生半山炮六尊、炮弹一千二百颗，奥地利三生七快炮十二尊、炮弹一万二千颗。两江总督刘坤一于同年奏报，已购马梯尼枪一万

---

① 许景澄（1845—1900）：字竹筼，浙江嘉兴人，世称许公，被誉为"庚子五忠"之一，晚清大臣，曾任驻法、德、奥、荷四国公使，总理各国事务衙门大臣兼工部左侍郎和中东铁路督办。

四千支、毛瑟马枪一千支、子弹二百八十万颗。

除了购买洋器，清廷还在上海、天津等地设有制造局，专门生产陆军军火。战前已装备给陆军的野战火炮和要塞大炮实际上在一千门以上，而且口径更大，是日本陆军师团炮力的十到二十倍。但八旗、绿营军队已经腐朽不堪，勉强可作地方维持治安之用，全无规模作战能力，实际可用的作战兵力是各地练军和勇营，人数接近三十五万（不含夫役等后勤保障人员）。日军在明治维新以后，已经建立了比较先进的陆军体系，至光绪十九年（1893）有七个师团，共七万余人，借助动员体系，战前日本陆军实际已有二十四万人、夫役十五万人，兵力略少于清军，装备主要是国产的单发步枪和七十五毫米火炮。

海军方面，在战前十几年，清廷每年拨出四百万两白银用于海军建设，建立了北洋、南洋、福建、广东四支近代水师。李鸿章认为，世界列强"论势不论理"，推行强权政治，中国想要"以笔舌胜之"，犹如痴人说梦。所以，只有不断增强自己的实力，才能使外国侵略者"阴怀疑惧而不敢遽尔发难"，否则平日必为外人轻视，临事只能拱手听命。光绪元年（1875），李鸿章通过总税务司赫德在英国定制了四艘炮舰，光绪五年（1879），他又向英国定制了"扬威"和"超勇"号巡洋舰。由于对英国制造的军舰不甚满意，经过反复考证对比，次年他又通过中国驻德国公使李凤苞①向德国坦特伯雷度的伏尔铿造船厂订造"定远"和"镇远"两艘战舰，并派刘步蟾②、魏瀚③、陈兆翱④、郑清廉等驻厂监造。"远"字级战舰是比较先进的战舰，集中了当时世界上装备最精良的铁甲舰——英国"英弗来息白"号和德国"萨克森"号二舰的

---

① 李凤苞（1834—1887）：字丹崖，江苏崇明（今属上海崇明区）人，晚清外交家，曾任驻德、奥、意、荷、法公使。中法战争爆发后，奉命回国担任北洋营务处总办，兼管水师学堂。

② 刘步蟾（1852—1895）：字子香，福建侯官（今福州市）人，晚清海军将领、北洋水师右翼总兵，在威海卫海战中英勇抗敌，以身殉国。

③ 魏瀚（1851—1929）：字季渚，侯官东郊人，中国第一代军舰制造专家。

④ 陈兆翱（1854—1899）：字鹤亭，闽县（今福州市）螺洲人，中国近代轮机制造的奠基人。

优点，被人们称为铁甲战舰。为了购买更多的铁甲战舰，李鸿章四处奔走，并建议朝廷在旅顺、威海两地修建海军基地。

中法海战前，南洋、福建、广东水师已在中法战争中遭受重创，之后因缺乏资金支援，未能恢复舰队的作战能力。也因为这场战争，德国造船厂推迟了原本应该在光绪十年（1884）交付的"定远"和"镇远"两舰，直到战争结束后的光绪十一年（1885）九月初五，"定远"和"镇远"号才抵达天津大沽口。为了拱卫京师，战后慈禧在兵部之外单独设立了海军衙门，而由李鸿章一手创办的北洋水师备受慈禧重视，从此，北洋水师在朝廷的全力支持下异军突起，成为清王朝海防的主力舰队。

此后，李鸿章又为北洋水师添置了"经远""来远""济远""致远""靖远""平远"等"远"字级战舰和一批水雷舰。光绪十四年（1888）九月初九，北洋水师在山东威海卫刘公岛正式成立。同日，清廷颁布施行《北洋水师章程》。

就在清朝开展洋务运动的同时，日本开始明治维新。首先由长州、萨摩、土佐、肥前四个强藩发动了一场武装推翻幕府统治的运动，于同治七年（1868）由天皇下令废除幕府。同治十年（1871）明治天皇派出使节团出访欧美，考察资本主义国家制度。光绪十二年（1886）实行内阁制，光绪十五年（1889）颁布宪法，光绪十六年（1890）开设国会，至此，日本建立起比较完整的君主立宪制度。李鸿章通过顾厚焜①的《日本新政考》、黄遵宪②的《日本国志》和驻日公使黎庶昌③寄

---

① 顾厚焜（1844—？）：字以崇，号少逸，江苏苏州府人，出身书香门第。光绪十三年（1887）奉命游历日本、美国、巴西、古巴、秘鲁等国，考察期间著有《对马岛考》《巴西地理兵要》《美国地理兵要》《古巴政治考》等见闻录。

② 黄遵宪（1848—1905）：字公度，广东嘉应州（今广东梅州市）人，中国近代杰出的爱国者、维新志士、中日友好的先驱使者，历任驻日本公使馆参赞、美国旧金山总领事、驻英国参赞、新加坡兼马六甲总领事等职，戊戌变法期间署湖南按察使，助湖南巡抚陈宝箴推行新政。

③ 黎庶昌（1837—1898）：字莼斋，贵州遵义县（今贵州遵义市播州区）东乡禹门人，晚清著名外交家、散文家，历任驻英、德、法、西班牙使馆参赞及驻日本国大臣。

来的日本改革官制后的官员录及新颁布的宪法，对日本明治维新有了比较详细的了解。他写信给黎庶昌说："寄示改正官员录，逐一展悉。名首内阁，似拟中朝官兼爵，实缘唐制。陆军、海军、农商、递信诸省，全用泰西。……大抵有一官办一事，大官少，小官多，最为得法。"日本的明治维新不仅改革了政治体制，还在发展经济、军事、文化方面做出极大努力，尤其在发展海军方面向英国学习，进步神速。

李鸿章一直提防着日本，所以在北洋水师成立第三年，即1891便派舰队访问日本。同年五月二十二日，北洋水师提督丁汝昌①率领"定远""镇远""致远""靖远""经远""来远"六艘战舰，抵达马关。五月二十九日，抵达横滨港，北洋水师的旗舰"定远"号发出旗号，变换队形后驶进港口，随后"定远"舰鸣放二十一响礼炮向日本海军致礼，日本海军"高千穗"舰也鸣二十一响礼炮作应答，当时停泊在港中的英、美军舰都鸣十三响礼炮向北洋水师致敬。一时间，横滨港内礼炮轰鸣，此起彼伏，蔚为壮观。几天后，日本明治天皇接见了丁汝昌及北洋水师的各舰管带。

这次访问给日本天皇及大臣们带来极大的震撼，面对拥有强大海军的清王朝，日本人的心情十分复杂。日本有不少官员议论：中国竟已装备如此优势之舰队，定将雄飞东洋海面。反观我国，仅有三四艘三四千吨级巡洋舰，无法与之相比。因而同行观舰者皆惊恐不安。受到刺激后的日本，加快了扩充海军军备的步伐。

北洋水师在日本的亮相使丁汝昌等人出尽了风头，但他们的高兴劲儿还没过去，一个噩耗传来：以户部尚书翁同龢为首的反对派奏请停止购买海军军械装备两年，连补充装备的费用都不再拨给。慈禧也认为海军"看家护院"已经足够，于是准奏。

此时北洋水师拥有主要军舰二十五艘、辅助军舰五十艘、运输船三

---

① 丁汝昌（1836—1895）：字禹亭，安徽合肥石头镇人，晚清将领，官至北洋水师提督。甲午战争时在威海卫之战中因弹尽粮绝、援军未至，拒绝日军劝降，服食鸦片自尽。

十艘、官兵四千余人，实力为亚洲第一、世界排名第九，前八名分别为英国、法国、俄国、普鲁士、西班牙、奥斯曼、意大利和美国。

从此，北洋水师没有再新增一炮一舰，其余三支水师更不用说。福建水师购回鱼雷艇"福龙"号，但因经费不足难以养护该艇，只得将其转送给北洋水师，而李鸿章也因为同样的原因，把鱼雷艇闲置在仓库里。

与清王朝相反，日本天皇在接见丁汝昌和北洋水师军官后，通过了日本内阁提出的五千八百六十万日元的海军军费支出方案。后来，伊藤博文①四次组阁，任期长达七年，在任内发动了甲午战争。再任内阁首相时，立刻公布了建造 10 万吨军舰的计划。

光绪十九年（1893），日本天皇决定在未来六年里，每年从自己的宫廷经费里拨出三十万日元，并从文武官员的薪金中抽出十分之一，作为造舰费上缴国库，专款专用。天皇的以身作则在日本国内起到极大的号召作用，全民支持购买先进舰船。

李鸿章听说日本国内的狂热后，忧心忡忡地奏称："西洋各国以舟师纵横海上，船式日异月新……日本蕞尔小邦，犹能节省经费，岁添巨舰，而吾国自十四年北洋水师开办以后，迄今未添一船，仅能就现有大小二十余艘勤加训练，窃虑后难为继。"加上北洋水师操练不认真，军纪松懈，编队作战力远远不及日本海军。

光绪二十年（1894），北洋水师与日本海军的实力对比如下：舰船总吨位北洋水师为三万四千吨，日本海军为四万一千吨；总马力北洋水师为四万二千余匹，日本海军将近六万九千匹；大口径火炮北洋水师为五十八门，日本海军为一百〇四门；每分钟炮弹投射量北洋水师为二十三发，日本海军为二百三十二发；编队航速北洋水师为十节，日本海军则超过十四节。短短三年，北洋水师已明显落后。

---

① 伊藤博文（1841—1909）：字俊辅，日本长州（今山口县西北部）人。日本近代政治家、明治九元老之一，也是日本第一个内阁总理大臣、枢密院议长、贵族院院长，首任韩国总监，明治宪法之父，立宪政友会的创始人。

3. 从"甲申政变"到"甲午战争"

光绪十年（1884）十月十七日，朝鲜发生了"甲申政变"。亲日的金玉均①等人在日军的帮助下闯入皇宫，劫持国王李熙②，准备另立幼主。驻朝鲜的几位清军将领在袁世凯的提议下，迅速采取行动，与朝军合力，在三天内打败日军，平息了政变，李熙又夺回王位。事后，袁世凯受到李鸿章的重用，负责驻扎朝鲜，总理交涉通商事宜。

但别有用心的日本不愿就此罢手，准备派重兵迫使朝鲜签订城下之盟。袁世凯向李鸿章建议增兵朝鲜抗击日军，在朝鲜设立"监国"。但李鸿章上报慈禧及光绪帝后，清朝决定采取息事宁人的态度，任由朝鲜和日本签订了对日赔款的《汉城条约》。

清廷的一味忍让，助长了日本的嚣张气焰，加上日本在明治维新后国力有所增强，随着工业化的深入，日本迫切需要资源供给和工业品销售市场，所以发动战争的企图也愈加露骨。

光绪二十年（1894）初，朝鲜爆发了东学党起义，朝鲜政府一面镇压，一面向清朝求援。此时醇亲王奕譞已去世，此事便由身负军事外交重任的李鸿章负责处理，他既担心东学党起义危及朝鲜国内安全和中朝宗藩关系，又害怕因列强干涉而无法派兵援助朝鲜。就在李鸿章犹豫不决之际，袁世凯又以日本"志在商民，似无他意"怂恿李鸿章，日本外务省也一再表示"我政府必无他意"。李鸿章综合判断了全局情势后，请奏朝廷"遣兵代剿"。四月，日本参谋本部获知清廷总理衙门及北洋大臣的情报，认为作战时机已到。日本天皇及内阁决定先采取迫诱

---

① 金玉均（1851—1894）：字伯温，朝鲜政治家、改革家、开化党领袖，力图仿效日本明治维新进行自上而下的改革。"甲申政变"后逃亡日本，改名为岩田周作，后被朝鲜刺客洪钟宇暗杀于中国上海。

② 李熙（1852—1919）：朝鲜王朝第26代国王、大韩帝国开国皇帝，死后庙号高宗，通称朝鲜高宗，又称光武帝、李太王、韩高宗等。因处于朝鲜半岛历史上最动荡复杂的时期，他一生先后被父亲大院君、妻子闵妃以及日本人摆布，形同傀儡。

中国应战之策，然后正式发动蓄谋多年的侵略战争。

五月初，清廷派太原镇总兵聂士成①、直隶提督叶志超率淮军两千多人赴朝，任务是"代剿"东学党。同时，丁汝昌派"济远""扬威"两舰赴仁川、汉城（今首尔）护商。日本政府按战前既定计划迅速向朝鲜增兵，抢占仁川、汉城等军事重镇。到五月十三日，在仁川登陆的日军已达八千人，并以海军铁甲战舰扼守仁川，登陆的陆军主力进占汉城。

直到这时，清廷还在战与和之间摇摆不定，一面向朝鲜增兵，一面通过外交手段与日本交涉。清廷要求日本遵守《中日修好条约》，寄希望于和谈，请俄国出面调停；又想利用英国与日、俄之间的矛盾，争取英国的支持，但均告失败。朝鲜急需增兵，李鸿章却玩起了"踢皮球"游戏，向军机处、总理衙门请示。在京的王大臣们商量后，以"相机行事"作为回复。李鸿章根据这一模糊的指示，派遣卫汝贵的盛字军、马玉昆的毅字军、左宝贵的奉军和丰升阿的奉天练军盛字营及吉林练军等共三十二营、一万三千万余人，赶赴平壤。

六月十二日，日本驻华公使小村寿太郎②照会清朝总理衙门，拒绝从朝鲜撤兵，并强硬声明：中日两国如起不测之变，日方概不负责。仅仅过了五天，日本内阁召开会议，决定对中国开战，只是在等待时机公开宣战。

六月二十二日，聂、叶所部淮军陆续赶赴离汉城七十多公里的牙山地区。第二天，日本陆军少将大岛义昌指挥日军的一个混成旅团向驻守牙山的淮军进攻。聂士成、叶志超移师牙山东部的成欢和公州。六月二十七日夜间，日军偷袭驻守成欢的淮军右翼，因遭到阻击未果。天亮后，日军发现淮军兵力少，且无援军，再次发起猛攻。淮军数百人在聂

---

① 聂士成（1836—1900）：字功亭，安徽合肥北乡（今长丰县岗集镇）人，晚清将领，先后参与剿捻、中法战争、中日甲午战争、"庚子之变"，战功卓著，在"庚子之变"的天津保卫战中中炮阵亡。

② 小村寿太郎（1855—1911）：日本外交官，绰号"鼠公使"。作为外务大臣，他在日英同盟、日俄战争、满洲问题、日韩合并等重大事件中，均极力为日本谋求最大利益。

士成的指挥下奋勇还击，最后因寡不敌众，被迫退往公州。叶志超在公州也不敌日军的猛烈进攻，聂士成与叶志超只得放弃牙山，北奔平壤。

六月二十三日，日本舰队在牙山口外丰岛附近的朝鲜海面上袭击并击沉了北洋水师运兵的商船"高升"号，船上七百余人全部遇难；击伤护航的"济远""广乙"两舰，俘获"操江"号炮艇。

日本偷袭运兵船，意在挑起对清朝的战争。清廷求和的计划彻底落空，正在为慈禧准备寿典的光绪帝闻知后更是气愤，为了维护天朝颜面，第二天便向日本宣战。可是，李鸿章深知清朝若与日本作战胜算并不大，故而不肯全力备战，他以双方装备的对比向光绪帝陈述宣战之不可行的理由："北洋铁、快各舰，堪备海战者只有八艘，余船尽供运练之用"，"历考西洋海军规制，但以船之新旧，炮之大小迟速分强弱，不以人数多寡为较量"，他盘算完家底后，坚定地认为，北洋海军无论在数量还是质量上，与日军相比都逊一筹。在此不利条件下，日军尚不知悉清军的真实作战能力，清军对其仍有威慑力，因而他要北洋舰队"作猛虎在山之势"，使日军"不敢轻与交锋"。然而，事情并没有像清军希望的那样发展。因"高升"号被毁，北洋舰队失去后援，主力部队疲于在巡护与回防之间奔劳，导致李鸿章建议的"海守"战略无法实施，而清军也失去了战场上的主动权。

七月初一，日本明治天皇颁布《宣战诏书》，亚洲最强大的两国军队由此在海陆同时展开搏斗。日本国内并不看好这次战争，因为中朝联手后，日本胜算不大。所以，诏书颁布当日，东京、大阪的股票和债券暴跌。然而，战事的发展却大大出乎人们的意料。

在陆地，两国军队在平壤进行较量。平壤是朝鲜第二大城市，也是旧京，在战略上，"实为朝鲜全境之中权，乃图朝鲜必争之地"。此时朝鲜政府已经被日本控制，针对朝鲜的战争很快由海战转为陆战，平壤成了主战场。这时，叶志超、聂士成率领从牙山败退的清军两千人赶来会合，清军在平壤的总兵力达一万六千余人，另有朝鲜出动千余人的军队协助守卫，实际驻防兵力超过一万七千人。日军的兵力也有一万六千余人，陆战双方实力相当，日军处于进攻态势。

叶志超因在牙山战败后谎报战功，受到朝廷奖赏，并于七月二十五日奉命统率平壤诸军。任命传至军营，诸将领皆不服，同时也对李鸿章"先定守局"的消极作战部署感到不满。八月十六日，日本陆军大将山县有朋①率部完成了对平壤的包围，同时切断了清军的退路，于次日凌晨发起总攻。经过大半天抵抗，日军伤亡四百三十余人，但日军随后调集炮火轰击，使城墙坍塌，清军大炮被毁。在战斗最激烈的玄武门，指挥官左宝贵以身殉国。与此同时，驻防平壤城西南、大同江北一线的清军也受到日军的疯狂进攻，二百多名骑兵全部牺牲，防线被突破。在这危急时刻，叶志超竟然带领清军从平壤城七星门和静海门逃出，弃城逃跑，然而遭到日军伏击，死伤近两千人，五百多人被俘，军火、辎重损失无数。叶志超带着败军向北狂奔五百里，一路上风声鹤唳、草木皆兵，最后退守鸭绿江。八月十七日，日军占领平壤。

李鸿章闻讯后震怒，电令清军"等待各营会齐再相机进取"。这时，日军仍在不断地向朝鲜运兵，北洋水师只在渤海内巡视，根本没有发现日军的运兵船。日本陆军在占领朝鲜后，准备挥师北上，侵入清朝国境。

当陆战还在进行时，在黄海北部海域，一场大规模的海战也打响了。战前，日本海军各舰队暂编为联合舰队，由伊东祐亨②海军中将担任联合舰队司令。联合舰队下编为四个分队：本队第一分队、第二分队、第一游击队和第二游击队。

北洋水师在操练时极少进行编队作战训练。清朝对日宣战后，北洋水师奉李鸿章之命，在威海至朝鲜大同江口一带巡弋，试图用"定远""镇远"两艘巨型铁甲舰震慑日本海军。七月十日，日本联合舰队已迫近威海，光绪帝斥责北洋水师提督丁汝昌"畏葸"，李鸿章被迫令丁汝

---

① 山县有朋（1838—1922）：日本军事家、政治家，日本陆军之父，对日本内阁的交替和重大内政、外交问题都有重要影响。

② 伊东祐亨（1843—1914）：日本海军元帅，甲午战争时以海军中将衔任联合舰队司令官，战后封子爵，升海军军令部长；日俄战争时任大本营海军幕僚长，后受封为伯爵。

昌率舰队出海迎敌。日本联合舰队则派出反应迅速的游击分队在威海、旅顺等处进行骚扰试探，每次放一阵空炮后便逃遁。因此，李鸿章、丁汝昌等人认为日本海军不敢轻举妄动。但光绪帝却判断日舰"难保不乘我之懈，再来猛扑"，指示丁汝昌将北洋水师的防御重点从朝鲜海面转移到威海、烟台、旅顺和大连湾等地，从而巩固京师安全。李鸿章也提出"严防威旅门户，为保船制敌之计"。而日本联合舰队的作战策略是以快速游击分队从鸭绿江口向北搜寻北洋水师主力，以求决战。

八月十三日，北洋水师十二艘主力舰从威海出发，护送陆军四千人赴鸭绿江口的大东沟登陆，目的是增援平壤。但援兵护航编队尚在途中，李鸿章就接到了平壤战败的消息。八月十七日，也就是平壤被日军占领当天，北洋水师援兵护航编队抵达鸭绿江口的大东沟。两艘舰艇担任警戒，其余十艘在鸭绿江口外十二海里的大鹿岛东南抛锚。次日早晨八时许，运兵船卸载完毕，准备返航。十时二十三分，日本联合舰队第一游击队发现了北洋水师的舰艇，发出信号"东北方向发现三艘以上敌舰"。

十时三十分，返航中的北洋水师"镇远"舰桅楼上的哨兵发现了日本舰队。十二时五分，日本联合舰队第一游击队在先，本队第一分队在后，呈单纵阵接近北洋水师编队。十二时二十，北洋水师编队在行进中由双纵阵改为横阵，旗舰"定远"号位于中央，其余各舰在其左右两翼展开，编队呈楔形梯队。提督丁汝昌发出命令："各小队须协同行动，始终以舰艏向敌；诸舰务于可能之范围内，随同旗舰运动之。"在鸭绿江口外海大鹿岛海域，中日两国集中了几乎全部海军主力舰艇，形成以横对纵阵势。

十二时五十分，双方编队相距五千三百余米，北洋水师旗舰"定远"号首先开炮。日本联合舰队第一游击队在距北洋水师编队五千米处即向左转弯，驶向北洋水师编队右翼。日本联合舰队本队驶向北洋水师编队左翼，冒险暴露于北洋水师编队阵前。随即，日本联合舰队旗舰"松岛"号发炮，"定远"号主桅中弹，信号索具被炮火摧毁，在飞桥上督战的丁汝昌身负重伤，旗舰无法指挥，各舰只能跟随"定远"号进退。

十三时左右，日本联合舰队第一游击队炮击北洋水师编队右翼的"超勇""扬威"两舰。约二十分钟后，"超勇""扬威"号起火。北洋水师编队对位于左翼的日本联合舰队本队"比睿""扶桑""赤城"号进行打击，"比睿""赤城"号受重创。日本联合舰队第一游击队左转，救回两舰；本队右转，形成夹击阵势。一小时后，日舰"西京丸"号中弹起火，退出战场。北洋水师"超勇"号沉没，"扬威"号被重创驶离战场搁浅。

十四时三十分，北洋水师"平远"号命中日舰"松岛"号，也被其所伤并引起大火，暂时退避。之后，北洋水师旗舰"定远"号中弹起火，剩余各舰各自为战。日本联合舰队第一游击队集中打击北洋水师突前的"致远"号巡洋舰及其后面的"济远""广甲"二舰。"致远"舰管带邓世昌在已无炮弹的情况下准备撞击日舰，被日舰击中沉没。"济远""广甲"号在"致远"号沉没后，径直驶回旅顺。十五时三十分，日本联合舰队旗舰"松岛"号被击中，并引起甲板上的弹药爆炸。

之后，北洋水师"靖远""来远"号受伤，退向大鹿岛。日本联合舰队旗舰"松岛"号发出了"各舰随意运动"的信号。十七时左右，北洋水师"靖远""来远"号经抢修恢复了战斗力，"靖远"号代替旗舰升起队旗，收拢各舰。鏖战半小时后，北洋水师"经远"号沉没，日本联合舰队发出"停止战斗"的信号，退出战斗。

黄海海战历时五个多小时，北洋水师损失"致远""经远""超勇""扬威""广甲"五艘军舰，"来远"号也受重创，官兵死伤千余人。日本联合舰队"松岛""吉野""比睿""赤城""西京丸"五舰受重创，死伤六百余人。

八月二十八日上午，慈禧和光绪帝在西苑的颐年殿东暖阁分别召集庆亲王奕劻、军机大臣翁同龢与礼部尚书李鸿藻会商。次日，翁同龢奉懿旨前往天津，代表皇帝和最高军事机构向李鸿章面询战局和联络俄国事宜。

同日还发生了另一件事。许宝蘅所作《恭亲王奕䜣甲午入枢事札记》中写道："先日,礼亲王世铎与孙毓汶、翁同龢、李鸿藻、徐用仪①、刚毅②同诣邸请谒,恭王辞以病,拒不见。礼王等于次日奏闻慈禧太后,乃遣李莲英前往问疾,王不能拒。莲英先传太后闻王病,并述平时殷念之旨,又问王之饮食起居,琐屑备至。言次渐及时局之艰难与两宫之忧劳,又言及枢廷辅佐之无能,远不如甲申以前,王大为感动。然后,莲英又述慈圣待见之殷。王遂谓:'吾明日当挟病入觐。'莲英即叩头谢曰:'王爷如此,实为国家之福!'即当归奏以慰慈意。于是次日入见,遂奉枢直之旨。"这段记载直观展现了清廷内部的低效、官员的无能以及慈禧、光绪在清廷吃了败仗后急于收拾烂摊子却又束手无策的窘况。

九月二十六日,日本陆军渡过鸭绿江,大举侵入辽南,随后向大连、旅顺进犯。在辽东战役中,清军大多一触即溃。十一月初一,李鸿章电令丁汝昌等固守威海卫炮台,多储粮草弹药,多埋地雷,多掘地沟,并希望丁汝昌拼死为淮军争一口气。但大连、旅顺最终被日军占领。在旅顺,日军进行了惨无人道的大屠杀,有两万余名无辜的百姓惨死在日军的屠刀之下!

光绪二十一年(1895)元月,李鸿章按照朝廷旨意,连续电令被困在威海刘公岛内的北洋水师提督丁汝昌:"我海舰虽少,而铁甲坚利,则为彼所无,与其坐守待敌,莫若乘间出击,断其归路""此时救急利胜,舍断其接济、助台(海岸炮台)夹击,更无别法,决无株守待攻之理!"但此时舰队残破不堪,士气低落,且战机已过,可以说败局已定,丁汝昌心中悔恨交加。最终,曾经耀兵于东洋的"定远"号以自

---

① 徐用仪(1826—1900):字吉甫,浙江海盐人,晚清名臣,历任总理各国事务衙门行走、太仆寺少卿、大理寺卿、军机大臣、兵部尚书等职。后因与主张利用义和团排外的载漪等人意见相悖,遭到慈禧记恨,被斩于北京菜市口,为"庚子五忠"之一。

② 刚毅(1837—1900):字子良,满洲镶蓝旗人,晚清大臣,中日甲午战争的主战派,历任军机大臣兼礼部侍郎、兵部尚书、协办大学士等职。反对戊戌变法,曾率义和团与八国联军开战,死于山西侯马镇。

杀式爆炸的惨烈方式沉于海底，"镇远"号触礁受损投降，被编入日本海军。正月十七日晚上，身陷包围圈的丁汝昌坚决拒降，在刘公岛上服食鸦片自尽，次日凌晨去世。

北洋水师全军覆没的消息传到京师，慈禧和光绪帝相对痛哭，清朝的中兴美梦彻底被击碎了。有一次当着朝臣，慈禧说着说着抹起了眼泪，难得地袒护起光绪来："皇帝甚明白，甚孝，我每闻军前失利，我哭，皇帝亦哭，往往母子对哭……"而在这对深宫母子对泣之时，明治天皇已移驾前往日本西南部重镇广岛，面朝朝鲜海域坐待前线捷报。

战争大败，光绪帝必须想办法收拾残局，他先后两次召见军机大臣翁同龢等人研究对策，"问诸臣，时事如此，战和皆无可恃，言及宗社，声泪并发"，这次召对有人提到李鸿章领导不利的问题，欲将责任推给李鸿章，光绪帝于正月十八日令李鸿章来京请训。李鸿章被当作造成甲午惨败的罪人，弹劾他的奏折如雪片般飞到光绪帝的桌案上，光绪帝一怒之下下令摘去他的三眼花翎顶戴，夺去黄马褂，革职留任。

但甲午战争后续的那些麻烦事又能交给谁去处理呢？这个烂摊子还需要李鸿章这个"裱糊匠"去善后处理。朝廷派去求和的张荫桓、邵友濂在日本受尽冷遇，被驱赶回国，日方声称只有李鸿章才是他们认可的"素具威望"的全权大臣。最后，慈禧无奈，只得让朝廷发布上谕，李鸿章着赏还翎顶，开复革留处分，并赏还黄马褂，作为全权大臣赴日本议和。复出后的恭亲王奕䜣提醒慈禧："现在皇帝对李鸿章充满怒气，让他去议和恐怕与皇帝生出龃龉。"未等奕䜣说完，慈禧已怒形于色，冷言道："皇帝体弱有病不能临朝，合适与否，哀家自可与皇帝面商。你等既然向哀家请旨，此事便可做一半主张！"她不希望奕䜣刚复出就跟她作对。

李鸿章心里明白，作为战败国，"乞降"本来是一项屈辱又危险的使命，议和必是受辱。但仗是他打的，他怎能置身事外、明哲保身？更何况，圣命难为！二月十八日，他怀着沉痛而复杂的心情，在蒙蒙迷雾中出发前往东瀛。

在"老对手"伊藤博文那里，他受到了出乎意料的礼遇。故人相逢，伊藤博文一语戳中了李鸿章的伤心之处："十年前我在津时，已与中堂谈及，何至今一无变更？本大臣深为抱歉！"李鸿章听出其中的讽刺意味，便顾左右而言他。谈判时，李鸿章鉴于"战绌而后言和，且值都城危急，事机万紧，更非寻常交际可比"，因而委曲哀求，步步退让。他也深知擅自答应日本的要求，必将给自己带来横祸，因此他对谈判中涉及的重大问题，无不随时电奏，候旨遵行。

日本贪婪的本性在谈判中暴露无遗。他们欲壑难填，要求清廷割让台湾。张皇失措、急欲求和的慈禧，令太监李莲英在地图上找出台湾，她见不过是个"墨点"，便表态"割让台湾，可也"。日本还提出日军进驻大沽、天津、山海关，天津至山海关铁路交日军管理，以及停战期间军费由清廷负担等苛刻条件，作为允许停战的前提。李鸿章致电总理衙门，指出日本"要挟过甚，碍难允行"。光绪帝获悉后，令奕䜣等与各国公使面商，而各使"均以先索和议条款为要"，同时表示停战期内清廷可"支补"日本军费，其余条款"万难允许"。

在第三次谈判后，李鸿章刚从会场出来准备返回寓所，突然遭到日本浪人小山丰太郎枪击，左颊中弹，血流不止，当场晕厥。随员和侍从们火速将李鸿章送到行馆，西医立即进行急救。他渐渐苏醒，虽伤势严重，但颇为镇定。

钦差议和大臣李鸿章在日本马关被日本凶徒刺杀的消息传开后，日本"举国震惊"，世界舆论也为之哗然。李鸿章的血终于起到了他口舌相争多日起不到的作用。他苏醒过来后，忍着伤痛一字一句地授意随员给日本发照会，日方只得极力安抚李鸿章。日本天皇也降旨表示要严惩凶手，并特派御医前去诊治。

伊藤博文、陆奥宗光宣布除台湾、澎湖地区外立即停战，企图借此稳住清廷，避免其他列强干涉。李鸿章对日本的让步较为满意，但面对日本人要求割让辽东、台湾、澎湖列岛，赔偿军费三亿两白银的漫天要价，他实在难以认可。而他请示朝廷得到的回复又大多是"着鸿章酌量办理"。这让远在异国的李鸿章十分无助和绝望，他一连几次电告总理衙门，说"日方之旨仍在让地赔款两条实在着落。如要议和速成，赔款恐须超过一万万两"。三月十八日，光绪帝指示李鸿章再与伊藤博文"磋磨"，争取减少赔款，"允其割台之半""牛庄营口在所必争""倘事至无可再商，应由该大臣一面电闻，一面即与定约"。

三月二十三日，李鸿章与伊藤博文在《马关条约》上签字。《马关条约》正约共十一款，主要内容是：中国承认朝鲜"确为完全无缺之独立自主国"；中国将辽东半岛、台湾全岛及所有附属各岛屿、澎湖列岛割让给日本；赔偿日本军费库平银二万万两，分八次交清；中国开放沙市、重庆、苏州、杭州为商埠，日船可以沿内河驶入以上各口岸；日本臣民可以在中国通商口岸设厂制造工业品，并免征一切杂税。

《马关条约》签订后，李鸿章已料定自己成了举国之"公敌"。朝廷斥责他办事不力，免去了他的直隶总督、北洋大臣之职；朝廷官员弹劾他丧权辱国，有辱使命；民间则传说他收受日本人的贿赂；更有人公开宣称要不惜一切杀掉他，以雪心头奇耻大辱。军机大臣集体上奏光绪帝，光绪帝在折子上的批语让李鸿章看后不禁老泪纵横："中国之败，全由不西化之故，非鸿章之过。"

康有为曾在《康南海自编年谱》中认为中日甲午战争之所以失败，一部分原因在于慈禧挪用海军经费修建颐和园，影响了海军的建设。他说："时西后以游乐为事，……尽提其款筑颐和园，穷极奢丽，……于是，光绪十三年不复购铁舰矣。败于日本，实由于是。"不可否认，甲午这年，慈禧的六十大寿对中日之战有重要而直接的影响，而慈禧的态度可以说是左右了清廷的立场。她在国家危难之际，仍贪图享乐的做法为后人所不齿。

第十章　百日维新

1. 决意"单干"的光绪帝

甲午战败的次年（1895）春，乙未科三千名会试学子在北京参加完会试，等待发榜。忽闻《马关条约》签订，其中有割让台湾、澎湖列岛及辽东、赔款二万万两白银等丧权辱国的条款，群情激愤，台籍举人更是痛哭流涕。汪春源、罗秀蕙、黄宗鼎、叶题雁、李清琦等在京台籍人士联名向都察院上书，强调"无台地则不特沿海七省岌岌可危，即京畿亦不能高枕"，痛陈割让宝岛，台民"如赤子之失慈母，悲惨曷及"，表达将誓死抗日，"与其生为降虏，不如死为义民"。这份奏疏使倡导维新思想的康有为深为感动。三月二十八日，康有为、梁启超写成一万八千多字的《上今上皇帝书》，十八省举人响应，一千二百多人连署。四月初八，由康、梁二人带领，十八省举人与数千市民聚集在都察院门前请代奏。当时凡是被征举的读书人进京接受考核，都由公家配备马车来回接送，后来人们就用"公车"作为举人进京应试的代称。所以，这次上书被称为"公车上书"。

康、梁在给光绪帝的这份上疏中痛陈民族危亡的严峻形势，提出了拒和、迁都、练兵、变法等一整套政治革新的主张。光绪帝看后十分感动，下谕抄送各省督抚，征求意见。

"公车上书"揭开了维新变法的序幕。一些有识之士开始思考：洋务运动到底能不能让国家自强？甲午海战惨败仅仅是因为老佛爷修园子挪用军费吗？甲午战争带来了怎样的教训？……为了把维新变法推向高潮，六月，康有为、梁启超等人在北京创刊《万国公报》，数月后更名为《中外纪闻》，鼓吹变法；组织强学会。当然，康有为很清楚自己只是一个刚刚授职的工部主事，人微言轻，要想拯救中国，必须找到一条能直接与皇帝对话的途径；要想推进变法，没有相应的高级职务是行不通的。他认为，甲午一役，是民族之哀、民族之痛。甲午战争以残酷的事实，集中暴露了清王朝的外强中干，以最彻骨的"创巨痛深"让近代中国仁人志士反省阻碍中国强国强军的种种历史积弊。梁启超曾入木三分地评论道："吾国四千年大梦之唤醒，实自甲午战败割台湾、偿二百兆始。"

可是，在全国人民的一片谴责声中，慈禧却在颐和园心安理得地享乐。在修建颐和园时，慈禧命人将乾隆帝时期修造的一艘石舫也一并修茸，增建了木结构的二层洋式舱楼，并在两舷加砌了圆形的明轮，使之形似一艘有动力的轮船，并取名"清晏舫"，寓意"海晏河清，天下太平"。慈禧的这艘龙船，舱楼用上好的木料制成，舱顶雕成琉璃瓦样，涂着黄漆，显得金碧辉煌。舱室内挂着龙凤呈祥的幔帐，设宝座，摆香炉。船头高悬龙旗，两条龙须一直垂至水面，拖得老远。慈禧游园时，大批茶船、饭船、保镖船、奏乐船不远不近地跟在后边，还要做出采莲摘荷的样子。传膳时，李莲英吹一声喇叭，饭船迅速靠过来，一边的小船上菜，另一边的小船撤盘子。李莲英红旗一摆，奏乐船就一齐奏乐，为用膳的慈禧伴奏助兴。即便已经知晓北洋水师全军覆没，这里依然歌舞升平。

此时，对好不容易才接管朝政的光绪帝来说，甲午战败无疑给了他当头一棒。他痛感国运殇失、民族危亡在即，心情沉重地对庆亲王奕劻说："太后若仍不给我事权，我愿退让此位，不甘做亡国之君。"他心灰意懒，朝廷大事也不愿过问，依旧请慈禧垂帘亲政，自己待在后宫，终日和瑾妃、珍妃寻欢作乐。这二妃虽是慈禧亲封，但看到光绪帝宠幸她们而冷落自己的侄女，慈禧心里很不痛快。瑾妃、珍妃哪里知道其中的利害关系，只管尽己所能侍奉光绪帝。姐妹两个中，珍妃年纪虽小，但性格开朗，活泼好动，好奇心强，对皇宫中的繁文缛节、呆板生活很厌倦。

光绪二十二年（1896）的春暖花开时节，光绪帝带着瑾妃、珍妃驾临西苑。南海是三海中最小的一个，但却有独特的魅力。海中有岛，四面临水，衬以亭台楼阁，像座仙岛，故名瀛台。北海的琼岛上建有楼阁亭台，另有一座石桥，桥的南北两面竖着两座华表，上面刻了"积翠""堆云"两方匾额。瀛台在琼岛南面，与中海的紫光阁隔水相望，层甍接天，飞檐拂云，是避暑胜地和极佳的居住地。

出游当天，殿上安排酒席，瑾妃、珍妃轮流把盏，光绪帝开怀畅饮，然后带着两位妃子来到紫光阁。侍卫、太监、宫女们也散落四处玩乐，一个个都很开心。光绪帝忽听殿后一个宫女在唱小曲，声音悠扬婉转，于是传谕内监点排几首曲子听。

没想到内监刚安排妥当，慈禧就派人来传口谕，请皇帝立马回宫，太后已回紫禁城，有要事相商。这个口谕将光绪帝的兴致一扫而光，珍妃见光绪帝一脸不高兴，劝说道："既然万岁爷是出来寻乐子解闷的，不如听完这几首曲子再回去。"光绪帝有些动心，便听了珍妃的劝，听完曲子很晚才回宫，以至没能见到慈禧。第二天，慈禧把光绪帝叫到颐和园乐寿堂，狠狠责备了一番，她说，清朝蒙受甲午惨败之奇耻大辱，江山将倾，作为一国之君不知解危脱困，反而听艳歌消磨意志，实乃国人之不幸、朝廷之不幸。慈禧骂完后还不解气，又借此事将珍妃降为贵人，以示惩戒。在慈禧的威严下生活了二十余年的光绪帝非常清楚慈禧表面温和，实则手段强硬，心狠手辣。所以，即使心疼爱妃受罚，他也不敢袒护。

在治理朝政上，内外交困又处处受限的窘境使光绪帝难以施展才华，再加上朝臣大都是尸位素餐之辈，如果他不另辟蹊径，终将难有作为，于是他开始寻求为自己和清王朝脱困的出路。

那段时间，慈禧多数时候都待在颐和园享乐，把"烂摊子"留给光绪帝去收拾。表面上，她不再过问朝中的很多事情，日子过得怡然自得、安逸舒适，似乎已经忘了刚结束的战争以及战争带来的灾难，日日有荣禄的妻子和固伦荣寿公主相伴。据称，慈禧经常在昆明湖边散步野餐，或欣赏戏剧，或到四周山上的寺庙膜拜，或吟诗作画，过得逍遥自在。不过，她也要求军机大臣刚毅、礼亲王世铎及时将紫禁城里的一切事务向她汇报。由此看出，慈禧表面上将朝政交还光绪帝处理，但实际上丝毫不放权。

光绪帝每周准时到颐和园向太后请安，以此表示对老佛爷的恭敬。他们的母子关系表面上十分和睦，风平浪静，但事实并非如此。军机处和六部全都是慈禧的支持者，每次光绪帝颁发重要圣谕，他们必定要到颐和园征询慈禧的意见。

自从珍妃遭贬后，光绪帝的性情发生了变化，他觉得自己实在太窝囊了，家事、国事全都做不了主，他决心改变现状。初夏的一天，他把老师翁同龢请到御书房，请教如何让大清不再受外辱。他说："我朝学习西夷已三十有年，结果还是被东瀛所败，到底还有没有法子让我大清重振国威，不受辱于他国？"

翁同龢直言答道："这么多年办洋务，我等得到的仍只是皮毛，未见其骨肉。愚臣认为，自强首先要自我革新，有新意识才可能找到新路子。革新不是花大笔钱买外人的东西装点门面，而是要连骨带肉一起移植过来。愚臣老迈无能，除此之外，恐难想出良策。"

光绪帝听老师说到"新"，顿时来了兴趣，又问："哪些是新意识？我朝当下该做何种革新？"这个问题难住了翁同龢，他还没有深入思考过这类问题，只得借用别人的观点："李中堂曾上奏陛下，说我朝正面临'千年未有之变局'，愚臣想这变局大概是可能面临的变革，而维新是将办洋务贯彻始终，由器至道，由军事至政治文教，全盘西化，推行下去。虽然朝野开始对办洋务发难，但错不在洋务，而在办洋务的人。"很显然，翁同龢的这席话矛头直指他的政治对手李鸿章。

此时的李鸿章因为签订了《马关条约》，正处在民众口诛笔伐的舆论旋涡中，现在再谈李鸿章的观点似乎不合时宜。光绪帝又问："老师有没有这方面的新人向朕推举一二?"翁同龢想了想,回禀道:"愚臣那年做会试总裁之时,在许多举子中选擢出一个才具极优的士子,后来他高中进士第七名,现任工部主事。因他职分甚小,不能上达天听,所呈的几份条陈都被大臣扣留压下了。此人姓康,名有为,因是广东南海县人氏,故人称康南海。他还有一个弟子,叫梁启超,学问也极广博,能深析世界大势。陛下如欲整顿朝政、一意革新,非用此二人不可。"光绪帝听罢,非常兴奋,说道:"老师既有这等能人,何不早说?若真是这样的奇才,朕早该擢升重用他。"翁同龢慨然说道:"陛下如一意革新,事还不迟,慢慢入手做起来就是;切不可锋芒太露,使太后生疑,那就是累赘了。"光绪帝听了,暗自点头。

实际上,光绪帝心里早已打定主意,这次要"单干"。万一慈禧过问,那就投其所好,把她喜欢的、赞同的告知于她。光绪帝认为事不宜迟,那天和翁同龢议定后,便准备在便殿召见康有为,咨询变革维新之事。

在考中进士被授工部主事之前,康有为在士子们中间已经是一位很有影响力的人物。早在光绪十四年(1888),他有感于时局艰危,百姓生活苦不堪言,初作《大同书》表现出拯救国家、干一番大事业的抱负,但那时他只是一个寂寂无闻、科考落榜的学子,光绪帝没有看到他写的奏疏。过了三年,他写完《新学伪经考》,并在学生陈千秋、梁启超的协助下写成《孔子改制考》。这两本书把孔子塑造成一个具有平等、博爱等资产阶级思想的圣人,是一本以孔子之名宣传改革科考制度、革新政治体制等资产阶级思想的书。

光绪帝通过老师的介绍粗略了解了维新派的主张,与历来国家制度不同,康有为等人宣传的改良思想为光绪皇帝治国理政提供了一条新思路,他想借维新派之手重振帝业。为了重用康有为,他首先想到为他升官,但又有违祖制,只得去请示慈禧。

颐和园有座专供慈禧看戏的戏台,叫德和园大戏楼。楼宽十七米,高二十一米,共有三层,分别代表福、禄、寿。最上层的匾额题字"庆演昌辰"，中层匾额题字"承平豫泰"，下层匾额题字"欢胪荣曝"。平日里慈禧就在这里听戏。楼对面有两间休息室，放置长炕一具，慈禧每逢听戏，或坐或卧，非常舒适。

这天，所有京津地区的著名伶人，如谭鑫培、汪桂芬等都被请来表演。光绪帝不能亲自宣布驾临，必须跪在内门，等候大太监进去通禀后才能觐见。大太监李莲英熟知老佛爷与光绪帝的关系，因此很多时候为讨好慈禧，他总是拖拉很长时间后才去禀报皇帝驾临。因而，每次觐见慈禧，光绪帝也不得不谨小慎微，买通慈禧身边的侍奉太监才可以入觐。

实际上，这些奴才是受了主子的指使才敢如此放肆。慈禧对光绪帝在紫禁城中所做的一切了如指掌，她想看看皇帝想干什么、能干成什么，只要不触碰她的利益，只管旁观由他折腾去，但她决不会接受维新派提出的拒和、迁都、练兵、变法等主张。光绪帝在戏楼外等候了近一个时辰也不见太后传话入见，心里已明白了七八分。他起身正要离开，李莲英才出来表示"歉意"，连说慈禧老佛爷今日约了名角唱他们最拿手的唱段，不便谈论政事，请万岁爷改日再来。

光绪帝很愤怒，特派人告知康有为封官恐怕一时难成。康有为听了既生气又失望，一怒之下辞去工部主事的官职，专门宣传维新变法。直到这时，朝廷内外的有志之士才逐渐明白"由器至道"才是办洋务的"血肉"，思想革新是首要的，也是最重要的。

光绪二十二年（1896）七月初一，《时务报》在上海创刊，由黄遵宪、汪康年、梁启超主持。《时务报》以变法图存为主旨，议论新颖，文字通俗，成为维新派宣传变法的舆论中心。光绪二十三年（1897）十月初一，严复①在天津主编《国闻报》，成为与《时务报》齐名的在北方宣传维新变法的重要阵地。光绪二十四年（1898）二月初一，谭

---

① 严复（1854—1921）：字又陵，福建侯官县人，曾在福州船政学堂学习轮船驾驶，后赴英国留学，深受西方先进思想影响，他是中国近代极具影响力的资产阶级启蒙思想家，著名翻译家、教育家，他的著名译作有《天演论》《原富》《法意》等。

嗣同、唐才常①等人在湖南成立了南学会，创办了《湘报》。在康、梁等维新志士的宣传下，全国议论时政的风气逐渐形成。在变法开始之前，各地建立了以变法自强为宗旨的学会三十三个、新式学堂十七所，出版报刊十九种。

2. 帝后两党明争暗斗

"公车上书"中的革新主张虽然没有被朝廷接受，但在之后的三年里，维新变法的新思想越来越深入人心。梁启超作为上海知名刊物《时务报》的主编和主笔，被认为是变法运动最重要的宣传者。在上海取得成功后，他于光绪二十三年（1897）离沪赴湘，成为当地维新运动的先锋人物。十月，德国强占山东胶州湾后，康有为重返北京，于十二月第五次给光绪帝上书。他慷慨激昂地陈述道："自尔之后，赴机愈急，蓄势益紧，事变之来，日迫一日。教堂遍地，无刻不可启衅。矿产遍地，无处不可要求，骨肉有限，剥削无已，且铁路与人，南北之咽喉已绝，疆臣斥逐，用人之大权亦失……恐自尔之后，皇上与诸臣虽欲苟安旦夕，歌舞湖山而不得也。陛下欲求为长安布衣而不可得也。"在维新派人士看来，维新变法势在必行，刻不容缓。

这份奏疏因言辞激烈，光绪帝没能马上御览。但康有为因多次上书，令光绪帝印象深刻，想亲自接见他。不料，朝中的顽固派从中作梗，以祖制劝说皇帝不能接见四品以下官员，光绪帝只好谕令军机处与总理衙门派大员代为接见。

光绪二十四年（1898）正月初三，康有为被邀至总理衙门，与恭亲王奕䜣、庆亲王奕劻以及翁同龢、李鸿章、荣禄、廖寿恒、张荫桓等人进行了一场有关变法的大辩论。廖寿恒开门见山地问如何变法，康有

---

① 唐才常（1867—1900）：字伯平，湖南浏阳人，清末维新派领袖，与谭嗣同并称为长沙时务学堂教习中的"浏阳二杰"。戊戌政变后前往日本、南洋集资，回上海后创"自立会"，之后计划在汉口发动自立军起义，因事泄被捕就义。

为回答说："宜变法律，官制为先。"已经垂垂老矣、在京城贤良寺闲居的李鸿章对于变法的前景将信将疑，问了一句："然六部尽撤乎?"康有为的回答非常干脆："诚宜尽撤。"这位维新派领袖和盘托出的变法主张，几乎是以日本明治维新为蓝本。他甚至建议光绪帝效仿明治天皇誓众变法，由此"举国便可风从"。康有为在他的《日本明治变政考》中，描绘出一幅完全可以一蹴而就的变法蓝图："欧美三百年造成治体，日本以三十年而摹成。以中国之广土众民，三年可宏规成，五年而条理备，十年而霸图定!"

光绪帝没有亲耳听到这些变法主张，但他读到了康有为的奏书，任命他为翰林院侍讲、总理衙门上行走（正六品），并且严令如有折上奏，任何人不得阻拦耽搁。康有为终于迎来他人生中最春风得意的日子，一雪十年前在京师拜谒显宦备受冷落之耻。正月初八，康有为再上《应诏统筹全局折》，他把自己所著的《日本明治变政考》《俄彼得变政记》呈送给光绪帝，寄望于皇帝能以此二国为榜样，变法维新，富国强兵，救亡图存。

四月十三日，杨深秀上《请定国是明赏罚以正趋向而振国祚折》，陈述"台湾既割，胶变旋生"的危急形势，要求光绪皇帝"明降谕旨，着定国是，宣布维新之意，痛斥守旧之弊"。二十一日，徐致靖上《请明定国是折》，要求光绪皇帝立即施行新政，"求可求成，风行雷动，其有旧习仍沿，阻挠观望者，亦罪无赦"。

在维新人士和帝党官员的积极推动下，在民众的强烈呼吁下，慈禧勉强同意颁诏试行新法。四月廿三日，朝廷颁布《定国是诏》，宣布革新变法，新政由此开始。诏曰：

数年以来，中外臣工讲求时务，多主变法自强。迩者诏书数下，如开特科、裁冗兵、改武科制度、立大小学堂，皆经再三审定，筹之至熟，甫议施行。惟是风气尚未大开，论说莫衷一是，或托于老成忧国，以为旧章必应墨守，新法必当摈除，众喙哓哓，空言无补。试问今日时局如此，国势如此，若仍以不练之兵、有限之饷、士无实学、工无良师、强弱相形、贫富悬绝，岂真能制梃以挞坚甲利兵乎？

朕惟国是不定，则号令不行，极其流弊，必至门户纷争，互相水火，徒蹈宋明积习，于时政毫无裨益。即以中国大经大法而论，五帝三王不相沿袭，譬之冬裘夏葛，势不两存。特明白宣示：嗣后中外大小诸臣，自王公以及士庶，各宜努力向上，发愤为雄，以圣贤义理之学植其根本，又须博采西学之切于时务者，实力讲求，以救空疏迂谬之弊。专心致志，精益求精，毋徒袭其皮毛，毋竞腾其口说，总期化无用为有用，以成通经济变之才。

京师大学堂为各行省之倡，尤应首先举办，着军机大臣、总理各国事务王大臣会同妥速议奏。所有翰林院编检、各部院司员、大门侍卫、候补候选道府州县以下官、大员子弟、八旗世职、各省武职后裔，其愿入学堂者，均准入学肄业，以期人才辈出，共济时艰，不得敷衍因循，徇私援引，致负朝廷谆谆告诫之至意。将此通谕知之。钦此。

在《定国是诏》下达两天后，翰林院侍读学士徐致靖上奏密保人才的奏折，保举康有为、黄遵宪、谭嗣同、张元济①、梁启超五人。奏折提及张元济时言称："刑部主事张元济，现充总理衙门章京，熟于治法，留心学校，办事切实，劳苦不辞。在京师创设通艺学堂，集京官大员子弟讲求实学，日见精详。若使之肩任艰大，筹划新政，必能胜任愉快，有所裨益。"这份奏折惹来了不小的风波，因为按照康有为的政治策略，"肩任艰大，筹划新政"就要进入政治核心决策机构，而对慈禧来说，这是禁地。奏折中还说，在变法时期须破格用人，"盖行非常之政，必待非常之才"，又称"查康有为、张元济现供职京曹，梁启超会

---

① 张元济（1867—1959）：字菊生，浙江海盐人，中国近代杰出的出版家、教育家、爱国实业家，曾任清代翰林院庶吉士、总理各国事务衙门章京。1902年进入商务印书馆，历任编译所所长、经理、监理、董事长等职。新中国成立后担任上海文史馆馆长，继任商务印书馆董事长。

试留京，可否特旨宣召奏对，若能称旨，然后不次擢用。"

慈禧原以为光绪帝闹不出什么名堂，但从她的心腹提供的情报来看，光绪帝正在物色人才，准备取代她的心腹在朝中的职位。这个夏季，光绪帝表现出来的决心、采取的坚决行动，让朝臣大吃一惊。慈禧这才意识到，光绪帝只要得到机会，一样能够办大事。因此，她不能不加以重视，双方开始出招拆招，朝中暗流涌动，矛盾呼之欲出。

当初，翁同龢把康有为介绍给光绪帝是出于部分私心，并非完全是为了维新变法。这涉及朝中很微妙的派系斗争，主要是翁同龢、李鸿藻与徐桐①、刚毅之间的矛盾纠葛。翁同龢、李鸿藻在恭亲王奕䜣主政军机处时就是军机大臣，"甲申易枢"时被慈禧贬黜。朝中有几位重臣幸灾乐祸，其中包括与翁同龢有矛盾的徐桐、刚毅，这两人并不被光绪帝看重。当初有人推荐徐桐进军机处，光绪帝断然否决，这让徐桐对光绪帝心生不满。同样，刚毅在光绪十三年（1887）任江苏巡抚时，曾敦促皇帝下令，更加有效率地训练满族军队，为他们配备更好的装备。光绪帝回复："你似乎坚持认为满族士兵英勇善战，我告诉你吧，他们在战场上不堪一击。"这番话激怒了刚毅，他将此事告知慈禧，称皇帝视满人为敌，密谋将所有军队里的高级职务都给汉人。而徐桐与刚毅是关系甚好的同盟，两人时常合伙在慈禧与光绪帝之间制造不和，翁同龢作为帝师自然也受到牵连。

甲午战争后，荣禄得以复出，翁同龢、李鸿藻再次进枢，这时刚毅也以礼部侍郎身份进入军机处，并拉拢荣禄，极力排挤李鸿藻和翁同龢两位汉臣。甲午之战以来，朝局发生重大改变，汉臣内部发生严重分

---

① 徐桐（1820—1900）：字豫如，汉军正蓝旗人，晚清理学家，保守派代表人物之一，顽固守旧，嫉恶西学。曾任太常寺卿、都察院左副都御史、内阁学士、礼部右侍郎、礼部尚书、吏部尚书、协办大学士、体仁阁大学士等职。

歧，李鸿章、孙毓汶、徐用仪、翁同龢、汪鸣銮①、吴大澂、文廷式②
等官员，或开缺，或投闲，或遭到慈禧猜忌，汉人势力受到严重削弱；
而荣禄、刚毅、徐桐、崇礼等满洲权贵的势力乘机得以增强。为了应对
危局，荣禄再任步军统领，特别是奉旨充任督办军务大臣，介入练兵、
修建铁路、对外交涉等重要事务，获得了几乎与军机大臣同等的权力。

与之相反，光绪二十一年（1895），朝廷下诏不准翁同龢继续在毓
庆宫教授皇帝功课。此后，他便无法像之前那样随时影响光绪帝，而他
的政敌却能够在光绪帝和太后面前恶意中伤他。翁同龢当时最想得到的
一个差事就是担任特使前往俄国参加沙皇的加冕仪式。因为他已经意识
到，慈禧对他的敌意与日俱增，他想赶在危机来临前脱身，免受其害。
结果，洋人瞧不上他，慈禧又把这个差事给了李鸿章。李鸿章在出使回
国后又闲居了一段时间，经多次请求慈禧诉求才被任命为两广总督，与
先前的直隶总督相比，显然有贬谪之意。

朝中满族权贵排挤汉臣的现象越来越严重，加上李鸿藻不久去世，
徐桐加紧"窝里斗"，翁同龢有一种朝不保夕的紧迫感，并有了隐退的
打算。恰逢光绪帝求才变法，他想借助皇帝变法巩固自身地位和党派势
力，于是向光绪帝引荐康有为等人，以求一举两得。他对朋友兼同僚廖
寿恒说，等觐见结果出来后再作定夺。如果康有为给皇帝留下了好印
象，他就继续留任，否则他就请辞。他又说，如果端午节皇帝按往年惯
例派人给自己送来赏赐，那就意味着自己暂时安全。他希望能够借机躲
避慈禧的惩处。光绪二十四年（1898）四月二十日，翁同龢请了一周
病假，想避避风头，也有人认为是光绪帝有意保全他，让他提前规避风
险。他深知数日之内朝廷将发生巨大变故。

在此期间，光绪帝将杨深秀、徐致靖的奏折送到颐和园征求慈禧的

---

① 汪鸣銮（1839—1907）：字柳门，钱塘（今杭州）人，晚清大臣、藏书家，历任吏部
侍郎、五城团防大臣、总理各国事务衙门大臣、光禄大夫等职。

② 文廷式（1856—1904）：字道希、芸阁，江西萍乡城花庙前（今属安源区八一街）
人。中国近代著名爱国诗人、词家、学者，甲午战争时主战反和，并积极致力于变法维新运
动，是晚清政治斗争中的关键人物之一。"戊戌政变"后出走日本。

意见，当时慈禧给出积极评价"良是"，并指示"今宜专讲西学"。她还特地召见了荣禄，同时提醒光绪帝，翁师有鼓动汉人造反的言行，切不可大意。荣禄则极力向光绪帝推荐有名的进步人士——湖南巡抚陈宝箴的儿子陈三立。

自古以来，改革都无可避免地要抑制既得利益者，即权贵集团，并裁汰无能之辈。而慈禧等满族权贵认定的改革出发点则是为了维护其统治集团的利益和权力，显然，二者的初衷完全相反。为了使改革顺利进行，光绪帝做了巨大的努力，他希望从思想上促使权贵集团接受改革。

四月二十三日，光绪帝以皇帝的名义颁发了一道变法圣旨：着派遣皇族成员到欧洲留学，皇族亲王也被鼓励出国，考察国外的政治状况；裁减冗官及闲散衙门。这一道圣旨在满族官员中引起了轩然大波，顽固派第一次感觉清朝的统治受到了威胁。

毫无疑问，光绪帝的良苦用心遭到慈禧及权贵集团的强烈反对，慈禧将责任全推到帝师翁同龢的身上，这一举措不仅是对光绪帝的有力警告，也削弱了帝党实力。

四月二十七日，翁同龢休假一周后回朝，天未亮就前往颐和园参加军机大臣朝会。他刚走进仁寿门，就从御前大臣手里接到一份罢免他所有官职的上谕。圣谕曰："协办大学士、户部尚书翁同龢，近来办事多未允协，以致众论不服，屡经有人参奏。且每于召见时，咨询事件，任意可否，喜怒见于词色，渐露揽权狂悖情状，断难胜枢机之任。本应查明究办，予以重惩，姑念其在毓庆宫行走有年，不忍遽加严谴。翁同龢着即开缺回籍，以示保全。"

慈禧罗列的翁同龢罪责有两个：其一，翁同龢近来在朝中行事张狂，导致"众论不服，屡经有人参奏"，意思是朝中官员们指责翁同龢做事难服众人，同僚中已经有人多次弹劾他。其二，在召对时"喜怒见于词色"，态度不够恭谨，因个人情绪影响了皇帝对正误的判断。

据说，"此旨系刚毅、西太后亲自手拟"。光绪帝得知慈禧要颁下如此诏书，惊得瞠目结舌。堂上宣诏时，他更是"战栗变色"，"惊魂未定，涕泪千行"。

就在这次朝会上，慈禧还发布了一道谕旨，将内务府大臣、军机大臣、京师步兵统领荣禄晋升为大学士，调往天津，担任直隶总督兼北洋大臣。同时谕令：二品以上大臣谢恩陛见并诣太后前谢恩，外官一体奏谢。这就意味着慈禧牢牢地控制了朝廷高级官员以及地方封疆大吏的任免权，光绪帝在变法中对任何高级官员的任命和罢免都必须经过慈禧允肯。

荣禄晋升为从一品，在离京前答谢皇太后、皇上时，光绪帝特意叮嘱他，除了在天津办差外，还要全力支持维新变法，竭诚听令。荣禄承诺誓死效忠皇太后、皇帝，效忠朝廷。在变法的关键时刻，荣禄再一次被慈禧倚重。

光绪帝虽然感到大事不妙，但他并不准备退缩，四月二十八日，光绪帝在南海勤政殿召见了康有为等人。康有为初入朝房，就遭到荣禄的轻视鄙薄，康有为随即还之以"礼"，直言变法，言之凿凿，态度坚决。他说："泰西讲求三百年而治，日本施行三十年而强，吾中国国土之大，人民之众，变法三年，可以自立，此后则蒸蒸日上，富强可驾万国。"并具体陈述了三大策：一是大聚群才，以谋变政；二是采取西法，以定国是；三是听凭疆吏各自变法，改良政治。

五月五日，康有为奉明旨废八股。此消息一经传出，"京师哗然，传废八股，喜色动人，连数日寂然"。此时，顽固派刚毅跳出，对废科举大加挞伐。但康有为此时仍对光绪帝的改革决心深信不疑，鼓吹变法的言辞更加激烈，维新派人士没有丝毫妥协、退缩之意。此时身在颐和园的慈禧以及后党势力更迫切地要维护封建皇权及统治，京城里风云诡谲，暗流涌动。

3. "六君子"遇害

在推行变法期间，光绪帝根据康有为、黄遵宪、谭嗣同等人的建议，颁布了一系列变法诏书和谕令。主要内容包括：经济上，设立农工商局、路矿总局，提倡开办实业；发行纸币，设立银行，促进经济流通；修筑铁路，开采矿藏；组织商会；改革财政。政治上，广开言路，允许士民上书言事；裁汰绿营，编练新军。文化上，命亲王游历各国以考察西国之良政，译西书以灌输知识，废八股，兴西学；创办京师大学堂；设译书局，派留学生；奖励科学著作和发明。这一系列革新政令，目的在于学习西方文化、科学技术和经营管理制度，发展资本主义，改革政治体制，建立君主立宪制，使国家富强。

让光绪帝为难的是，朝中的顽固势力太强大，而他起用的新人都位卑言轻，没有根基，孤立无援，难以成事。恭亲王奕䜣居军机大臣之首，虽赞成变法，但他患上了无法治愈的心肺疾病，自三月初就在家休病假。光绪帝先后三次陪同慈禧前往他的住处看望，还命御医用最好的药为他治病，但仍未留住恭亲王的生命。四月初十，奕䜣去世。慈禧随即通过光绪帝向内阁颁发慈谕：

恭亲王奕䜣，谊笃亲贤，久襄密勿。溯当同治初元，予与孝贞显皇后垂帘听政，其时东南未靖，国事多艰，恭亲王翊赞谟猷，削平大难，论功行赏，特命以亲王世袭罔替。三十余年，恪恭奉职，殚竭忠忱，其间养疾家居，旋复起膺机要，朝夕从事，力任其难。二月之杪，旧疾举发，予率皇帝节次亲临看视，方冀安心调理，可即就痊。不意本月初十日，遽尔长逝。时事方殷，失此良弼，予怀震悼，曷可胜言？本日临邸奠醊，追维畴昔，眷念成劳。恭亲王着赐谥曰忠，入祀贤良祠。守卫园寝，添设丁户，四时祭祀，官为经理，伊孙溥伟着即日承袭亲王，用示笃念宗亲，怆怀贤辅至意。

过了几天，慈禧又下一诏，盛赞恭亲王"王之功绩，薄海咸知；王之悃诚，祖宗昭鉴"，光绪帝呼吁朝中大臣要像恭亲王一样恪职尽守，"共济时艰，以竟贤王励相国家之志"。

在朝廷要员中，礼亲王世铎虽主掌军机处，但他是个"和事佬"，又对慈禧言听计从，显然光绪帝无法倚仗他。李鸿章虽有心支持变法，但他已被边缘化，且慈禧未让他官复原职，眼下正闲居在京，也说不上话。军机大臣李鸿藻已离世，廖寿恒、张荫桓虽然职位较高，可以信任，但都是老臣，不完全支持维新思想。帝师翁同龢又被免职还乡。除这些人之外，朝廷中其他人基本上都属于后党。

光绪帝没有重臣可用，只得暂用新人。他赏梁启超六品衔，在译书局里处理译书事务。湖南巡抚陈宝箴保荐了刘光第①、杨锐②，侍郎徐致靖保荐了谭嗣同、林旭③，户部左侍郎张荫桓保荐了王锡蕃，御史杨深秀保荐了丁维鲁。这几个被保荐的新人都是饱学之士，但官衔都在四品以下。

新政措施中真正的新举措并不多，也未触及封建统治的根基，但是这些措施代表了新兴资产阶级的利益，为后党顽固派势力所不容。朝中的一些权贵显宦、守旧官僚对新政措施阳奉阴违，托词抗命。而慈禧老谋深算，在光绪帝宣布变法的第五天，就迫使光绪连下三谕，彻底控制了人事任免和京津地区的军政大权。

但是，光绪帝并不妥协，他广开言路，不论官民皆可畅言变法维新，一举打破了四品以上官员才有权上折子的旧例。两江总督张之洞不仅支助维新派办强学会，还推举一些人协助出台改科举的章程；御史宋伯鲁上书请废八股，建议将经济岁举与正科合并；王凤文奏请设立赈施，萧文吉奏请整顿丝茶，以兴实业；御史曾宗彦奏请开办农务，王锡蕃奏请办商业；李端棻④奏请整饬则例，袁永昶奏请筹办八旗生计，御

① 刘光第（1859—1898）：字裴邨，四川自贡市富顺县赵化镇人，晚清维新派骨干，"戊戌六君子"之一，著名爱国诗人。

② 杨锐（1857—1898）：字叔峤，四川绵竹人，晚清维新派骨干，"戊戌六君子"之一，曾参与发起强学会、蜀学会。

③ 林旭（1875—1898）：字暾谷，福建侯官人，晚清维新派骨干，"戊戌六君子"之一。

④ 李端棻（1833—1907）：字苾园，衡永郴桂道衡州府清泉县（今湖南衡阳市衡南县）人，晚清大臣，戊戌变法领袖，京师大学堂首倡者，中国近代教育之父。

史瑞洵也上章请办报馆……这些推举人的品级有高有低，但经办具体事务的人在职务上整体偏低，这给变法造成了不小的障碍。

朝野上下都知道，虽然光绪帝名义上已经亲政，但慈禧仍紧紧把持朝政，光绪帝并没有掌握真正意义上的皇权，他要大刀阔斧地改革，势必处处受制，寸步难行。结果证明，一人对抗整个利益集团，纵使是九五之尊也难逃失败的厄运。

朝中掌实权的主要有军机处世铎、荣禄、王文韶、刚毅、钱应溥、廖寿恒等要员，多属后党。其中一位大臣曾教训康有为："你一个小小六品侍讲，满口变法呀变法，可你知道不知道，祖宗之法是不能变的，变则招灾！"吏部尚书徐桐更声称"宁可国亡，不可变法"。而在帝党中，除了翁同龢、廖寿恒之外，其他人也都认为与这些"小人物"商议国事不仅滑稽可笑，还有失身份。

礼部有一位主事名叫王照①，他上书建议皇帝与太后到外国考察，一则显示帝后团结，二则开阔眼界。礼部尚书许应骙及侍郎等都不同意向上转呈，并说王照心怀叵测。光绪帝知道后，认为礼部六堂官阻挠新政，为了"立威"，他决定将这六名堂官全部罢免。其中有一个名叫怀塔布的堂官，他的夫人借各层关系把此事上告了慈禧。

慈禧恼羞成怒，召来光绪帝当面责备，并希望他把康有为等人免职羁押。光绪帝一边应付老佛爷，一边设法告知康有为。他在颐和园亲手拟密旨，派人送往紫禁城。旨意写道："谕内阁，工部主事康有为，前命其督办官报局，此时闻尚未出京，实堪诧异。朕深念时艰，思得通达时务之人，与商治法。闻康有为素日讲求，是以召见一次，令其督办官报，诚以报馆为开民智之本，职任不为不重。现筹有的款，着康有为迅速前往上海，毋得迁延观望。"

康有为见到圣旨后，意识到事态严重，便于次日一早赶乘首班火车

---

① 王照（1859—1933）：字小航，直隶宁河县（今属天津市）人，近代拼音文字提倡者，"官话字母"方案的制定人。曾参与"百日维新"，劝康有为循序渐进，但被康有为拒绝。

逃出京师。得知这一消息后，慈禧大为恼火，但她还是按兵不动，而朝中的后党顽固派已无法容忍维新运动的发展。有人上书慈禧，要求将康有为、梁启超斩首以谢天下；庆亲王奕劻、内监总管李莲英跪请太后重新垂帘听政；御史杨崇伊多次到天津与荣禄密谋；宫廷内外甚至传言慈禧将废除光绪帝，另立皇帝。八月中旬，光绪帝几次密诏维新派商议对策，维新派人士担心荣禄先动手，再次谋划武力夺权。但维新派手中没有实权，既没有兵，也没有钱，更没有权，只得向光绪帝建议重用在天津小站训练新军的袁世凯，以对付掌握京师兵权的步兵统领、直隶总督荣禄。他们请光绪帝下令让袁世凯发兵夺取荣禄的兵权，然后带领军队进京，包围颐和园；再派湖南籍好汉毕永年领一百名敢死队员，冲进园中将慈禧捕杀，同时派兵前往保守派官员如刚毅、怀塔布、许应骙等人的府宅，将他们逮捕。这就是康有为的"围园杀后"之计。

维新派的一系列举动都被报告给慈禧太后，慈禧闻报火冒三丈，她派怀塔布到天津去找荣禄密谋，共同阻止变法，并在京畿做好军事准备，以防突发事件发生。帝党维新派与后党顽固派的斗争已到白热化程度。

八月初一、初二两天，光绪帝两次召见袁世凯，问他："如果授予你统领军队之重任，能否矢志效忠于朕？"袁世凯敏锐地觉察到自己被卷进了政治旋涡中，在帝、后之间摇摆不定。他向光绪帝表决心："臣当竭力以答皇上之恩，一息尚存，必思效忠。"光绪帝听了非常高兴，当即颁旨，大意是：现在练兵紧要，直隶按察使袁世凯办事勤奋，校练认真，着开缺以侍郎候补，责成专办练兵事务。所有应办事宜，着随时具奏。当此时局艰难，修明武备，实为第一要务。袁世凯唯当勤勉，切实讲求训练，俾成劲旅，不负朝廷整饬戎行之至意。

八月初三夜，谭嗣同密访袁世凯，劝他杀荣禄，举兵勤王。袁世凯加入了强学会，与康、梁等维新派交往密切，在这紧要关头，他有些举棋不定。这时，有一个人对袁世凯的抉择产生了极大影响，他就是袁世凯的谋士徐世昌①。变法期间，徐世昌对袁世凯及北洋军的发展功不可没。袁世凯在京师之所以能左右逢源，离不开徐世昌为其四处打点，所以当光绪帝的密诏送抵袁营时，犹豫不决的袁世凯再次询问徐世昌。一直以老成持重著称、在翰林院坐了九年"冷板凳"的徐世昌此时也陷入沉思，最后他做出一个动作——将密诏覆于案上，背面朝天，没有任何言语，随即转身离去。徐世昌意在劝袁世凯投靠慈禧，此举既"拯救"了袁世凯，又保全了北洋新军。

其实，慈禧早就对袁世凯心存戒备。在康有为等人策划对慈禧进行"围园"行动之前，京城已经风声鹤唳。军机大臣、直隶总督荣禄作为袁世凯发迹的恩公之一，领慈禧之命，调聂士成麾下武毅军以及董福祥②麾下甘军两支劲旅拱卫京畿，主要的布防方向就是北洋新军的小站。袁世凯思忖：自己率军入京，胜负难料，皇帝并无实权，许诺未必兑现，一旦失败，必会招来灭族之罪。为了保住自己的身家性命，袁世凯经过一番斟酌后决定向荣禄告密。他回天津一见到荣禄，立马跪下请罪："今日奉命前来，有一事万不敢办，唯有自请死。"说着掏出光绪帝的密诏，双手奉上。荣禄看后厉声说："大臣事君，雨露雷霆，无非恩泽，但承旨责在枢臣，行刑亦有菜市。我若有罪，甚愿自首入京，束身司败，岂能凭一纸密书片言而定？"袁世凯就此背弃了维新派，而站到了慈禧一边。后来光绪帝被软禁后经常做的一件事就是画一个大乌龟作为箭靶，上面写着"袁世凯"的大名，执弓箭射之。

光绪二十四年（1898）八月初六凌晨，慈禧突然从颐和园赶回紫禁城，带着庆亲王奕劻、荣禄等人直接闯入光绪帝寝宫，但光绪帝当夜没有住紫禁城而是留宿南海。于是，慈禧命荣禄派内务府侍卫赶到南海，将光绪帝软禁在瀛台岛上，随后她发布"训政诏书"，宣布第三次

---

① 徐世昌（1855—1939）：字卜五，天津人，光绪晚期曾任军机大臣。袁世凯在小站练兵时，颇受袁世凯器重，到袁世凯称帝时与其分道扬镳。民国七年（1918）被选为民国大总统，后人称之为"文治总统"。

② 董福祥（1840—1908）：字星五，甘肃环县（当时属宁夏固原）人，晚清著名将领，官至太子少保、甘肃提督、随扈大臣，赐号阿尔杭阿巴图鲁。

临朝训政。与此同时，慈禧下令逮捕了谭嗣同、杨深秀、林旭、杨锐、刘光第、康广仁、徐致靖、张荫桓等人，并追捕在逃的康有为、梁启超。所有新政措施，除七月开办的京师大学堂得以保留外，其他全部被废止。至此，变法宣告失败，前后历时一百零三天，史称"百日维新"。

八月十三日，在慈禧的授意下，朝廷颁布一道上谕，严惩"六君子"："康广仁、杨深秀、杨锐、林旭、谭嗣同、刘光第等大逆不道，着即处斩，派刚毅监视，步军统领衙门派兵弹压。""六君子"于当天全部被杀害。徐致靖经人说情，被判绞监候，张荫桓被判革职流放。

一夜之间，北京城内阴云密布，戊戌变法最终在慈禧的手起刀落之后惨淡落幕，许多维新志士血洒街头。变法初期，慈禧也曾寄予希望，她对光绪帝说："汝但留祖宗神主不烧，辫发不剪，我便不管。"骤得政治自由的光绪帝希望自己能像开朝诸帝那样励精图治，以经天纬地之才一雪鸦片战争以后的耻辱。他迫不及待地想推翻腐朽的统治集团，用新面孔替代他们，甚至不惜激进地冒一次险。而这次冒险彻底激怒了他的"亲爸爸"，以致慈禧不顾皇家母子的情分，将他软禁起来，重新将大权揽入手中。

第十一章　废帝训政

1. 废帝风波

修建三海本是光绪帝和醇亲王为慈禧准备的五十岁寿礼，花费了巨额银两，慈禧却没有在三海中的任何一处住过，反倒南海瀛台最后成了光绪帝的"监狱"。

瀛台四面环水，北面有一木桥与陆地相连，其中心建筑为涵元殿，虽比不上紫禁城，但也富丽堂皇，恢宏大气。光绪帝在戊戌政变那天恰好住在瀛台的涵元殿，被软禁后，光绪帝的活动仅限于该地，从此瀛台成为囚禁他的一座"水牢"，使他变成一个不戴枷锁的"囚徒"。

皇帝突然被囚，慈禧总得给天下人一个交代。要杀要留，都得有充分的令人信服的理由。她找了很多证据，包括从光绪帝寝宫和养心殿搜查到的资料，她要让光绪帝心服口服。政变第二天，即光绪二十四年（1898）八月初七，慈禧赶至南海勤政殿召见光绪帝，对他进行突击审讯。这次审讯是逼迫光绪帝表态，承认康有为等人为乱臣贼子，并下旨捉拿。光绪帝心如刀绞，却又无可奈何。康有为、谭嗣同等人是他一手提拔起来的维新志士，此番要他论罪后再亲自下旨捉拿，他如何能做到！但是，面对咄咄逼人的慈禧太后以及强大的后党集团，他没有选择的余地。张荫桓口述而成的《驿舍探幽录》记载："呈与皇上，皇上转呈太后阅毕，仍递交皇上。皇上持此旨目视军机诸臣子，踌躇久之，始发下。"

慈禧将光绪帝囚禁起来后，要杀掉或废掉光绪帝可以说易如反掌，但她心存隐忧，不敢草率从事。政变后南方各省民众的情绪极不稳定，随时可能发起示威反抗活动甚至暴动；而且欧洲国家对光绪帝的改革持同情态度，列强很有可能以此为借口再派大兵压境。国内外的形势使慈禧意识到自己必须小心谨慎才不至于惹祸上身。八月初，整个京城流言四起，称光绪帝活不过这一年。对光绪帝是杀是留，慈禧纠结了很久。

皇帝掌握天下人的生杀大权，而慈禧则掌握着皇帝的生杀大权。但无论是杀是留，慈禧都得先让光绪帝认罪，所以她多次组织大臣围攻和训斥光绪帝，罗织罪名，逼迫他认罪。晚清民国时人苏继祖在《清廷戊戌朝变记》中较详细地记载了政变第二天早晨光绪帝惨遭围攻和训斥的场面：

这一天，慈禧把庆亲王奕劻等王大臣召集至勤政殿，令光绪帝跪于案旁，并置竹杖于座前，营造出威严的气氛。然后，慈禧对跪在面前的光绪帝厉声呵斥："天下者，祖宗之天下也，你何敢任意妄为！诸臣者，皆我多年历选，留以辅任，你何敢任意不用！乃竟敢听信叛逆蛊惑，变乱典刑。何物康有为，能胜我选用之人？康有为之法，能胜祖宗所立之法？你何等昏聩，不肖乃尔！"慈禧在群臣面前，将"离经叛道""变乱祖法"等罪责加在光绪帝头上，在慈禧的怒骂声中，光绪帝成了不折不扣的"败家祸国"之首！

光绪帝伏地哭求太后宽恕自己的鲁莽之举，但并不认罪，慈禧很不满意。八月初八，她又将群臣召集至勤政殿，继续对光绪帝大加斥骂，并对从皇帝寝宫、书房和康有为住所中查抄的奏折文稿逐条讯问，逼迫光绪帝认罪。在慈禧的威势下，光绪帝不仅认了罪，还率领百官到勤政殿向太后行三跪九叩礼，恳请太后训政，慈禧见目的已经达到，便装模作样地答应了。

恳请太后训政的诏书是在政变当天，由庆王、端王以光绪帝的名义发布的，大意是说，现在国事艰难、朕日理万机、公事繁忙，皇太后已经两度垂帘听政，办理朝政尽善尽美，为了国家大计，恳请太后重新训政。如果太后同意训政，将是天下臣民的福气。而光绪帝本人对这份诏书的内容一无所知。之所以举行这个仪式，只是为了表示太后训政是光绪帝所请，合乎祖宗规矩。从此以后，光绪帝对任何政事都一言不发。

这样宣布训政在程序上似乎没有什么问题，但稍一分析就会发现很大的漏洞。因为训政的基本前提是皇帝年幼，而此时光绪帝已经结婚且名义上亲政十余年，政治历练足够，思想也已成熟，根本不需要后宫参政。慈禧当然也想到了这一层，但一时之间到哪里去找一个符合要求的小皇帝呢？所以，作为缓兵之计，慈禧在八月初十又以光绪帝的名义颁布了一道寻医上谕："朕躬自四月以来，屡有不适，调治日久，尚无大效。京外如有精通医理之人，即着内外臣工切实保荐候旨，其现在外省者，即日驰送来京，毋稍延缓。"慈禧通过这道谕旨意在向天下人昭示：皇帝生病已四月有余，太医久治无效。既然连太医都无计可施，一定是病得很重；遍召天下名医速来京城，"毋稍延缓"再次告知天下，皇帝病重矣。显而易见，慈禧"以帝疾作，宣示中外"，将一个本该是宫中的秘密公之于众，且令太医捏造脉案，故意制造出光绪帝大病且不能理政的紧张氛围，这样，太后第三次训政就有了正当的理由。

缓兵之计给了慈禧足够的时间在朝廷中重新布局。不过，既然皇帝只是生了病，意味着太后训政是临时应急措施，迟早还须归政。人们眼下相信皇帝生了重病需要数月甚至半年以上的治疗，但慈禧的本意并不在此，她要废了光绪帝。

在实施废掉光绪帝这一计划之前，慈禧进行了必要的试探。光绪二十五年（1899）冬，慈禧召集军机大臣、各部尚书、内务大臣及几大王公入见，商议废立之事。她试探道："今之上立，国人颇有责言，谓不合于继嗣之正。况哀家立之为帝，自幼抚养，以至于今，不知感恩，反对哀家种种不孝，甚至与南方奸人同谋陷害哀家，故起意废之，选立新帝。"她表明废立的原因是光绪帝"不孝"，试图"陷害"她。军机大臣孙家鼐听了劝解道："臣请太后勿行废立之事，如果执意废帝，恐怕激起南方变故。"慈禧闻言大为不满，愠色道："这既是国事，也是我爱新觉罗氏一族的家事，兼召汉臣，不过是为了体面。"可见，在慈禧看来，大清的国事其实就是她自己的家事，家事与国事无异，皇帝的废立完全可由她自行定夺，与他人无关。

随后，慈禧让荣禄代她征询朝廷中最有权威的两位汉族大臣——刘坤一和李鸿章的意见。李鸿章表示此举不妥，他说："时局动荡，天下易主，太过危险，请太后三思后行。"至于"太过危险"的原因，他进一步解释道："老臣以为此事断不可行。第一，贸然废帝必会招致列强的干预；第二，朝中王大臣多是爱新觉罗后裔，一旦太后登基，势必玉石俱焚；第三，光绪皇帝是国家的象征，在老百姓心目中颇有威望，如果强行废帝，势必引发全国各地的农民起义。"

由此看来，直接废黜光绪帝很难实行，慈禧还须另想别的招数。对慈禧来说，皇位何时夺和怎样夺，全看自己安排，她所要费心的只是怎样使废帝计划变得理所当然、顺理成章。

经过苦思冥想，慈禧终于想出一个"好办法"：光绪帝没有子嗣，如果在有爱新觉罗血统的孩子中，给"生病"的光绪帝找个继子，那么"废旧立新"有依据了。根据《崇陵传信录》中的记载，慈禧问荣禄此事如何，"荣曰：'上春秋已盛，无皇子，不如择宗室近支子建为大阿哥，为上嗣，兼祧穆宗，育之宫中，徐承大统，则此举为有名矣。'太后沉吟久之曰：'汝言是也。'"二人不谋而合。于是，为光绪帝物色继子，册立大阿哥就成为当务之急。

册立大阿哥必须满足两个基本条件：首先，必须是近支宗室，且必须在"载"字辈之下的"溥"字辈中挑选；其次，皇嗣品质必须良正，是可造之才。然而，清王朝自雍正帝开始已不立太子，其因在于"康熙末年，诸皇子阴谋夺嫡，理密亲王①再立再废，诸子各树党羽，互相倾轧，圣祖因此忧愤而殂。泰陵②既已智数登大宝，有鉴于前，遂垂永不建储之谕，臣下有请者立斩"。但这条祖制对慈禧并没有足够的震慑力，特事特办，不正是革新吗？

---

① 理密亲王（1674—1725），即爱新觉罗·胤礽，康熙帝第二子，雍正帝异母兄，清朝以及中国历史上最后一位经过公开册立的皇太子。雍正即位后，被幽死于紫禁城咸安宫。

② 泰陵：清世宗雍正帝及其皇后的合葬陵墓。此处代指雍正帝。

这是慈禧第三次物色皇帝，已经轻车熟路，可以随时给相关的王公大臣以暗示。王公大臣们环顾近支宗室子弟，找出几个有资格的人选，最终慈禧选中了端郡王载漪的次子溥儁。载漪是道光帝之孙、惇亲王奕誴之子，后来过继给瑞敏郡王奕志（嘉庆帝四子瑞亲王绵忻之子）为嗣，承袭郡王爵位。他自幼好武，曾统领过由八旗子弟组成的神机营。在宗室子弟纷纷钻营文职谋求发展的时候，载漪却热衷于战场拼杀，并在统军过程中显示了自己的才干。载漪本来没有什么权势，因慈禧后来疏远汉臣，信任懿亲，他才乘机幸进。在戊戌政变中，他坚决支持慈禧的行动，受到慈禧重用。载漪的福晋是慈禧之弟桂祥的三女叶赫那拉氏，所以溥儁既是慈禧婆家堂侄的儿子，又是慈禧娘家侄女的儿子，可以说是亲上加亲。此时溥儁已十四岁了，虽然性情暴躁，但也比较好控制。再说慈禧让他治理朝政显然还需要修炼、见习很长时间，留给慈禧训政的时间还是较充裕的。

光绪二十五年（1899）十二月二十四日，慈禧召集王公大臣，颁谕宣布"立端郡王载漪之子溥儁为大阿哥"，预定于庚子年元旦光绪帝举行让位典礼，改元"保庆"。庆亲王奕劻念完上谕后，一旁默默不语的光绪帝马上摘下戴在头上的红绒结顶貂帽，亲手给溥儁戴上。溥儁向光绪帝叩了三个头谢恩，同时又转过身对慈禧行同样的大礼，一时间，大殿上全是恭贺老佛爷的声音。看着眼前的情景，慈禧满心欢喜——她又夺权成功了。七天后，慈禧派溥儁代光绪帝行礼，并将他接入宫中，暂居弘德殿。

然而，慈禧的废帝之举很快遭到多方势力的强烈反对，很多人公开揭露慈禧立嗣废帝的阴谋和真实用心。保皇派的呼声一浪高过一浪，让慈禧难以招架。

十二月二十六日，上海一家报纸将慈禧决定"立端王载漪之子溥儁为大阿哥"的谕旨公开发表。上海的电报总办经元善①联合上海维新人

---

① 经元善（1840—1903）：字莲山，浙江上虞五驿乡驿亭（今浙江绍兴市上虞区驿亭镇）人。曾涉足洋务企业，热心教育，创办经正女学，开中国女学先河，晚年参与改良维新活动。

士和绅商一千二百余人，发出反对"己亥交储"通电，要求朝廷收回成命。此事公开后，全国各地纷纷响应，反对立储的通电、公告如雪片般飞向北京。慈禧起初并不在意，后来御史余诚格①的一纸参奏使她勃然大怒，她下令全国通缉经元善，查抄其家产。经元善被迫远走澳门。

同时，在华列强反应强烈，纷纷提出抗议。外国公使皆不承认这位大阿哥，理由之一是他的父亲载漪是义和团领袖。更糟糕的是，载漪火上浇油，伪造了一份勒令老太后归政的所谓"洋人照会"，令慈禧暴跳如雷。未久，慈禧以"纵容义和团、获罪祖宗"之名废除溥儁大阿哥之位，让他仍然归宗于生父载漪。光绪二十八年（1902），朝廷下令将载漪父子流放新疆，载漪父子逃到蒙古。

2. 义和团运动的滥觞

慈禧刚开始第三次训政，大麻烦便接踵而至。当时，以救亡图存为宗旨的维新变法运动惨遭失败，中华民族的危机进一步加深。在帝国主义列强瓜分中国的狂潮面前，各地民众出于朴素的爱国情感，掀起一场又一场反帝风暴，其中规模最大、影响最深远的就是义和团运动。

义和团源于长期流行在山东、直隶一带的民间秘密会社，原称"义和拳"，参与者被称为"拳民"，也被贬称为"拳匪"。事实上，义和团的门派和拳民构成很复杂，一般认为其中包括传播武术的民间团体，如义和拳、梅花拳、大刀会，也有许多白莲教教徒以及地方乡团组织。其发动者和参与者有土豪乡绅、普通农民、民团会党、城市贫民等，从而形成了一个庞杂的团体。在长期的发展过程中，他们打着"反清复明"的大旗，反对清朝统治，遭到了清廷的无情镇压。

---

① 余诚格（1856—1926）：字寿平，安徽望江人，晚清大臣，戊戌政变时因是康有为登第时的主考官，一度遭贬。此后历任山东监察御史、广西按察使、湖北布政使、陕西巡抚、湖南巡抚。秉性刚直，在御史任内三月共上七十余道奏章，参劾时弊，一时名震京畿，有"余都老爷"之称。

在两次鸦片战争以后，西方势力不断侵入中国，洋人耀武扬威地出入于沿海各省的开放商埠，并通过武力入侵和不平等条约，迫使清廷同意解除教禁。获得传教权利的西方传教士四处活动，对中国社会产生了巨大影响。外国传教士出行传教或坐轿或坐车，有护兵马弁跟随，进村三声炮，很是威风。有些不法传教士仗着领事馆的庇护勾结恶霸地主、地痞流氓，霸占田产，敲诈勒索，行凶杀人，罪行累累。受到洋人欺压的老百姓的民族意识渐渐觉醒，将斗争对象由清廷改为洋人。

为了树立拳民的信念和强化拳民反抗洋教的决心，义和团在发展过程中逐渐蒙上了浓厚的民间宗教色彩。他们通过设立神坛、画符请神等方法秘密聚众。他们相信鬼神附体，画符、吃符，符揣在兜肚里，掐指念咒，就可以"刀枪不入"。在众多团体组织中，有一支组织以妇女为主要成员，她们穿着红衣红裤，手里拿一盏红灯，四处游说，扬言洋人的枪炮虽厉害，只要经红灯一照，它们自会炸裂。在这一言论的催化下，"红灯照"传遍了山东。

山东是义和团的主要发源地。光绪二十三年（1897），德国强占胶州湾，并强行把山东划为自己的势力范围。随后，外国传教士纷纷进入山东各地，修建大小教堂一千多个。许多地主豪绅倚仗教会的势力，大肆搜刮民财，激起民众的义愤。是年夏，山东冠县梨园屯的村民与教堂因土地纠纷发生冲突。威县梅花拳师赵三多应村民阎书勤等人邀请，前往援助。不久，赵三多将梅花拳改名为义和拳。光绪二十四年（1898）九月十二日，赵三多等人在冠县梨园屯蒋家庄马场竖起"扶清灭洋"的旗帜宣布"起义"，但因清军镇压而失败。

光绪二十五年（1899）春，山东平原县城南杠子李庄的李长水、杨传文等人从高唐县华庄请来一个名叫华禄财的拳师，在李长水家中设拳场，练拳习武。杠子李庄的天主教徒李金榜则请来神甫宣传洋教，似乎有对垒的意味。拳民见李金榜等人信了洋教，顺从洋人，很不服气，又请义和拳首领朱红灯，以茌平县五里庄为中心，开展神拳练武活动，反对洋教。五月间，朱红灯、心诚和尚率领茌平、禹城、高唐、长清交界地区的拳师来到平原，先后在北堤、杠子李庄设拳场，表演拳术、刀枪，发动拳民与洋教斗争，同时利用发传帖的方式发动周边村庄的农民加入义和拳。于是，拳民聚众北堤，破坏小魏庄的两处教堂，杀了几个洋教士，并竖起"天下义和拳兴清灭洋"旗帜。洋人吃了义和拳的亏，便向督抚交涉，巡抚毓贤敷衍几句便应付过去了，但洋人不肯罢休，进一步向清廷施压，清廷只得命平原知县蒋楷率领勇役数十人前往镇压，但被义和团打败。这一事件后来被称为"平原起义"。

山东巡抚毓贤之所以不认真对待传教士的诉求，并非出于胆小怕事，只是对教会和洋人比较反感。不久，清廷加派候补知府袁世敦等人前来镇压，击败义和拳。其后，清军游击将军马金叙活捉了义和拳首领朱红灯、心诚和尚等人，但毓贤仇视外国侵略者，对民众反洋教的斗争比较同情，认为"民可用，团应抚，匪必剿"，提出抚剿并重之策，还罢免了蒋楷、袁世敦等人的职务。他给朝廷上奏说，义和拳本属乡团，建议"改拳勇为民团"；并明确说义和拳就是"义和团"，首次提出了"义和团"的概念；建议朝廷采取剿抚兼施、以抚为主的策略。此外，他还向朝廷申诉，认为民教矛盾的责任在教会一方。

就这样，有了地方巡抚的默许后，义和团的威势越来越大，洋人异常恐慌，常常一听"义和团"三字便吓得失魂落魄。是年冬，山东肥城发生英国圣公会传教士卜克斯被杀案件。在西方各国连续抗议后，毓贤被清廷先免职后改任山西巡抚。袁世凯接任山东巡抚，带领北洋新军在山东大力镇压义和团。

袁世凯一到任，马上发布了《禁示义和拳匪告示》，称凡是练拳或赞成义和拳的，一律杀头。他首先对义和团大本营进行了一次突袭，把义和团打得"落花流水"，一部分首领死于乱军之中，另一部分则拼命杀出重围逃脱。接着，袁世凯又痛剿山东地区的义和团，消灭了十多个地方团体。

然而，此时山东的义和团已成气候，骨干拳民超过七千人，参与者已达十万人以上。河北、天津、北京等地也出现了义和团，而且发展迅猛。负有剿灭"拳匪"之责的直隶总督裕禄见义和团打着灭洋旗帜，同情他们，还请拳民首领到督署做客。

权贵集团看到"民心可用"，不少人转而"同情"、利用义和团。慈禧见义和团声势浩大，难以剿灭，便也开始重点关注义和团。这个时候，毓贤、载漪等人上奏朝廷，倡言不能忽视民团的价值。

慈禧看了毓贤的奏折后，特意召他入觐。毓贤早与端郡王载漪串通一气，称"东省拳民，技术高妙，不但刀兵可避，抑且枪炮不入"，这是皇天护佑大阿哥，特生此辈奇才，扶助真主。慈禧并不全信，又传载漪问话。载漪回禀道："老佛爷明鉴，奴才们钦佩莫名！但据山东巡抚毓贤密报，此事的确是真。毓贤心性忠厚，尚不致有欺瞒谎报之事。奴才愚见，不如饬直隶总督裕禄召集拳民数十人，先行试验。果有异术，然后招募。"裕禄对义和团的信赖推崇与毓贤相比有过之而无不及。慈禧左右盘算，觉得这是一股可以用来对付洋人的力量，更可能迫使洋人不再因废光绪帝而对朝廷横加指摘，便接受了毓贤的建议，下谕要各省办理保甲团练，实际上等于承认义和团为地方武装。各地贴出告示，将义和拳改称义和团。这样一来，义和团在北方地区迅速发展起来。他们打出"扶清灭洋"或"保清灭洋"的旗帜，口号虽不统一，但主要是接受清廷统辖，协助清廷与洋人对抗，并明确表示"一概鬼子全杀尽，大清一统庆升平"，爱国性与封建性混为一体，对一切与"洋"有关之人和物极端仇视。

光绪二十六年（1900）春，慈禧对十多个国家的抗议置之不理，发布维护义和团的诏令。直隶总督裕禄大喜过望，除了向数千拳民发放饷银外，他还邀请义和团的首领在天津数处开坛聚众。山东拳民大受鼓舞，纷纷涌入直隶。一时间，从天津至涿州、保定，都有拳民起坛请神、烧教堂、杀洋人，并到处毁坏铁路及电线杆等"洋物"。由于有了清廷的明确支持，义和团情绪高涨，迅速向更极端、更非理性的方向发展，对传教士和教民不分男女老幼，一律打杀。涿州知府衙门也被三万名拳民占领。

慈禧派军机大臣、协办大学士刚毅及顺天府府尹赵舒翘①到涿州调查。刚毅、赵舒翘赶到涿州时，适逢地方官缉捕"拳匪"，已拿住数十人。刚毅立刻下令放人，赵舒翘随声附和。刚毅在涿州巡行了一圈，收获颇大。回京后，他向慈禧报告说"拳民忠贞，神术可用"。慈禧心想，既然诸臣都称赞义和团神勇，可以利用，何不借其手给外国人一点颜色瞧瞧呢？于是，清廷对义和团的政策由维护改为招抚。慈禧派庄亲王载勋、端郡王载漪、辅国公载澜去招抚义和团，想利用义和团来牵制洋人，义和团随后改名为"虎神营"。

是年春夏之交，义和团拳民总数已有二十多万。他们涌入天津后，许多传教士、外国人、中国教民被杀，甚至"夙有不快者，即指为教民，全家皆尽，死者十数万人"。义和团的逻辑很简单，一切带"洋"字的东西，皆应被毁。铁路、电线、机器、轮船等都在捣毁之列，因为机器工艺为洋人"乖戾之天性所好"。而有用洋物者"必杀无赦，若纸烟，若小眼镜，甚至洋伞、洋袜，用者辄置极刑"。

接着，义和团"乘胜"开进京城。伴随着义和团的香火缭绕，北京的天空布满阴霾。义和团进京后变本加厉，不仅攻击洋人、所有与洋人有关的人，还损毁所有带洋字的物品。在京城，曾有六位学士仓皇逃窜，只因随身带有铅笔一支、洋纸一张，途遇"团匪"搜出，乱刀并下，皆死于非命；甚至有"一家有一枚火柴，而八口同戮者"。对开明官绅、维新派人士，义和团更是明言打杀，他们扬言要"拆毁同文馆、大学堂，所有师徒，均不饶放"，明令"康有为回国治罪"。在一些顽固派的指使下，义和团宣称要杀"一龙二虎三百羊"，其中"一龙"指光绪帝，"二虎"指主持洋务的李鸿章、张荫桓，"三百羊"则指康有为、梁启超等主张向西方学习的洋务派三百人，他们还一度冲入宫中要捉拿光绪帝。董福祥受端郡王载漪暗中笼络，其武卫后军名义上是和义

---

① 赵舒翘（1847—1901）：字展如，陕西长安（今西安市）人，晚清大臣，历任提牢厅主事、直隶司主事、刑部尚书、总理各国事务衙门大臣、军机大臣、顺天府（今北京）府尹。为官刚直不阿，不畏权贵，多次平反冤案，"直声震天下"。

和团联手抵抗洋人，实际上却加入烧杀抢掠的行列，肆意奸杀妇女，掳掠洗劫商户平民，并将赃物公开拍卖。而载漪竟奏请朝廷降旨，嘉奖拳民和董福祥军。

是年五月初一，英国全权公使窦纳乐有感使馆区危险，要求泊在大沽附近的十七艘外国战船增援。三百余名外国水手及陆战队员在五月初四登岸，乘火车于当晚抵京，防卫使馆区。另有近九十名德国及奥地利陆战队员在五月初六抵京。五月十二日，慈禧调京畿董福祥的武卫后军进城，驻扎在天坛和先农坛附近。董福祥军中不少士兵参加了义和团，经联络，义和团拳民开始大举入京，最多时北京的拳民超过十万人。

五月上旬，拳民涌到正阳门内东交民巷，把各国公使馆团团围住，日夜攻打。各国公使一边拼命防守，一面咨照总理衙门，严词诘问。总理衙门此时已归端郡王载漪管理，故而对所有洋人公文一律搁置不理，导致正阳门千余家商铺被焚。日本使馆书记官杉山彬遭武卫军枪杀，被开腹剖心。载漪闻讯兴奋得大叫："杀得好，杀得好！"各国公使见总理衙门无意出面解决此事，只能一边闭门自卫，一边向本国紧急求援。

五月十三日，驻天津的各国公使组织两千人的联军，由英国海军司令西摩尔带领，乘火车增援北京十一国公使馆。因为铁路已被拳民破坏，联军受阻于杨村、廊坊一带，对清兵及义和团作战不利，西摩尔只得下令退回天津，第一次试图解除清兵和义和团拳民对公使馆的围困失败。五月十五日，义和团拳民在京城烧毁孝顺胡同亚斯立教堂、双旗杆伦敦会、王府井天主教东堂、灯市口公理会、东四五条西口的美国福音堂、交道口二条长老会等十一所教堂。有三千二百余名天主教徒逃入有四十二名法兵驻守的天主教北堂，两千多名基督教徒逃入东交民巷的使馆区。董福祥受命率部强攻。

五月十八日，前门一带上千家商铺因老德记西药房大火而被烧成废墟，正阳门楼、北京二十四家铸银厂也被烧毁。拳民四处破坏教堂、攻击教民，庄王府前院被当成集体处刑的刑场。除了屠杀教民外，义和团还滥杀无辜，诬指许多平民为白莲教教众而大肆杀戮。不仅平民百姓遭此大难，朝廷官员中凡涉及洋务的，如吏部左侍郎许景澄、太常寺卿袁昶、内阁侍读学士联元、户部尚书立山、兵部尚书徐用仪等人，也因直言上谏剿灭义和团激怒了慈禧及其他权贵而被砍头抄家。

北京街头到处是尸体，很多妇女儿童暴尸于野。李希圣在《庚子国变记》中有这样的记载："城中日焚劫，火光连日夜，烟焰涨天，红巾左握千百人，横行都市，莫敢正视之者。……其杀人则刀矛并下，肌体分裂，婴儿生未匝月者亦杀之，残酷无复人理。"在此期间，慈禧放任不管。

此时，联军继续从天津大沽口向京城增兵。五月二十二日，德国公使克林德男爵拟到总理衙门寻求保护，途中遭到清兵伏击。洋人知晓此事后十分恐慌，不知道义和团和清军到底要干什么，于是增派军队对义和团进行反击和镇压。他们除了枪杀义和团拳民外，沿途也不加分辨地滥杀百姓，烧毁村庄。至此，局势失控。

3. "庚子事变"的朝廷

就在慈禧处心积虑地废帝立储，借义和团的势力震慑外国势力时，外面战事已起，清廷内外处处不平静，纷争不断。

慈禧第三次训政后，用强硬手段挫败了帝党新政，但是她依然认为自己的执政地位面临威胁。为了彻底隔绝光绪帝与外界的联系，在政变后的几天里，她把过去侍奉光绪帝的太监全部发落，或处死，或充军，无一幸免。后妃之中，她更是对珍妃痛下狠手，施以杖责，并撤去簪环，软禁于钟粹宫后的景祺阁冷宫中。

光绪帝被囚禁在瀛台不仅不能理政，连平时的生活起居也受到限制，比如吃的饭菜要等凉了才能吃，即便寒冬腊月也是如此，光绪帝在此期间，受尽折磨。据说光绪二十四年（1898）冬季，南海水面已经结冰，一天，光绪帝微服出行，谁知刚走出不远便被守门人发现，侍卫跪下请他返回。事后，慈禧命人把水面的冰凿开，并加派侍卫，以防光绪帝逃走。

光绪帝已然丧失了希望。慈禧虽然看到了国内舆论的反抗，也感受到列强的强硬态度，不能不有所顾忌，但她依然坚持认为自己作为清朝的主宰者，废立皇帝纯属"家事"，所以只是对废帝计划进行调整，暂缓废帝。

在正式宣布传位给新帝之前，光绪帝仍不得不扮演好"傀儡天子"的角色，每到重要节日都被"请"出来主持祭祀大典。按清朝礼制，元旦、冬至祭天、夏至祭地、祭祖等，都要举办典礼活动。其中，每年的祭天典礼皇帝必须亲临。光绪二十四年（1898）冬至日，光绪帝主持了他被幽禁后的第一个大祀典礼。头天下午，荣禄率队护送光绪帝出西苑，前往天坛。次日日出前，斋宫鸣太和钟，皇帝起驾至圜丘坛。圜丘坛东南燔牛犊，西南悬天灯，烟云缥缈，烛影摇红。光绪帝神色黯然，完成这个庄严隆重的仪式后，他又将被关回那个孤寂幽冷、象征耻辱的瀛台涵元殿。此后，光绪帝的作用也仅限于出席此类典礼活动，充当大清"门面"。

慈禧这次训政，皇帝缺席，但她却可以继续用光绪帝的名义发号施令，独断朝廷大事。她首先要为自己的所作所为"正名"，要向朝中大臣、外国使节证明，她发动的这样一场政变是正确的、正当的、完全有利于朝廷的。纠错的办法是全盘恢复旧制。光绪二十四年（1898）八月十一日，慈禧在谕旨中说，现在时事艰难，一切改革事宜应该斟酌考量。八月二十四日，她下令恢复科举制度，裁撤农工商总局。九月十八日，武举考试恢复。如此一来，维新变法的成果可以说荡然无存。慈禧的第二步是铲除那些冒犯、反对她的人，然后将她的心腹安排到重要职位上。任何皇亲国戚，不管官居何位，如若存二心，不忠于朝廷、不支持她，都会受到严惩。满族亲王若有谋反动机和言行，都很难逃过慈禧的"法眼"。

戊戌政变后不到一年，慈禧就将支持维新变法的汉臣和帝党清除殆尽，重用王室宗亲和满人。朝中大臣之间的钩心斗角、拉帮结派越来越明显，对权与利的争夺越来越激烈。

在戊戌政变中大捞好处的无疑是荣禄、袁世凯等人。早在光绪二十四年（1898）五月，慈禧就擢升荣禄为直隶总督、北洋大臣，控制京津地区，并掌控人事任免权。为了应对日益严重的外患，八月二十六日，慈禧特简荣禄为钦差大臣，节制宋庆所部毅军、董福祥所部甘军、聂士成所部武毅军及袁世凯所部新陆军，统率督练各军。十月二十四日，荣禄奏请练兵筹饷，将毅军、甘军、武毅军、新陆军整合起来，分前、后、左、右四军，各驻防地；荣禄自募一支中军，驻南苑安营操练，确保京畿安全。

光绪二十五年（1899）二月二十日，荣禄在北洋新军的基础上创立武卫军，同时奏请奖励各军。袁世凯的新陆军训练三年，卓有成效，经荣禄奏保，袁世凯因"勤明果毅，办事认真"，奉上谕"着交部从优议叙"。新陆军则改称"武卫右军"，拱卫京津。

事实上，政变后的满汉矛盾、新旧矛盾、朝廷与地方督抚的矛盾，彼此交织，异常突出。后党内部，荣禄与刚毅在军机处明争暗斗，对时局影响甚大，紧紧追随荣禄的袁世凯也受到波及。

光绪二十五年（1899）春，山东巡抚张汝梅被参劾。围绕此事，荣禄、刚毅两派针锋相对。正月十八日，翰林院侍讲学士陈秉和率先发难，参劾张汝梅奉职无状，纵容义和团，并含沙射影地攻击荣禄。在奉旨回奏时，陈秉和更明确指出，张汝梅与荣禄"相交甚密，至其往来交通，事情暧昧"。参劾疆臣，牵连枢臣，显然事有根源，其幕后主使便是刚毅。对此，荣禄进行了反击，陈秉和随后遭到上谕严厉斥责："荣禄由西安将军于光绪二十年八月来京，张汝梅于二十一年正月由陕西臬司简放陕西藩司，其护理巡抚则在是年四月，斯时荣禄早已在京供职。所称往来交通情密，更可不辩自明。即使近在同城，亦安见即有密交暧昧之事？"因"信口捏造"，陈秉和被传旨"申饬"。

但陈秉和的奏折中还有一条是批评张汝梅派差时任用子侄亲戚，如"袁保纯之委铜山盐务，袁世敦之委带营务"等，指责他们"狼狈为奸"。袁世凯因叔父袁保纯、弟弟袁世敦而牵涉其中。朝廷派户部右侍郎溥良①查办此案，经过多日细查，溥良奏称，张氏所说"尚无不合"，"唯该员等究系该抚子侄之亲戚，虽例无应行回避明文，该抚当援照李秉衡②成案奏明请旨遵行，似不应遽委差缺致招嫌怨"。言外之意，张汝梅还是有任用私人之嫌。

如此一来，荣禄与刚毅打成平手，但这并不是什么好事，只意味着斗争将继续下去。此案牵涉荣禄、袁世凯甚至李鸿章，清廷内部开明与守旧阵营的对立不言而喻。奉旨前往山东查案的溥良也属刚毅一派。二月初三，朝廷将长期在山东做地方官的署理江宁将军毓贤调任山东巡抚，张汝梅开缺听候查办。后经溥良复奏，称张汝梅在山东巡抚任内，于捕务（惩办义和团）、赈务、河务办理未能尽善，虽无废弛、欺饰情形，但用人不当。慈禧上谕将张汝梅降二级，另候简任；同时命新任巡抚毓贤对袁保纯、袁世敦等人"才具是否称职"，随时"察看"。这个结局恰巧反映了刚毅等人的态度，他虽然一无所得，但内心充满了胜利的喜悦。

荣禄、袁世凯朝中权势日盛，但在留用徐世昌一事上受阻。三月十四日，袁世凯以营务繁重、佐理需才为由，上奏请求丁忧服满的翰林院编修徐世昌继续留在营中效力，并请求"免扣资俸"。他列举翰林院检讨宋育仁③奉旨回籍办理商务、在籍编修范仲垚奏请调充豫省中学堂总教习，均获特旨准其"原资原俸，免其截扣"，希望可以援例恩准。但是，上谕仅同意继续留营效力，"不扣资俸"的要求被拒绝。三月二十七日，与刚毅关系密切的山西监察御史彭述④上折呼应，对此举大为赞

① 溥良（1854—1922）：字玉岑，满洲镶蓝旗人，雍正帝六世孙，清朝宗室，历任广东学政、理藩院左侍郎、户部右侍郎、都察院满左都御史、礼部尚书、察哈尔都统等职。

② 李秉衡（1830—1900）：字鉴堂，今辽宁庄河鞍子山人，晚清大臣，历任广西按察使、巡阅长江水师大臣。八国联军进攻大沽后，从江苏率兵北上，保卫北京，在杨村战败，退至通州后服毒自杀。

③ 宋育仁（1857—1931）：字芸子，四川富顺人，中国早期资产阶级改良主义思想家，曾出任英、法、意、比四国公使参赞，考察西方社会、经济、政治制度，积极策划维新大计，提倡民主共和。回国后参加强学会，主讲"中国自强之学"。

④ 彭述（1854—1912）：字向青，湖南清泉县城东郊彭家园（今衡阳市珠晖区酃湖乡解放村）人，晚清大臣，曾任翰林院编修及光绪帝的书法侍讲，兼教皇族诸子弟。

赏，并请饬部将奏调滞留在外当差之京员与候选人员一并明定章程，不准免扣资俸，避免某些官员"假公济私"，以为"巧宦之阶"。显然，这是针对袁、徐的嘲讽，幕后仍有刚毅的支持。

就在朝廷内部纷争不断的时候，西方列强的侵华活动也日甚一日。光绪二十五年（1899）正月，意大利效仿英、德、俄等国，趁火打劫，要求租借浙江的三门湾，并派军舰在杭州湾一带游弋。二月初六，清廷命两江总督刘坤一、浙江巡抚刘树堂全力布置防范。

二月二十日，德国军队也借故从山东青岛出发，滋扰日照、兰山等地。朝廷急命张汝梅、毓贤饬总兵夏辛酉[1]兼程前往，相机行事。一个月后，朝廷又以山东德军情形叵测为由，让新任山东巡抚毓贤拣派将领，严密布置，预占先机，甚至不惜以陆上应战来阻止德军进犯。同时命袁世凯率兵前往德州，以"弹压匪类，保护教民"。在上谕下发的前一天，荣禄写信给袁世凯密授机宜：

蔚廷仁弟大人阁下：十九日差弁来，接奉手书，备悉一是。电报亦阅悉。近日如有探电仍望速示，缘上时常问询盼念也。洋员巴森斯所述各节，昨已另缮节略，恭呈御览，当奉慈谕一切云云，此早遵即将致吾弟之函又复呈览，奉谕即行达知。兹特将原稿二件抄呈，希即遵旨办理，望即答复以便复奏。是为至要。吾弟于接奉后应带队伍若干，约于何日起行，均随时示知，以备垂询。在上意似不动声色，以免德夷知之，借为口实，故不由枢府、总署传知耳。尚望秘密为妥，倘将来该夷没有蠢动，亦须飞电达知，以便请旨遵办，切勿造次。转恐外人有所借口，则不妙也。至于该夷一切举动、情形，务望多发侦探，随时电兄知之。或专书亦可，万一有战事，兄必即来为吾弟接应耳。总之，时势如此艰窘，原不敢轻于言战，然设时逼处，此亦不得不较量短长也。老弟

---

① 夏辛酉（1843—1908）：字绍裳、庚堂，山东郓城人，晚清大臣，曾为左宗棠部下，参与平定新疆之乱。中日甲午战争中驻防登州，任水师长官。历任兖州镇总兵、登州镇总兵、武卫军先锋左翼长、云南提督兼帮办北洋大臣、帮办南洋大臣等职。

明珠在抱，自然措置裕如，不致操切也……

荣禄顿首

廿一日亥正三刻灯下

这封信是袁世凯与荣禄交流对策的确证，透露出荣禄随时将从袁世凯那里获取的情报直接禀报慈禧，并绕过军机处和总理衙门直接传达旨意的内情。刚毅之所以嫉恨荣、袁二人，是因为他觉得自己作为军机大臣的权力被剥夺了，所以他在义和团的剿抚问题上持截然不同的态度。

在权臣中，袁昶和许景澄之死也反映出朝廷内部斗争的激烈程度。光绪二十六年（1900）五月十八日，总理衙门大臣袁昶在连上二疏请求剿杀拳"匪"无果后又许景澄冒死联名上书，弹劾大学士徐桐、刚毅、启秀等人，并暗指载漪等皇亲袒护义和团。他们向慈禧力谏剿灭拳民，诛杀纵"匪"祸首以退洋兵，保全社稷：

窃自拳匪肇乱，甫经月余，神京震动，四海响应，兵连祸结，牵动全球，于千古未有之奇事，必酿成千古之奇灾。昔咸丰年间之发匪，负隅十余年，蹂躏十余省。上溯嘉庆年间之川陕教匪，沦陷四省，窃踞三四载。考之方略，见当时兴师振族，竭中原全力，仅乃克之。至今视之，则前数者，皆手足之疾，未若拳匪，为腹心之疾也。盖发匪捻匪教匪之乱，上自朝廷，下至闾阎，莫不知其为匪，而今之拳匪，竟有身为大员，谬视为义民，不肯以匪目之，亦有知其为匪，不敢以匪加之者。无识至此，不特为各国所仇，且为各国所笑。查拳乱之始，非有枪炮之坚利，战阵之训练，徒以"扶清灭洋"四字，号召不逞之徒，乌合肇事。若得一牧令将弁之能者，荡平之而有余。

…………

今朝廷方与各国讲信修睦，忽创灭洋之说，是为横挑边衅，以天下为戏。且所灭之洋，指在中国之洋人而言，抑括五洲各国之洋人而言？仅灭在中国之洋人，不能禁其续至；若尽灭五洲各国，则洋人之多于华人"奚啻十倍？其能尽与否，不待智者而知之。……近日天津被陷，洋兵节节内逼，曾无拳匪能以邪术阻令前进，诚恐旬月之间，势将直扑京师。万一九庙震惊，兆民涂炭，尔时作何景象，臣等设想及之，悲来填膺。而徐桐、刚毅等谈笑漏舟之中，晏然自得，一若拳匪仍以可作长城之恃。盈廷惘惘，如醉如痴。亲而天潢贵胄，尊而师保枢密，大半尊奉拳匪，神而明之。甚至王公府第，亦设有拳坛。拳匪愚矣，更以愚徐桐、刚毅等；徐桐、刚毅等愚矣，更以愚王公。是徐桐、刚毅等实为酿祸之枢纽！若非皇太后、皇上立将首先祖护拳匪大臣，明正其罪，上伸国法，恐朝臣佥为拳匪所惑，外臣之希合者接踵而起，……国家三百年宗社，将任谬妄诸臣，轻信拳匪，为孤注之一掷，何以仰答列祖在天之灵！臣等愚谓时至今日，间不容发，非痛剿拳匪，无词以止洋兵，非诛祖护拳匪之大臣不足以剿匪。方匪初起时，何尝敢抗旨辱官，毁坏官物？亦何尝敢持械焚劫，杀戮平民？自徐桐、刚毅等称为义民，拳匪之势益张，愚民之惑滋甚，无赖之聚愈众。……应请旨将徐桐、刚毅、启秀①、赵舒翘、裕禄、毓贤、董福祥先治以重典，其余祖护拳匪，与徐桐、刚毅等谬妄相若者，一律治以应得之罪，不得援议贵议亲为之末减。庶各国恍然于从前纵匪肇衅，皆谬妄诸臣所为，非国家本意，弃仇寻好，宗社无恙。然后诛臣等以谢徐桐、刚毅诸臣。臣等虽死，当含笑入地。无任流涕具陈，不胜痛愤惶惶之至。

袁昶、许景澄言辞恳切地向朝廷建言将主张招抚义和团拳民的大臣治罪，杀掉那些"匪首"，让洋人退兵，劝请慈禧不可依仗拳民神功向列强宣战，应"与各国讲信修睦"，而不可以天下为戏。

这时的慈禧还在为洋人反对废帝而生气，她怎么可能听得进逆耳忠言？五月二十日，她召开紧急御前会议，讨论的问题有两个：一是对义

---

① 启秀（1839—1901）：字松岩，满洲正白旗人，晚清顽固派大臣的重要人物，历任内阁学士、刑部侍郎、礼部侍郎、礼部尚书、军机大臣兼总理各国事务衙门。

和团是剿还是抚，二是对八国联军是战还是和。这两个问题其实是息息相关的：如进剿义和团，必然与八国联军讲和；若招抚义和团，必然与八国联军开战。荣禄在会前对慈禧说，端郡王载漪呈奏的那份所谓洋人要太后归政的照会是伪造的，此事由载漪主谋，由军机章京连文仲起草。慈禧太后听了非常生气，阶下垂手而立的载漪不敢吭声，连忙退值。但慈禧并没有深究载漪的责任，几天后反而让他全权代理总理衙门事务。仅此一点，就让朝中官员清楚地看出慈禧的立场。

已被软禁的光绪帝也参加了这次会议。他对内阁学士许景澄说："国命安危，在此一举。……你搞了多年外交，熟知洋务，理当明白大势，帝国究竟能否与各国开战，请直言无讳。"许景澄回禀道："无论是非得失，万无以一国尽敌诸国之理。"光绪帝得到了满意的答复，并在稍后的讨论中进一步大谈"断无同时与各国开衅理"，他举甲午中日之战为例："甲午一战，创巨痛深。……况诸国之强，十倍于日本，合而谋我，何以御之？"光绪帝的态度受到多数与会朝臣的赞赏，军机大臣王文韶非常激动，伏地叩头，大声说道："圣虑及此，国之福也！"

当然，袁昶、许景澄深知光绪帝的表态并没有实际作用，他们也知道慈禧的真实意图，并从慈禧及一些朝臣支持义和团围攻教堂、使馆的"千古奇事"中看出了事态的结局——必酿成大祸。奏折有违慈禧招抚义和团"借御外侮"的意旨，他们已经预料到可能会招来杀身之祸，但还是冒死以谏。慈禧认为这是故意与她作对，挑战她的权威。另外，内阁学士联元、户部尚书立山、兵部尚书徐用仪等人也坚决反对义和团围攻使馆的不理智行为，对袁昶、许景澄二人的奏折表示赞同。慈禧一看有这么多大臣反对自己，更加火冒三丈，加上徐桐、刚毅、载漪等人的反扑，慈禧很快下令处斩袁、许二人，理由是两人"屡次被人参奏，声名恶劣，平日办理洋务，各存私心。每遇召见时，任意妄奏，莠言乱政，且语多离间，有不忍言者，实属大不敬"。

慈禧之所以坚决严惩袁昶、许景澄，与载漪、裕禄、毓贤、刚毅、董福祥等人有很大关系，这些人都主张招抚义和团。尤其是载漪，早就因袁昶、许景澄反对立自己的儿子为皇储，对他们怀恨在心。在慈禧宣抚拳民为义民、对列强宣战之际，袁昶、许景澄又与徐用仪、立山、联元一起表示反对，矛头直指载漪，所以他必欲除之。

同时，这场斗争也反映出清廷的对外政策。慈禧向列强宣战，不过是她的"恋权癖"使然。她视国家的一切为私产，也视权力为家产，只要能保住"家产"，国家的任何东西都可以拱手让人。尽管她已知外交团照会是载漪伪造，但还是不满外国势力插手她的"家事"，更不满大臣站在光绪帝那边。载漪等人正好利用慈禧的这种心理来剪除政敌。

光绪二十六年（1900）七月初四午时，许景澄、袁昶被五花大绑，在一队清兵的押送下由刑部大牢移至北京城南临时搭起的一个刑场。他们遭到麻木无情的市民和狂热的义和团员的唾骂，"杀死卖国贼"的口号一声高过一声。

袁、许二人死后，徐用仪、联元和立山三人表示同情，结果也难逃厄运。行刑后，因为许、袁二人的家人不敢收殓，徐用仪出面安葬了他们。载漪、刚毅等人得知后，立即授意一伙拳民闯入徐家，将徐用仪及其家人紧紧捆住，用乱刀捅死。接着，载漪、刚毅又指使拳民去联元家中杀了联元。联元被杀后，载漪亲率一队拳民去"收拾"立山。因为立山在廷议时说义和团神术多不灵验，载漪便让拳民把立山带到设在其家门口的坛前焚表查验。尽管查验时纸灰上升，证明立山不是私通洋人的"二毛子①"，但拳民还是不由分说将他押送至监狱。载漪、刚毅等人只想借机铲除异己，根本没有考虑国家安危和百姓生死。

在载漪等人请旨诛杀徐用仪、联元和立山三人时，慈禧立即以光绪帝的名义宣谕将三人典刑，并为三人罗织罪名。兵部尚书徐用仪屡次被人参奏，声名恶劣，办理洋务贻患甚深；内阁学士联元，召见时任意妄奏，语涉离间，与许景澄等厥罪惟均；已革户部尚书立山，平日语多暧昧，动辄离间。

---

① 二毛子：当时信奉天主教、基督教的中国人被统称为"二毛子"。

第十二章　屈　辱　外　交

1. 联军入侵京城

慈禧眼看事态失控，终于感到害怕了，她让军机处传旨，令两广总督李鸿章、山东巡抚袁世凯火速入京勤王。但李鸿章已与两江总督刘坤一、湖广总督张之洞达成共识，形成"东南互保"阵营，不愿遵旨奉行，而坐镇山东的袁世凯眼见因慈禧的妄自决断导致北方省份一片混乱后也很不满，加入了"东南互保"的阵营。

光绪二十六年（1900）五月二十一日，张之洞给军机处复电，奏称"邪术不能御敌，乱民不能保国"。可见，地方与朝廷的矛盾已显现出来，但是战是和，最后的决策权仍然掌握在慈禧手里。同一天，慈禧召开御前会议。这次会议讨论的主题依然是与外国的战与和问题，会上主和的声音越来越高。久未露面的光绪帝也参加了廷议，他疾呼："战非不可言，顾中国积衰，兵又不足恃，用乱民以求一逞，宁有幸乎？"慈禧听了十分生气，而支持她主战的大臣载漪、刚毅却讲不出若开战清廷一方有何优势，只说凭借义和团十几万之众的"神功"足以取胜。两派各执一词，最后仍未形成决议。

次日，慈禧再次召开御前会议。由于光绪帝没有发言，对外宣战的呼声一下子高涨起来，仍坚持议和的只有王文韶、许景澄、联元等少数大臣。慈禧在拍案斥责他们的时候，突然灵光一现，可以派王文韶、许景澄为代表，以联军不得进京为条件，去跟洋人谈判，如果洋人答应了，那就和，否则便开战。她预料洋人断然不会答应，只是想以此逼迫王文韶等人赞同宣战。

这时，光绪帝突然从座椅上站起来，走到许景澄面前，拉着他的手，颤抖地告诉他再等等。许景澄对光绪帝此举十分诧异，但见百感交集的光绪帝眼中泪光闪闪，不由得也眼角湿润，君臣二人拉着手相对垂泪。"朕一人死不足惜，但天下苍生将如何是好？"光绪帝说。许景澄随即跪倒，拽着光绪帝的衣角泣不成声。丹墀上的慈禧一看情形不对，呵斥道："许景澄无礼！"仅仅一个多月后，许景澄被斩首示众。

既然慈禧心意已决，开再多的御前会议也没有任何意义了，而且联军也根本没有耐心等清廷统一意见后再有所行动。五月二十三日，天津大沽沦陷的消息传到北京，慈禧命人尽快向西方列强下战书，同时任命刚毅、载漪、载勋、载濂、载澜统领义和团，载勋任步军统领九门提督，准备迎战。

五月二十五日，慈禧以光绪帝的名义，发表了《对万国宣战诏书》，向英国、美国、法国、德国、意大利、日本、俄罗斯、西班牙、比利时、荷兰、奥地利十一国同时宣战。诏书说：

我朝二百数年，深仁厚泽，凡远人来中国者，列祖列宗罔不待以怀柔。迨道光、咸丰年间，俯准彼等互市，并乞在我国传教；朝廷以其劝人为善，勉允所请，初亦就我范围，遵我约束。讵三十年来，恃我国仁厚，一意拊循，彼乃益肆枭张，欺临我国家，侵占我土地，蹂躏我人民，勒索我财物。朝廷稍加迁就，彼等负其凶横，日甚一日，无所不至。小则欺压平民，大则侮慢神圣。我国赤子，仇怨郁结，人人欲得而甘心。此义勇焚毁教堂、屠杀教民所由来也。朝廷仍不肯开衅，如前保护者，恐伤吾人民耳。故一再降旨申禁，保卫使馆，加恤教民。故前日有"拳民、教民皆吾赤子"之谕，原为民教，解释夙嫌。朝廷柔服远人，至矣尽矣！然彼等不知感激，反肆要挟。昨日公然有社士兰照会，令我退出大沽口炮台，归彼看管，否则以力袭取。危词恫吓，意在肆其猖獗，震动畿辅。

平日交邻之道，我未尝失礼于彼，彼自称教化之国，乃无礼横行，专肆兵坚器利，自取决裂如此乎。朕临御将三十年，待百姓如子孙，百姓亦戴朕如天帝。况慈圣中兴宇宙，恩德所被，浃髓沦肌，祖宗凭依，神只感格。人人忠愤，旷代无所。朕今涕泣以告先庙，抗慨以示师徒，与其苟且图存，贻羞万古，孰若大张挞伐，一决雌雄。连日召见大小臣工，询谋佥同。近畿及山东等省义兵，同日不期而集者，不下数十万人。下至五尺童子，亦能执干戈以卫社稷。

彼仗诈谋，我恃天理；彼凭悍力，我恃人心。无论我国忠信甲胄，礼义干橹，人人敢死，即土地广有二十余省，人民多至四百余兆，何难减比凶焰，张我国威。其有同仇敌忾，陷阵冲锋，抑或仗义捐资，助益饷项，朝廷不惜破格懋赏，奖励忠勋。苟其自外生成，临阵退缩，甘心从逆，竟做汉奸，朕即刻严诛，绝无宽贷。尔普天臣庶，其各怀忠义之心，共泄神人之愤，朕实有厚望焉！

宣战书写得慷慨激昂，强调宣战实属外国逼迫，声明是在忍无可忍的情况下，才决定对"彼等""大张挞伐，一决雌雄"。其实，下这道诏书时，联军已经对华采取了侵略行动，却一直以镇压义和团为借口，目的是夺取话语权——把侵略战争说成是对义和团的报复行动。列强早有瓜分中国的野心，而此战书一下，清朝反而成了主动挑战，给侵略者提供了口实。十一国洋人看到诏书后喜不自禁，最终，英、法、德、俄、美、日、意、奥八国军队集中攻打天津。

在天津保卫战后期，马玉昆的武卫左军及义和团一部在海河西岸紫竹林租界北面的老龙头火车站拒敌，张德成率义和团主力攻打紫竹林租界，皆败。聂士成的武卫前军坚守在城南海光寺一带。六月十三日的八里台一战，聂士成身中七弹，腹破肠流仍坚持战斗，直至血竭而亡。六月十八日，天津沦陷。直隶总督裕禄兵败后在逃亡途中自杀。

八国联军重新集结后，派出两万余人由天津向北京大举进攻。天津至北京，陆路约一百三十公里，八国联军沿途几乎未遭到大规模抵抗。七月十二日晨，联军乘胜分路进攻天津杨村的清军阵地，驻守此地的宋庆部一触即溃，与北仓退下来的马玉昆残部一起退往通州方向。同日，李秉衡率军离京赶至天津西北部的河西务。七月十五日晨，清军尚未构筑完防御工事，联军已包抄过来。李秉衡督率各路清军迎战，但有的部队稍战即溃，有的部队虽作战勇敢，但因兵力不足而无法击退联军。马玉昆的残部则遇敌不战，一直溃逃到京城南苑。七月十六日，李秉衡退至张家湾，次日悲愤自杀。

七月十六日，慈禧与荣禄、董福祥商议西行之事，她暗自告诫两人届时带兵护卫。七月十八日，联军不战而取通州，然后直逼北京。此时董福祥率领武卫后军围攻使馆已一月有余，东交民巷使馆区以寡敌众，坚守待援。这天荣禄入宫，向慈禧汇报这些战况。慈禧正在深宫静候消息，得知李秉衡兵败战死，神色黯然，悲从中来，忍不住哭出声来。

因情势紧急，当日夜半时分，慈禧再次召见众军机大臣，应召前来的只有刚毅、赵舒翘、王文韶。慈禧不悦地问："其他大臣哪里去了？难不成要丢下我们母子二人不管不成？无论有什么事，你们三个一定要跟我走。"站在下面的几位大臣都无言以对。

慈禧见没人搭话，又对王文韶说："你年纪太大，我不忍叫你吃苦，你随后赶来吧。"王文韶谢恩："臣不胜感激，将尽力赶上。"慈禧转而看向刚毅和赵舒翘，说："你们两个会骑马，应该随我走，一路照料，一刻不能离开。"但他们没有像往常那样铿锵应诺。

七月十九日夜，联军约两万人分三路冒雨围攻北京。一路以日军为主攻，从通州经八里桥、关东店攻朝阳门；一路以俄军为主攻，沿通惠河北岸经八里庄、郎家园攻东便门；一路以英军为主攻，沿通惠河南岸经苏家沟、关厢攻广渠门。另有联军三千人从天津出发，以为后援。

七月二十日凌晨，八国联军对北京发起总攻。上午十一时左右，东便门被攻破，部分美军最先攻入外城。同时英军抵广渠门，乘虚攻城，于十四时进入城内，十五时抵达使馆区。俄军在美军的配合下，于当天午后进入城内。七月二十一日晨，八国联军向北京内城及紫禁城发起进攻。

八国联军攻入北京的那天晚上，慈禧只睡了一个时辰，宁寿宫附近的榴弹爆炸声把她惊醒后，她就起床独自坐在乐寿堂里发呆。七月二十一日清晨，值日大臣载澜匆忙入内殿报告皇城被攻破，慈禧见事已急迫，来不及做充分准备，匆匆梳洗完毕，穿上一件蓝色布衫，装扮成农村老妇的模样。她平生第一次把头发梳成汉人的样式，看着镜中不施粉黛，甚至有些穷酸的自己，她感慨道："谁料今天竟到这样地步！"她原本以为京城即使守不住，至少可以强撑数月，没想到京畿官军四卫和数万拳民连半个月也守不了。惊恐之余，慈禧挟光绪帝、载澜、载漪、奕劻、刚毅等王公大臣及太监李莲英，从西华门至德胜门，经颐和园、居庸关逃出北京。这一天雨一直在下，仓皇出逃的人们没有雨衣雨伞，一个个淋得像落汤鸡一样，狼狈万分，而慈禧和光绪则挤在三辆普通的骡车里颠簸。

当联军冲开天安门，向皇城的第二道城门进攻时，遭到城楼上猛烈火力的攻击。这日，联军炮声不绝，齐向内城轰击。美军在正阳门上开炮，前三门内火烟滚滚。及夜，北望城内，半天通红，亮如白昼。深夜子时，官兵在天安门与洋兵接仗，后因洋兵炮火猛烈，清兵势弱，只得收队入午门。清军虎神营守后门、景山一带，列阵而待，黎明之时与洋兵鏖战许久，阵亡士卒尸横遍野。洋人联军的炮火将后门轰毁，两旁房屋均被烧成灰烬。守安定门的黑龙江将军延茂眼看大势已去，仍与将士坚守，最终因兵败城破而自焚。之后，京师内九门被英、日、美、俄四国所占，他们在门楼上竖起各自国家的国旗。清军在各街道与联军巷战，联军与清军交战一日，彼此均不甘休，日、俄、英各军驱逐清兵退至西、北两个方向，美军则带炮兵进攻皇城南门，当即炸毁数门。

七月二十二日，清军继续在京城各处激烈巷战。目击的美国人说："有数千人自前日下午，已藏于宫墙之内，以候机会。中国枪弹亦甚猛，我由破裂倾斜之门跑进，心中跳动不已。""有清朝军民尸体在地，此皆性质坚毅，遇攻不退，死而犹烈者也。"

七月二十三日七时，日军、法军救援西什库教堂，在西华门与清军激战，清军战死八百人，法军死两人、伤三人。十时许，法公使、提督皆在西什库教堂与法国大主教樊国梁相见，"互庆余生，拥抱为礼"。该教堂被围两月有余，"共死教民四百人，地雷炸死小孩七十六口，法兵死十人，意兵死五人"。

至晚间，八国联军占领了北京全城。日本人植松良二在现场报道说："巍然之橹楼，为联军击碎烧弃，已失数百年来巍奂之美观，旧迹留者，仅一二耳。城内外惨遭兵燹，街市毁失，十分二三。居民四面逃遁，兄弟妻子离散，面目惨淡。货财任人掠夺者有之，妇女任人凌辱者有之，不能自保。此次入京之联军，已非复昔日之纪律严明。将校率军士，军士约同辈，白昼公然大肆抢夺，此我等亲见。"

随后，八国联军把北京分成不同的占领区，实行军事管治。各国司令官特许其军队公开抢劫三日，北京陷入空前的劫难与痛苦中，这是中国首都数百年来首次被外国军队洗劫。

紫禁城和颐和园里的珍贵文物被洗劫一空，"自元明以来之积蓄，上自典章文物，下至国宝奇珍，扫地遂尽"。俄军最高指挥官阿列科谢耶夫将军等人把慈禧寝宫中用黄金和宝石精制的数十件珍宝据为己有。英法士兵把各类珍宝抢光以后，又搬取大件之物，用大衣包、布袋装，运回驻地。仅嵩祝寺一处，便丢失镀金铜佛三千余尊、锦绣制品一千四百件、铜器四千三百件。就连太和殿前存水的铜缸上面的镀金，也被侵略者用刺刀刮去，至今刮痕斑斑。一位目击者写道："各国洋兵，俱以捕挐义和团、搜查枪械为名，在各街巷挨户踹门而入，卧房密室，无处不至，翻箱倒柜，无处不搜。凡银钱钟表细软值钱之物，劫掳一空，稍有拦阻，即被残害。"八国联军还抢走北京各衙署存款约六千万两白银，并放火烧房，掩盖罪证。联军统帅瓦德西向德皇报告称："所有中国此次所受毁损及抢劫之损失，其详数将永远不能查出，但为数必极重大无疑。"

联军除了抢夺财物外，杀人的手段也极其残酷，枪杀、刺死、绞刑、烧死、棍击、勒死、奸杀，无所不用其极。北京街头到处是砍下的人头和无头的尸身，一些房屋里悬有首级和被肢解的尸体。入城之初，八国联军即包围各坛口搜捕义和团拳民，凡是他们住过的地方，全部被烧毁。在西四北太平仓，联军放火，当场烧死一千七百多人。

德军、日军、法军和俄军组成的联军讨伐队最为凶残。他们在北京郊区血洗无数村镇，将男子一律虐杀，在大街上轮奸女性，并将受害者抛入火中。无辜的老人被洋兵当作刺杀活靶，被开膛的儿童的尸体随处可见，老弱妇孺甚至被投入水井和河中。日军抓捕中国人，施以各种酷刑，试验一颗子弹能射穿几个人，或者故意向身体非致命处乱射，看一个人中多少弹才会死去。法军将中国人追进死胡同，用机枪扫射十分钟，不留一个活口……京城到处残垣断壁，尸骸遍野，堂堂天子脚下的皇城变成了人间地狱。而此时逃亡在外的慈禧与光绪帝有如惊弓之鸟，唯恐联军紧随其后，使他们有性命之忧。

2. 珍妃死亡之谜

就在八国联军围攻北京之际，光绪二十六年（1900）七月二十日，光绪帝的爱妃——珍妃死于紫禁城景祺阁旁的井中。珍妃之死留下了许多谜团：她为何被打入冷宫？冷宫指哪里？她是怎样死于井中的？死于何时？自杀还是他杀……一百多年来人们对此做了种种精彩演绎，不少说法也离真相越来越远。与其凭空想象，不如对史料再细心梳理一番，还原当时情形。

光绪帝一生中最爱的女人无疑是珍妃。光绪帝被软禁于瀛台后，紫禁城里的珍妃也被慈禧打入冷宫——后宫东北角一个单独的院落，也叫北三所。传说这是个很神秘的地方，凡紫禁城中的宫女妃嫔有罪过，或被皇帝冷落，或年老有病，就会被发落至此，但北三所的真面目究竟如何，很少有人知道。

　　曾随侍慈禧太后长达八年的宫女何荣儿在《宫女谈往录》中提到，珍妃被关押在北三所最西边的屋子里，屋门由外反锁，有一扇窗是活的，洗漱、饭菜都从窗户外递进去，不许她和下人交谈。珍妃每日吃的是下等人的饭食，一天只为她倒两次马桶。慈禧还派了两个亲信太监轮流监视。最苦的是遇到节日、忌日、初一、十五，老太监奉慈禧懿旨去申斥珍妃的罪过，珍妃则跪在地上敬听。申斥一般在吃午饭的时候进行，结束以后，珍妃必须叩首谢恩。这是后宫中最严厉的家法。

　　那么，慈禧是以什么罪名将珍妃罚到冷宫的呢？珍妃入宫时年纪尚小，但聪敏活泼、谦和有礼、充满朝气，与光绪帝的抑郁胆怯、沉默寡言恰好形成互补。在光绪帝眼中，她像一只飞出笼的鸟儿，使他内心充满了对自立、自强的渴望，因而对她宠爱有加。珍妃工翰墨、会下棋，慈禧有时候也让珍妃站在一旁看着自己写字绘画，婆媳关系起初还算融洽。

　　一般认为，慈禧对珍妃态度的改变是因为光绪帝独宠珍妃而冷落了她的侄女隆裕皇后。慈禧认为光绪帝大婚后数年未育，是他故意疏远了皇后，也是变相表达对她这个安排的不满。不过，这还不至于使婆媳关系恶化到难以调和，慈禧最多只是对珍妃予以训诫。

　　光绪二十年（1894）时值慈禧六旬庆典，光绪帝奉太后懿旨，晋封瑾嫔为瑾妃、珍嫔为珍妃。但没过几天却发生了一件事，使珍妃受到责罚，那就是珍妃穿男装照相。其实，这只是一个借口，真正的原因是甲午战争爆发，主战的帝党与主和的后党僵持不下。珍妃的堂兄、礼部侍郎志锐等弹劾以李鸿章为首的主和派大臣。为了打击帝党，慈禧以"近来习尚浮华，屡有乞请之事"为由，于十月二十九日将珍妃和她的姐姐瑾妃降为贵人。

　　随后，又有人指证珍妃受贿卖官，说珍妃用度不足，又不会节省，亏空日甚，于是自找生财之道，与太监联合起来向外受贿卖官。据说，珍妃依靠胞兄志琮，串通奏事处太监"拉官纤"——收人钱财，为人跑官。奏事处原是太监与朝廷官员传达沟通之处。因为有利可图，太监中最有势力的人均有染指，珍妃所住景仁宫的太监也有涉及。私卖官职所收取的贿款，一部分供给珍妃，其余由各层私分。

十一月初一，慈禧发布了一道措辞严厉的懿旨："皇后有统辖六宫之责。俟后妃嫔等如有不遵家法，在皇帝前干预国政，颠倒是非，着皇后严加访查，据实陈奏，从重惩治，决不宽贷。"这显然跟珍妃支持光绪帝主战有关。同一天，慈禧又单独给瑾妃、珍妃姐妹俩传手谕进行斥责："瑾贵人、珍贵人着加恩准其上殿当差随侍，谨言慎行，改过自新，平日装饰衣服俱按宫内规矩穿戴，并一切使用物件不准违例。皇帝前遇年节照例准其呈递食物，其余新巧稀奇物件及穿戴等项不准私自呈递，如有不遵者，重责不贷。"从中不难看出，慈禧对珍妃的不满已达到一定程度，而对她的限制也延伸到宫廷生活的各个方面。据说珍妃和光绪帝志趣相投，都喜欢西洋的新奇玩意，如钟表、相机之类。她还常与光绪帝"互换装束，以为游戏"。这算不上大过，斥责一番足矣，故而慈禧仍然允许她侍奉太后和皇帝，改过自新。

光绪二十一年（1895）甲午战争结束，朝中关于主和还是主战的争论告一段落，慈禧也给珍妃姐妹恢复了封号。十月十五日，由敬事房传下一道懿旨："着加恩瑾贵人，赏还瑾妃，珍贵人，赏还珍妃。"

真正使珍妃的命运发生逆转的，还是维新变法运动。光绪二十四年（1898），慈禧发动戊戌政变，软禁光绪帝，随即将珍妃再次"褫衣廷杖"并打入冷宫。正所谓"城门失火，殃及池鱼"，光绪帝和珍妃受惩罚的同一天，他们身边的太监、宫女也难以幸免。

珍妃在冷宫被软禁了三年之久。为了给侄女出气，慈禧把珍妃和隆裕皇后都叫到身边，她让隆裕皇后掌掴珍妃，以解多年胸中郁积之气。当着太监宫女的面，珍妃大受羞辱。这段时间，多亏固伦荣寿公主的庇护，珍妃才勉强苟活，不致被折磨致死。光绪二十六年（1900）五月中旬，八国联军进犯天津，慈禧召开紧急御前会议，光绪帝终于有了露面的机会。会后，他暂时住到养心殿，直到出逃。在这里近两个月的时间，光绪帝想到了被幽禁的珍妃：几年未见，珍妃一定也吃了不少苦，难为她咬牙忍受着。眼下太后在宫中的眼线众多，相会实在艰难。想到这里，光绪帝长叹一声。

慈禧向十一国宣战后，全国处于战争状态，京城也将成为战场。慈禧知道在这种情况下，光绪帝更得留在皇城，她要让朝廷内外看到皇帝在朝中仍有决策权，所有的圣旨都是以皇帝名义发布的。虽然这是自欺欺人之举，但对稳定民心、军心还是有作用的。直到安定门被攻破，慈禧才不得不紧急出逃。

据说，出逃前光绪帝向慈禧请求留在京师，准备亲自前往东交民巷与各国使臣面谈，以求议和。慈禧当即意识到光绪帝留在京城势必会对自己掌权造成威胁，切不可给光绪帝摆脱自己控制的机会，如果他真去跟洋人和谈，得到外国支持，第三次训政又将夭折，而自己先前的诸多举措也将被废除，她个人也将面临极大的危险。所以，她坚决不同意，一定要带光绪帝出逃。

但有一个人不能带走，那就是光绪帝最宠爱的珍妃。慈禧考虑到如果把珍妃留下，洋人攻进紫禁城后，这么一位年轻貌美的妃子一定会受辱，有损皇家的脸面。既不能带走又不能留下，赐死就成为唯一的选择。

七月二十一日清晨，光绪帝准备随慈禧一起出逃时，才得知珍妃已经身死。正因为史料中对此事或避而不谈，或语焉不详，才给了人们无限想象的空间。

内务府大臣景善在《庚子日记》中记述："二十一日，文年告予……嫔妃皆于三点半钟齐集。太后先下一谕，此刻一人不令随行。珍妃向与太后反对者，此时亦随众来集，胆敢进言于太后，谓皇帝应该留京。太后不发一言，立即大声谓太监曰：'把她扔到井里去！'皇帝哀痛至极，跪下，恳求。太后怒曰：'起来，这不是讲情的时候，让她就死罢，好惩戒那些不孝的孩子们，并叫那鸥枭看看，她到羽毛丰满的时候，就啄她母亲的眼珠子。'李莲英等遂将珍妃推于宁寿宫外之大井中。皇帝怨愤之极，至于战栗。"这是说慈禧出逃前临时起意，命人匆匆将珍妃投入井中。

那么，亲历此事的宫女和太监又是怎么说的呢？《宫女谈往录》中披露了详情：

七月二十日那天中午……老太后吩咐我①，说要在未正时刻召见珍妃，让她在颐和轩候驾，派我去传旨。……珍妃在接旨以前，是不愿意蓬头垢面见我们的，必须给她留下一段梳理工夫。由东北三所出来，经一段路才能到颐和轩。我在前边引路，王德环在后边伺候。我们伺候主子向例不许走甬路中间，一前一后在甬路旁边走。小主一个人走在甬路中间，一张清水脸儿，头上两把头摘去了两边的络子，淡青色的绸子长旗袍，脚底下是普通的墨绿色缎鞋（不许穿莲花底），这是一副戴罪的妃嫔的装束。她始终一言不发，大概她也很清楚，等待她的不会是什么幸运的事。

到了颐和轩，老太后已经端坐在那里了。我进前请跪安复旨，说珍小主奉旨到。我用眼一瞧，颐和轩里一个侍女也没有，空落落的只有老太后一个人坐在那里，我很奇怪。珍小主进前叩头，道吉祥，完了就一直跪在地下，低头听训。这时屋子静得连掉地下一根针都能听得清楚。

老太后直截了当地说："洋人要打进城里来了，外头乱糟糟，谁也保不定怎么样，万一受到了污辱，那就丢尽了皇家的脸，也对不起列祖列宗，你应当明白。"话说得很坚决。老太后下巴扬着，眼连瞧也不瞧珍妃，静等回话。

珍妃愣了一下，说："我明白，不曾给祖宗丢人。"

太后说："你年轻，容易惹事！我们要避一避，带你走不方便。"

珍妃说："您可以避一避，可以留皇上坐镇京师，维持大局。"

就这几句话戳了老太后的心窝子了，老太后马上把脸一翻，大声呵斥："你死到临头，还敢胡说。"

---

① 此处的"我"是指太监崔玉贵。

珍妃说："我没有应死的罪!"

老太后说："不管你有罪没罪,都得死!"

珍妃说："我要见皇上一面。皇上没让我死!"

太后说："皇上也救不了你。把她扔到井里头去! 来人哪!"

就这样,我和王德环一起连揪带推,把珍妃推到贞顺门内的井里。珍妃自始至终嚷着要见皇上,最后大声喊:"皇上,来世再报恩啦!"我敢说,这是老太后深思熟虑要除掉珍妃,并不是在逃跑前,心慌意乱,匆匆忙忙,一生气,下令把她推下井的。

而晚清太监回忆合集《太监谈往录》中则这样写道:"不意义和团事起,都城不保。太后命皇上、皇后、珍瑾二妃及大阿哥溥儁一起聚住宁寿宫,预备西巡。在出宫前夕,唯虑珍妃留守宫中不妥,带走也不妥,因而传令将珍妃投入乐寿堂后西所井中。诸老太监闻言均已回避,小太监崔玉贵不敢远离。太后生气说:'玉贵把她推下去,你们都该杀。'崔玉贵不敢违抗,竟将珍妃推落井中。"太监崔玉贵一个人能否将有反抗举动的珍妃投入乐寿堂后西所井中,实在令人怀疑。

1930 年,《故宫周刊》第三十期曾出版"珍妃专号",其中一篇是根据当时尚在世的老太监唐冠卿的回忆写成的,文章写道:"庚子七月十九日联军入京,宫中惊惕万状,总管崔玉贵率快枪队四十人守蹈和门,予亦率四十人守乐寿堂。时甫过午,予在后门休憩,突观慈禧自内出,身后并无人随侍,私揣将赴颐和轩,遂趋前扶持。乃至乐寿堂右,后竟循西廊行,予颇惊愕。启曰:'老佛爷何处去?'曰:'汝勿须问,随余行可也。'及抵角门转弯处,遽曰:'汝可在颐和轩廊上守候,如有人窥视,枪击毋恤。'予方骇异间,崔玉贵来,扶后出角门西去。窃意将或殉难也,然亦未敢启问。少顷,闻珍妃至,请安毕,并祝老祖宗吉祥。后曰:'现在还成话吗? 义和拳捣乱、洋人进京,怎么办呢?'继语音渐微,哝哝莫辨,忽闻大声曰:'我们娘俩跳井吧!'妃哭求恩典,且云未犯重大罪名。后曰:'不管有无罪名,难道留我们遭洋人毒手么？你先下去，我也下去。'妃叩首哀恳，旋闻后呼玉贵。贵谓妃曰：'请主儿遵旨吧！'妃曰：'汝何亦逼迫我耶？'贵曰：'主儿下去，我还下去呢！'妃怒曰：'汝不配！'予聆听至此，已木立神痴，不知所措。忽闻后疾呼曰：'把她扔下去吧！'遂有挣扭之声，继而砰然一响，想珍妃已坠井矣。斯时，光绪帝居养心殿，尚未之知也。"此说在细节上显然有添油加醋的成分，但所述时间、情节与何荣儿老宫女所言大致吻合。

根据唐冠卿的回忆以及对珍妃之死的记录，大致可知，因慈禧当天没有宫女太监跟随，她与珍妃相见的情形无从得知，但两人肯定发生过争执，至于是珍妃自己跳井还是被人投入井中，没有确切证据。仅从挣扭之声推断，珍妃在慈禧的威逼下投井自尽的可能性最大。

珍妃的尸体是在慈禧、光绪帝逃出京师后，由太监、宫女们打捞上来，葬于阜成门外恩济庄太监公墓南面的宫女墓地的，后追谥恪顺皇贵妃，重新葬于光绪崇陵妃园寝。

3. 逃亡岁月

光绪二十六年（1900）七月二十一日，慈禧"挟持"光绪帝踏上出逃之路，沿途只见坊间萧条，狐狸穿行于杂草间，道路旁多是逃难的难民和残兵败卒。这一天，光绪帝与慈禧太后都未进食，只有百姓献上的一些高粱米可以充饥。光绪帝与慈禧用手掬着勉强吃了一些，吃着吃着，慈禧落下泪来，光绪帝也跟着啜泣不止。第二天，马玉昆部队赶到，在部队的护送下慈禧一行继续向北走。来到昌平县时，昌平县令以"守土有责，恐拳匪擅入且未奉诏旨"为由，下令明枪放炮，拒绝他们入城。慈禧无奈，只能绕城而走，至昌平县城附近的贯市。

老宫女何荣儿回忆途中的情形时说："人千算万算也有算计不到的地方。老太后这次出走，什么都不带，只随身带了些散碎银子，以为沿途一定会有卖东西的。有钱能买鬼推磨，这种想法到现在完全落空了。

由海淀奔温泉，由温泉北上到居庸关的古道，原来是南来北往的要道。做买卖的，开客栈的，尤其是驿站，都应该有人支应，可现在跑得一干二净。那些败卒残兵，有什么抢什么，一帮一帮的戴红头巾的义和拳也是有什么拿什么。殷实一点的人家都躲起来了，剩下不藏不躲的人也就穷得只剩一条命了，目前的光景是有势力没处用，有银子没处花。一两银子也换不出一口吃的来。"

贯市是一个回族聚集区，这个地方的老百姓信仰伊斯兰教，多数姓李，是康熙时期著名镖师李五的后代。李氏族长招待得很好，慈禧一高兴，赏了李氏族长四品顶戴。晚上，慈禧、光绪帝和后妃就住在当地一所废弃的清真寺里，其他随行的人只能露宿街头。

次日，军机大臣王文韶赶上，随身带来军机处的全部印信。他按事先预定的路线带领这群"高贵的平民"一路向西。

七月二十三日，慈禧一行到了怀来县，县令吴永赶到榆林堡迎驾，然后，一行人赶至怀来县城，县衙一众人在城门外迎候，这是出京以来第一次有人跪迎皇太后、光绪帝，慈禧的心情稍微好了一些。

此时的慈禧穿了件蓝色的布衫，着普通百姓的发式，完全是个乡下老太太的打扮。光绪穿了件黑色长衫，额上的细发都很长了。因出京后数日都是睡在土炕上，没有铺盖，没有被褥，也没有东西填饱肚子，连续几天仅喝小米粥充饥，众人皆疲惫困顿不堪。慈禧让李莲英给吴永传话，令进献豆粥、寻找烟袋，以及数人换用的衣物。过了半个多时辰，吴永备了四顶轿子，慈禧、光绪帝、皇后、大阿哥才都换乘轿子。怀来县衙的厨夫已经被派出去寻觅可以吃的东西，不得已，吴永的妻子只得先"自入厨房炊饮，煎鸡蛋数枚及泡菜等二三味，草草供馔"。

吴永只有三十多岁，外表文弱，但是十分能干，将怀来县这个又小又穷的县城治理得井井有条。慈禧对吴永很有好感，当面大加赞赏。当晚慈禧再次召见吴永，细问才知道吴永是曾国藩的孙女婿，她马上命吴永打头阵，负责西行的后勤保障。李莲英和王文韶虽然都堪当此任，但毕竟人生地不熟，且年纪较大。过了两天，慈禧将吴永擢升为知府，回銮后又升为广东的道台。

到了七月二十四日，慈禧一行在路上忽然遇到一大队人马，众人吓了一跳，走近一问才知道是甘肃布政使岑春煊①率兵前来护驾。岑春煊的部队都穿着黑衣，号称黑衣军，总共两千多人。慈禧一看有生力军前来勤王，心情顿时轻松许多。

七月二十六日，慈禧以光绪帝的名义下了一封罪己诏。诏书中对列祖列宗及太后训政作了一番颂扬后说："不谓近日衅起，团教不和，变生仓猝，竟致震惊九庙，慈舆播迁。自顾藐躬，负罪实甚。……知人不明，皆朕一人之罪。"光绪帝一路上沉默寡言，除了吃和睡，其余时间几乎都在发呆。

七月二十七日，车驾抵达宣化府。知府、总兵、知县等大小官员数十人，抬着绣龙大轿来到郊外，跪伏路旁恭迎圣驾。慈禧和光绪帝终于重拾皇家尊严。慈禧脸上的疲惫一扫而光，也没有了惊慌失措的神情。她的腰板挺直了，声音也洪亮了，又颐指气使起来，或许她还不知道，此时的北京城已经变成了令人无法想象的人间地狱。

从宣化逃入山西，慈禧再次感受到逃亡的凄苦。在这期间他们在一个地方落脚，只有两间小屋，潮湿不堪，慈禧住一间，光绪和皇后住一间，其他人只能露宿。盖被洗过尚未干透，夏末多蚊虫，慈禧通宵无眠，跟身边人感慨："不料今天落到这样凄惨的地步，当年唐玄宗遭遇安史之乱，也漂泊在外，目睹杨贵妃之死而束手无策。我今天的境遇，比唐玄宗还惨。"

八月十三日，过雁门关，慈禧令稍加停留，又感慨道："观此风景，不禁想到热河。"又跟光绪帝说，"不管如何，此次出京能够游历大千世界，也是一乐。"慈禧这次出逃显然感触很多，对民情也有了更多的

---

① 岑春煊（1861—1933）：字云阶，广西西林人，云贵总督岑毓英之子，晚清大臣，因力主变法维新而得到光绪帝青睐，先任广东布政使，后又调甘肃布政使。八国联军侵华战争爆发后，他率军"勤王"立下大功，此后历任陕西巡抚、山西巡抚、署理四川总督、两广总督，任内积极推行新政，大举惩办贪官，有"官屠"之称，与直隶总督袁世凯并称"南岑北袁"。

了解。也就是在这一天，她下谕不惜一切代价剿灭义和团，以此作为向帝国主义侵略者求和的表示。从这一天开始，义和团拳民变成了清王朝的敌人。正与洋人浴血奋战的义和团也将战斗口号改成了"扫清灭洋"。

八月十七日，慈禧一行到达山西太原。时任山西巡抚正是一年前极力劝说慈禧招抚义和团的宠臣毓贤，他率文武数百人出城郊二十里外跪迎皇太后。回城后，毓贤跪地请罪，磕头如捣蒜，说："微臣抓洋人如网中取鱼，将洋人妇孺老幼斩杀殆尽。微臣已经准备好接受朝廷处分。"慈禧没有言语责备，反而抚慰他说："去年你说义和团可以依靠，看来是你错了。现在京师已经沦陷，但是你执行圣旨颇为得力，还是很忠诚的。如今山西境内没有洋人，都是你的功劳。不过洋人现在要报仇，要朝廷追究你的责任，我准备革掉你的职务，你不要因此伤感，此举不过是为了掩人耳目而已。为国家计，不得不出此下策。"之后，慈禧亲自到毓贤斩杀洋人的地方观看，了解事情始末。

此时的慈禧打着"国家利益至上"的旗号，准备牺牲这条"忠诚的走狗"。过了几天，慈禧又召见毓贤说："现在寿木价也贵了。"言外之意是劝他自杀，也便于自己脱逃干系。

这时荣禄也赶来太原，把崇绮一家遇害、崇绮本人悬梁自尽的事告知慈禧。慈禧听后非常感动，对崇绮大加夸赞，开释了他的一切罪责。然后她问荣禄，事到如今，该如何处置？荣禄说："只有一条路，须杀端郡王和其他支持义和团的大臣，另外要尽早回銮京师。"慈禧沉吟半晌，未置可否。过后，内监总管李莲英力劝太后，京师情况未明，切不可急于返回。

慈禧觉得，暂不回銮是对的，但必须尽快重掌权柄，向全国发号施令以规整乱局。于是，她任命荣禄为首席军机大臣，前来护驾的江苏巡抚鹿传霖①也被任命为军机大臣，加上原军机大臣王文韶，就组成了一个临时的军机班子，这一机构开始运作起来。接着，慈禧再度任命李鸿章为直隶总督兼北洋大臣，令其北上，允准他便宜行事，会同总署总管、庆亲王奕劻迅速办理和局。在她看来，庆亲王奕劻不过是"摆设"，最终这副担子只有"李大架子"才能挑得起。李鸿章的部下及亲属们都劝他以马关为前车之鉴，不要奉诏，以免又成为替罪羊。李鸿章之前曾以"此乱命也，粤不奉诏"违抗过北上勤王的懿旨，如今还需找个借口，遂以年老体弱、身体抱恙为由迁延观望，对慈禧接连几次催促都不予回应。

慈禧办完这几件令她烦心的事情后，又开始享受安逸奢侈的生活了。在太原，地方政府提供的衣食越来越好，她的心情也越来越好，甚至有了听地方戏的兴趣，早已忘却此前"千乘万骑，供亿维艰，食用皆昂，民生滋累"的困苦生活。但她没过几天舒适日子，又有传言说洋人要西进，她又决定逃往陕西，临行前仍不忘给李鸿章发电报催促他北上。其时，李鸿章已经于八月二十五日乘坐招商局的轮船从广州起程前往天津。一方面，他不敢得罪慈禧，违抗诏命；另一方面，他得知洋人还将采取进一步的军事行动，清廷必须采取措施让战争尽快结束。

八月二十四日，八国联军总司令瓦德西率后续部队进京，在中南海的仪銮殿设置总司令部。此时，八国联军总兵力已超过十万人，其中驻京联军有三万多人。为了胁迫清廷屈从，联军还在京城四周攻城略地，扩大侵略范围。俄军、德军、英军占领北塘、秦皇岛和山海关等地，控制从北京到山海关的铁路线。联军还于八月二十七日从京津各地派兵攻占了保定、正定，之后继续向山西进攻，一直攻到娘子关、固关。

经过半个多月的艰难跋涉，慈禧一行于九月初四逃到西安。鉴于联军的军事行动一直没有停止，慈禧认为当务之急是拿出一个与洋人谈判的方案。这时很多大臣都赶到西安，慈禧把他们召集起来商议议和之

---

① 鹿传霖（1836—1910）：字润万，直隶定兴人，晚清大臣，历任广西兴安知县、桂林知府、广东惠潮嘉道道员、福建按察使、四川布政使、河南巡抚、陕西巡抚等职。

事，同时给李鸿章发电报，问他洋人提出了哪些条件。李鸿章和总理衙门大臣奕劻汇报说，在与洋人的初步交涉中，洋人提出要以惩办"祸首"作为和谈的基本前提。也就是说，只有先惩办了"祸首"，才有坐下来和谈的可能。于是，慈禧拟定将载漪、徐桐、刚毅、赵舒翘列为惩办对象。但载漪因为是大阿哥的生父暂时还不能杀，而徐桐、刚毅已死，不再追究，所以，要惩办的"祸首"只有赵舒翘，但究竟如何处置，大臣们久议不决。

洋人以清廷虚与委蛇、糊弄拖延为借口，又攻占了北京以北的宣化、张家口等地。至此，联军经过数月的攻掠，已控制了南至正定、北至张家口、东至山海关、西至娘子关的直隶四周要隘。在联军强大的攻势面前，清廷彻底屈服了。

经大臣几次商议，对赵舒翘的处置四次升级：起初是对赵舒翘"革职留任"，再改为"交部严惩"，又改为"斩监候"，最后定为"斩立决"。消息传出后，西安城内绅民三百余人联合为赵舒翘请命，愿以全城人保其免死。慈禧心里很明白，赵舒翘罪不至死，当初他与刚毅去考察义和团，回来后对"宣抚拳勇"并没有表明自己的态度，只是附和刚毅和载漪，但慈禧别无选择，只能屈从洋人的要求。

光绪二十七年（1901）正月初二，西安古长安大街鼓楼聚集数万市民，声称要劫法场；慈禧若杀赵舒翘，便请回京。西安民众的意图很明显，如果皇太后要强行惩治一个正直的官员讨好洋人，那就请回京城去，在京城，洋人自会保护他们，而在西安，百姓不管那么多。迫于这一情形，慈禧让声望较高的陕西巡抚端方①出来说话。在端方的劝解下，聚集闹事的民众终于散去，但赵舒翘必须处置。慈禧考虑到公开处决会招惹麻烦，于是将公开处死改为赐死，即令他在西安家中自尽，并让陕西布政使岑春煊前去监督执行。当天，赵舒翘吞金自尽未死，又服

---

① 端方（1861—1911）：字午桥，满洲正白旗人，晚清大臣，金石学家，官至直隶总督、北洋大臣。宣统三年起为川汉、粤汉铁路督办，入川镇压保路运动，为起义新军所杀。

砒霜仍未死，在岑春煊的逼迫下，他的家人被迫用纸糊其七窍，灌以烧酒方才身亡。

人被处死了，却没有确定罪名，确实是千古奇谈。所以，清廷不得不给赵舒翘罗织一个罪名，但查来查去，赵舒翘在对待义和团、对待洋人等问题上都没有太大过失。最终，诏旨中只得以草率查办义和团"拳匪"为控词，将这个直臣、办案能吏典刑。后来被慈禧留在身边的原怀来县令吴永记述这段历史时说："悲夫！顾就此案而论，终不能不谓之怨。青史是非，悠悠众口，吾犹愿为死者一洗之也。"

赵舒翘被赐死后，清廷终于获得了与洋人正式谈判的"资格"，洋人同意让奕劻、李鸿章代表清王朝进行和谈。慈禧得知洋人允诺后，那种唯我独尊的气势又重新附体。在西安城，她每天所耗膳银就达二百余两，相当于当时十家普通农户一年的收入，每日膳食品种达一百余种。她还得意洋洋地对岑春煊说："自西狩以来，我们俭省多了，朝廷现在正是用钱的时候。"各地闻知太后与皇上西幸，都纷纷往西安运送物资，慈禧喜欢喝牛奶，当地官员专门在其住所附近养了六头奶牛。仅此一项，每月又花掉银子二百余两。她还不时看大戏，跟在北京时一样。于是，陕西的大小戏团几乎都被请来西安。当然，慈禧在西安期间看到民生艰难，也生出很多感慨，并多次让李莲英从她私人银库中拨出赈灾银两救济难民。她还对光绪帝说："以前在宫中，不知道老百姓这么艰苦。如今亲身体味，才懂得什么叫真苦。"话虽如此，但她的奢侈生活让人们丝毫感觉不出她的真心实意，反倒觉得她假仁假义。

在逃亡的日子里，慈禧仍大权独揽，事无巨细，亲自裁夺。她一面尽情享受地方提供的优越生活，一面积极差人与西方列强议和。正与洋人周旋的李鸿章虽被授予便宜行事之权，但遇事仍随时向慈禧汇报，谈判因而拖延很久仍没有实质性进展。慈禧急于回京，希望协议早定，于是召集众大臣议定了《和议大纲十二条》，她的原则性意见转而变成了"量中华之物力，结与国之欢心"。而面对列强张开的"血盆大口"，李鸿章、奕劻与洋人的谈判非常艰难，李鸿章再次感受到"屈辱外交"

的悲哀。

　　光绪二十七年（1901）七月二十五日，李鸿章按照慈禧的旨意，代表清廷与十一国（除了八国联军的八个国家外，还有比利时、西班牙、荷兰三国）签订了中国近代史上著名的不平等条约——《辛丑条约》，共赔偿白银四亿五千万两。

　　签字仪式结束返回住所后，李鸿章悲痛欲绝，大口大口地吐血。之后，李鸿章便一病不起，直至临终。在停止呼吸之前，已经穿上殓衣、不能言语的李鸿章，整整一天瞠视不瞑。临终的一刻，几滴浊泪流过他的面颊。至九月二十七日，李鸿章两目仍炯炯不瞑，身边人说："未了之事，我辈可了，请公放心！"李鸿章闻言才闭上双眼，终年七十八岁。

　　李鸿章去世后，他的遗诗和丧报一并送到宫中。慈禧阅览遗诗，诗曰："劳劳车马未离鞍，临事方知一死难。三百年来伤国步，八千里外吊民残。秋风宝剑孤臣泪，落日旌旗大将坛。海外尘氛犹未息，诸君莫作等闲看。"李鸿章临终以这首诗告诫同僚，不要小觑外国觊觎中华之野心，拳拳老臣之心令慈禧心生悲凉。她神情哀怆地说："大局未定，倘有不测，再也无人分担了。"说完，泪水横流。飘摇中的大清仰仗的"风雨裱糊匠"就这样谢世了，身后是满目疮痍的清王朝，慈禧和她的政治王国又将何去何从？

第十三章　立宪流产

1. "新政"变法

在仓皇"西狩"途中，慈禧亲尝了颠沛流离之苦，威严扫地，种种经历迫使她最后只能忍气吞声地讨洋人欢心。一向冥顽不化的慈禧不仅愤怒而且害怕，她终于明白：要想保住自己的权力，只能迎合外国，学习他们的政治制度、文化教育等。现在，她不得不考虑改革。

光绪二十六年（1900）七月二十八日，慈禧在宣化府城以光绪帝的名义下了一道广开言路、集思广益的诏书，求官民直谏。诏书说："自来图治之原，必以明目达聪为要。此次内讧外侮，仓猝交乘。频年所全力经营者，毁于一旦。是知祸患之伏于隐微，为朕所不及察者多矣。惩前毖后，能不寒心。自今以往，凡有奏事之责者，于朕躬之过误，政事之阙失，民生之休戚，务当随时献替，直陈无隐。"

这道诏书没有激起多少波澜，因为戊戌政变的前车之鉴使臣工们仍心有余悸，谁也不敢轻易相信慈禧求直言诤见的诚意，更何况向最高当权者提出政事之衰弊，本身就要冒很大风险。面对冷遇，慈禧并没有十分介意，因为她当时要考虑的头等要事是如何安全抵达太原。

两个多月后，慈禧逃到西安，各路护驾人马陆续赶来，权力机器开始运转，与洋人的和谈也在进行中，她又想到了"广开言路"之事。十二月初十，光绪帝发布《变法上谕》，其中提到："懿训以为取外国之长，乃可补中国之短；思前事之失，乃可作后事之师。""欲求振作，当议更张。着军机大臣、大学士、六部、九卿、出使各国大臣、各省督抚，各就现在情形，参酌中西政要，举凡朝章国故、吏治民生、学校科举、军政财政，当因当革，当省当并，或取诸人，或求诸己，如何而国势始兴，如何而人才始出，如何而度之始裕，如何而武备始修，各举所知，各抒所见，通限两个月，详悉条议以闻。"光绪帝要求大臣们在两个月的限期内，就政治改革问题，结合外国实例发表自己的意见。但是，绝大部分大臣仍噤若寒蝉，等待观望，毕竟改革派惨死、直言上书者被斩犹在眼前。

又过了两个多月，地方各督抚还是一言不发。慈禧深感无奈，召集身边的王公大臣、军机大臣以及赶来护驾的甘肃布政使岑春煊开会商议对策，众大臣一致认为朝廷必须拿出实际行动才能取信于各级官员。于是，慈禧决定成立一个专门机构办理此事，以示重视。

光绪二十七年（1901）三月初三，慈禧颁发上谕设立督办政务处，作为"专责成而挈纲领"的新政"统汇之区"，并派"庆亲王奕劻，大学士李鸿章、荣禄、崑冈、王文韶，户部尚书鹿传霖，为督办政务大臣，刘坤一、张之洞亦着遥为参预"，要求各政务大臣"于一切因革事宜，务当和衷商榷，悉心详议，次第奏闻。俟朕上禀慈谟，随时择定，俟回銮后切实颁行"。这道圣谕不仅说要成立机构，还提出"新政"概念。也就是说，各地方提出的成熟的意见和建议一律纳入新政范畴，如果获得朝廷审议通过，就会当作新政之策予以施行。

圣谕下达不久，山东巡抚袁世凯斗胆进谏，他上呈的是《遵旨敬抒管见上备甄择折》，内容包括设立课官院和课吏馆，对官吏进行新政集训；命学生学习实用书籍和外国技术；各省设官报局，开启民智；派遣王公官员出国考察；设立商会，兴办商务等十二条。慈禧见到这份奏章后喜笑颜开，还没有看完全折就对袁世凯大加夸赞。当然，她赞赏的不全是奏折的内容，更多是袁世凯的踊跃态度。那些精明的臣子通过"庚子之乱"已读懂了慈禧两极化的施政手段，她翻手为云覆手为雨的处置方式让朝廷内外感到玄机莫测。此次慈禧成立督办政务处及对袁世凯之举予以肯定，让大臣们不再敢质疑她推行新政的诚意，因而纷纷上折畅谈新政。慈禧推行的新政一亮相就声势浩大，如上谕所说，"示天下以必信必果"。

很快，两广总督陶模上《请遣散内监折》，江西巡抚李星锐上《江西巡抚李中丞复行政事宜折》，安徽巡抚王之春上《广设算学专门学堂折》，湖广总督张之洞上《变通政治人才为先遵旨筹议折》，两江总督刘坤一上《遵旨筹议变法谨拟整顿中法十二条折》等。奏折多了，就要有一个审议程序。由于慈禧还在西安，虽然成立了新军机处和督办政务处，但毕竟与各执行机构沟通不畅，所以对各奏章采取了新的"留中"办法。

所谓"留中"，就是留下待议或待办。留中的折子又分为两种：一种是留在皇帝的机要处内阁，供皇帝御览，如袁世凯所上《遵旨敬抒管见上备甄择折》，这是留给太后和光绪帝亲览的，可批示下发，也可不发，由太后或皇帝亲自处理。另一种是留在军机处审议。但由于军机处的权力越来越小，加上新成立的督办政务处分权，所以军机处审议的奏折也就显得不那么重要了。

而督办政务处的职能主要是在慈禧与光绪帝从西安返京前，审议内外臣工关于新政的回奏，并分辨是否可行。据张之洞的幕僚许同莘记载，"是时京外官条陈变法者，皆交会议政务处，区为科举、兵事、财政、杂务四类，俟回京合议"。由此可见，督办政务处负责处理的奏章都是跟新政有关的，而其他奏章还是交军机处。

实际上，推行新政的诏书下达两年后才开始尝试施行。在新政推行的最初三年里，比较突出的有以下几件事：

其一，提倡和奖励私人资本办工业。光绪二十九年（1903）七月十六日，朝廷成立了商部，由前一年被派往英国、法国、美国和日本考察的皇亲贵族载振①担任尚书，工矿业和铁路都归这一部管理。光绪三

---

① 载振（1876—1947）：字育周，满洲镶蓝旗人，清朝宗室，末代庆亲王，乾隆帝玄孙，庆亲王奕劻长子。曾代表清朝廷参加英国国王爱德华七世加冕典礼，及赴日本考察第五届劝业博览会。回国后积极参与新政，担任过商部尚书、农工商部大臣、弼德院顾问大臣。辛亥革命后从事工商投资活动，远离政治。

十年（1904），公布《商律》（部分）《公司律》《商会简明章程》，并先在京师设立商会。其中规定："凡设立公司赴商部注册者，务须将创办公司之合同、规条、章程等一概呈报商部存案。"即与国际惯例一致，办企业仅须登记注册即可。到光绪三十一年（1905），清廷陆续颁布《商标注册试办章程》《重订开矿暂行章程》《奖励公司章程》《改订奖励华商公司章程》《试办银行章程》《农会简明章程》等。发展实业方面，大理寺少卿、工部左侍郎、督办铁路大臣盛宣怀成为一面旗帜，他创办了许多实业，任轮船招商局督办、电报局总办、华盛纺织局总督办、铁路总公司督办、中国通商银行督办、汉阳铁厂督办。

　　在实业改革中，现代财产所有权开始逐步确立。比如，光绪三十二年（1906）拟定的《大清民事刑事诉讼法》在"判案后查封产物"一节中规定："凡封票纸查封被告本人之产物，如产物系一家之公物，则封本人名下应得之一分，他人之分不得株连。""凡左列各项不在查封备抵之列：一，本人妻所有之物。二，本人父母兄弟姐妹及各戚属家人之物。三，本人子孙所自得之物。"这表明财产所有权已开始从家庭甚至家族所有转变为个人所有。

　　这一变革的影响极其深远。从光绪二十一年（1895）到民国二年（1913），民族资本工业发展速度年均百分之十五，比第一次世界大战列强无暇东顾期间的发展速度还略快一点。这主要是朝廷不再坚持以官办或官督商办的垄断经济为导向，转而扶植和奖励私人资本，建立自由的市场经济制度，加上工资和原料低廉，市场广阔，这些有利因素足以抵消其他制度性缺陷带来的不利影响。

　　其二，废除科举考试制度，设立学堂，提倡出国留学。光绪二十七年（1901），清廷命各级书院分别改为大学堂、中学堂、小学堂，引进新式教育。光绪二十八年（1902），朝廷颁布《钦定学堂章程》。光绪三十年（1904）十一月二十六日，张之洞等制定通过了学堂章程，将普通教育分为初等、中等、高级教育，这就是具有近代化性质的"癸卯学制"。光绪三十一年（1905）八月初四，朝廷下令自翌年起停止一切科举考试，中国延续了一千多年的科举考试制度由此结束。同年十一月初十，朝廷成立学部。

另外，在光绪二十七年（1901）六月，朝廷谕令各省选派留学生出国，并准许自费留学，后又陆续颁布有关游学及奖励章程。其中留日学生人数最多，至光绪三十一年（1905），留学生达八千余人。

为了给学校配备相应的教科书，清廷设置了编译局，专门编制教科书，后改为江楚书局，刘世珩①为总办。该机构成立后，聘请了一批专业编撰，如缪荃孙②、陈作霖③、姚佩珩、陈汝恭、柳诒徵④等，开始编译书籍。罗振玉⑤、刘大猷、王国维在上海翻译日本书籍，陈季同、陈庆年⑥主译西书，均影响甚大。

其三，改革政制与军制。光绪二十九年（1903）十月，清廷成立练兵处，以奕劻总理练兵事务，袁世凯为会办大臣，实际掌握练兵大权。清末新政，实际上是戊戌新政的继续。早在光绪二十年（1894）底，胡橘棻就受命在天津新农镇练就新军十营，兵种包括步兵、炮兵、马队、工程兵，号"定武军"；后由袁世凯接办，改名"新建陆军"，史称"小站练兵"。清末新军由此开始。后张之洞上书"整军御侮，将才为先"。光绪二十六年（1900），慈禧以光绪帝的名义发布《变法上谕》后，张之洞、刘坤一联名上书，"外国之所最长者，莫过于兵"主张用西法练兵。光绪二十七年（1901），清廷下令废止武举考试，晓谕

---

① 刘世珩（1874—1926）：字聚卿，安徽贵池人，清末著名藏书家、刻书家、文学家。

② 缪荃孙（1844—1919）：字炎之，江苏江阴申港镇缪家村人，中国近代藏书家、校勘家、教育家、目录学家、史学家、方志学家、金石家，被我国文化教育科技界尊称为"中国近代图书馆的鼻祖"。

③ 陈作霖（1837—1920）：字雨生，江苏南京人，清末著作家、藏书家，历任崇文经塾教习，奎光书院山长，上元、江宁两县学堂堂长等职。

④ 柳诒徵（1880—1956）：字翼谋，江苏镇江人，中国近现代史学先驱，中国文化学的奠基人，现代儒学宗师。

⑤ 罗振玉（1866—1940）：字式如、叔蕴、叔言，永丰乡人，中国近代农学家、教育家、考古学家、金石学家、敦煌学家、目录学家、校勘学家、古文字学家。

⑥ 陈庆年（1862—1929）：字善余，江苏丹徒人，近代史学家、教育改革家和国家图书馆创建者。

各省设立武备学堂。"庚子之乱"后，各省皆起练新军，或改编防军，或用新式招练。至光绪三十年（1904），制定军制，京师设练兵处，各省设督练公所，改定新军区为三十六镇，新军制始划一。随后，清廷下令废除科举，士人多投笔从戎。光绪三十二年（1906）清政府改兵部为陆军部，直接掌管新军编练事务。同时，着手改革海军。宣统元年（1909），设立筹办海军事务处。宣统二年（1910），海军部正式成立，仿陆军编制订立海军官制。

其四，建立新型法律制度。清廷以往的刑律，条法酷虐，"一案株连动辄数十人"，以致民怨沸腾。光绪二十七年（1901），清廷下诏变法："现在通商交涉，事益繁多。着派沈家本①、伍廷芳②将一切现行律例，按照交涉情形，参酌各国法律，悉心考订，妥为拟议。务期中外通行，有裨治理。"四年后，清廷批准废除凌迟、枭首、戮尸、刺字等酷刑，并规定可以罚款代替笞杖，无力交纳罚金者可"折为做工"。并在各地设法律学堂，培养新式法律人才。

从光绪二十九年（1903）起，清廷又制定和颁布了《奖励公司章程》《商标注册试办章程》《商人通例》《公司律》《破产律》《各级审判厅试办章程》《法官考试细则》《集会结社律》《大清刑事民事诉讼法》《大清新刑律》《民律草案》等法律。其中，《大清刑事民事诉讼法》《大清新刑律》《民律草案》因辛亥革命爆发，已来不及颁布施行，但是已颁布的法律成为二十世纪上半叶中国政府修订法律的基础。在推行新政的过程中，改革刑律，废除酷刑，虽然仍有局限之处，但为中国法律的近代化奠定了基础。

---

① 沈家本（1840—1913）：字子惇，浙江吴兴（今湖州市南浔区）人，晚清大臣、法学家，新法家代表人物，历任刑部右侍郎、修订法律大臣、大理院正卿、法部右侍郎、资政院副总裁等。

② 伍廷芳（1842—1922）：字文爵，广东新会西墩人，清末民初杰出的外交家、法学家。早年自费留学英国，成为中国近代第一个法学博士。曾参与中法谈判、马关谈判等，作为驻美国、西班牙、秘鲁公使，签订近代中国第一个平等条约《中墨通商条约》。辛亥革命后历任中华民国军政府外交总长、南京临时政府司法总长、护法军政府外交总长、财政总长、广东省省长等。

其五，实行新税制。与筹饷、练兵同作为新政的核心任务。内容包括：增加税种，如增开印花税、房捐、铺捐等；提高税率，如盐斤加价，茶、糖、烟、酒厘金再加三成等；将各地库存以及各陋规收归朝廷；允许地方官自筹税收。

其六，改革吏治。政治方面的改革围绕整饬吏治展开，提出革陋规、改公费；设官吏考验处、调查处；开官智，培养新政人才。这项革新受到了洋人的干预，在西方列强的逼迫下，清廷对传统的官制和机构做了一些形式上的改变。光绪二十七年（1901）六月初九，清廷宣布撤销总理各国事务衙门，改设外务部。该旨令宣称，"现当重定和约之时，首以邦交为重，一切讲信修睦，尤赖得人而理"，因此对总理各国事务衙门进行改组。外务部"班列六部之前"，由奕劻总理外务部事务，王文韶为会办大臣，瞿鸿禨为尚书。

另外，为了提高朝廷至地方的行政效率，清廷对原有机构进行了一些改变、裁减和合并。取消书吏，废除卖官的捐纳制，撤销河东河道总督及云南、湖北、广东的巡抚等多余衙署。光绪三十二年（1906）九月二十日，下令军机处、外务部、吏部、学堂照旧；巡警部改民政部，户部改度支部，兵部改陆军部，刑部改法部，大理寺改大理院，工部、商部合并为农工商部，设邮传部，理藩院改理藩部；太常寺、光禄寺、鸿胪寺并入礼部。之后，将盛京将军改为东三省总督，设奉天、吉林、黑龙江三省巡抚。并饬各省将按察使改为提法使，增设巡警道、劝业道，留兵备处，设审判厅。

不过，改革吏治只是改换了一些名称而已，当权者还是原来那些官员。比如，改革吏治中的反面人物代表奕劻，人们称他是腐败的"忠臣"、一只打不死的"大老虎"。

总之，从光绪二十七年（1901）开始，在五年左右的时间里，清廷在国政、吏治、民生、教育、军事、财政等方面逐步推行改革，史称"清末新政"。

2. 玩政治"跷跷板"的人

光绪二十六年（1900），德使克林德被清军枪杀。光绪二十七年（1901）四月二十三日，在帝国主义列强的逼迫下，醇亲王载沣①任头等专使大臣，赴德谢罪。同时，清廷还收到了一份要求严惩曾经支持义和团的"地方祸首"名单，牵涉一百四十二人之多。为此，慈禧先后两次发布上谕，惩办了九十六名官员，其中四人处以死刑，其他人遭到流放、监禁终身、永不叙用等不同程度的惩处。

背后真正的"祸首"慈禧让这九十六人当了"替罪羊"，她终于可以回京城了。五月二十一日，慈禧以光绪帝的名义发布上谕："朕侍皇太后暂住关中，旬将经岁，眷怀宗社，时切疚心。今和局已定，昨谕令内务府大臣扫除宫阙，即日回銮。"但谕旨下发后，慈禧并没有起程，因为李莲英授意陕西巡抚升允上了一道奏折，说"天时炎热，道路泥泞"，宜过些时日回銮。河南巡抚松寿也凑热闹说，"积雨连旬，河水骤发，跸路冲毁，行宫损坏"，请两宫暂缓行期。李莲英的心思路人皆知，李鸿章与洋人谈判虽和约已成，但还没有最后签字画押，随时可能发生变故。这些慈禧都没有明言，但确实心有隐忧。

到八月二十四日，在西安避祸近一年的慈禧决定在这一天起跸回銮。当天上午巳时，两宫銮驾从西安北大街行宫出发，出南城门后直接去八仙庵拈香祷告。起跸时，西安全城文武官员都到行宫门外伺候升舆，"即有黄轿数乘，自行宫出，士民皆伏地屏息"。辰时三刻，随着三声鞭响，回銮队伍开动，由二十四面黄龙旗开路，一千名骑兵前导出城，后有三千辆装满金银的大车，百余名太监押运随行。光绪帝和慈禧衣着华丽，端坐在黄色的轿子里，紧接着是皇后的轿子，护驾诸王、大

---

① 载沣（1883—1951）：字伯涵，道光帝之孙，醇亲王奕譞第五子，光绪帝异母弟，宣统帝溥仪生父，于宣统年间任监国摄政王。在清朝的最后三年中，他是中国的实际统治者。辛亥革命爆发后，他被迫辞去摄政王职位，闭门不出。

臣的轿子跟在其后，最后是大阿哥的轿子。王公大臣或乘车，或骑马，编队而行。

道路两旁五步一岗，沿途市肆各设灯彩。出城后仍是旌旗招展，千乘万骑气氛肃穆，浩浩荡荡地驶向河南。整个场面异常隆重奢华，"衔尾重车无数，均系各衙门档案。曲折穿行大街中，辰牌向尽，始出南门……长安父老，均于南门外祇候跪送，恭献黄缎万民伞九柄"。

出城才二十余里，回銮队伍便在灞桥驿馆驻跸。灞桥自古以来为最盛迎送之地，此次别行则是空前绝后。八月二十五日，行二十里后驻跸临潼骊山行宫，因遇阴雨天，道路难行，于是沿途铺路，路线按风水学精心设计，耗费甚巨。自陕西西安府威宁县京兆驿至河南省河南府洛阳县周南驿，行程仅七百八十余里，却走了整整二十二天。

过洛阳后，巩义的地方官员为了迎驾，做了两手准备，一是在东黑石关修建了一座行宫，在洛河上驾起一座浮桥，另外，又在洛河边上建造了五艘龙船。为了停泊这五艘大船，又特意在南窑湾村北洛水东岸建船坞五座，俗称龙窑，但因洛河发大水，慈禧没有走水路，到巩义之后只在东黑石关行宫里住了一个晚上。第二天临走时，当地富商康鸿猷通过李莲英向慈禧献了一百万两白银。慈禧一高兴，给康氏庄园赐名"百万庄"。

九月二十八日，两宫至郑州后，路途才变得平坦。到开封时，开始有地方奏折送来。两宫在此驻跸数日。十一月初三，开封下了一场大雪，次日启銮时，竟有数千百姓相送。其时雨雪初霁，沿途旌盖飞扬、衣冠肃穆，只听到马蹄车齿在路上的杂沓之声，互相应和。慈禧遥望河干，只见十里锦城，千军荼火，仿佛万树桃花，照春齐发，一时情绪高涨，命人在黄河岸边"设香案炷香祭河神"。祭祀结束后，大队人马前往延津。又过了半个多月，两宫到达定州，京城已遥遥在望。因人数过多，火车一时难以承载，于是分两路而行。到达直隶总督府驻地保定后，慈禧传旨饬令山东巡抚袁世凯署理直隶总督，接管天津防务，并即刻赴保定迎銮。

在保定，慈禧让人找风水师算好进京的吉时与路线。因火车排班的时间与风水师测算的吉时有出入，袁世凯特意找到负责列车运行的比利时铁路公司工程师杰多第，要求他按太后认定的吉时调整火车时间，以便准时到达北京。车厢也按皇家要求重新布置，最引人注目的是御座车厢内放置了超大火盆，足以温暖整个车厢。车厢内所用物品、装饰全是工部侍郎盛宣怀"孝敬"的。

除了御座车厢，供随行高级官员用的车厢有三节，宫女侍从用三节，装各地"孝敬"的贡品用了九节。第二列车则供皇后、王公大臣、福晋、命妇、内监等乘坐。

十一月二十八日，火车抵达马家堡，刚一停靠进站就听见军士擎枪奏乐。两宫先后下车，光绪帝乘坐八抬黄缎轿，轿夫均穿紫红色缎绣花衣，四周由侍卫、内监拥护，轿前排列兵丁、乐工、大旗；随后为御用的衣箱、马匹、驮轿；再其后为骑马随从；队伍的最后是弓箭手、长枪手、马步兵。皇太后的黄轿仪仗与光绪帝相同。

途中，袁世凯又派来北洋新军警卫，"仪卫甚盛，发卒数万人"，北京城的百姓都跑来围观。仪仗开路，旌旗招展，赫赫威仪，簇拥入永定门，史称"庚子回銮"。

慈禧回宫后的第一件事是让人挖掘出逃亡前埋藏的金玉宝器，所幸，值钱的宝贝都在。她很高兴，对藏宝有功的内监总管李莲英大加赞赏。

实际上，深受慈禧器重的李莲英不只是内监总管，还是慈禧私库的财务总管。大概从光绪十年（1884）开始，李莲英以慈禧五十寿典为由收受贺礼，从中捞取大量好处，此后一发不可收拾，不仅收受贿赂，还以种种借口索贿。

众所周知，李莲英在宫中是慈禧奢侈生活的保障者，他曾动用国家财政，造成不止一次灾难。例如，光绪十五年（1889），李莲英陪同醇亲王奕𝕏第一次检阅北洋水师基地旅顺及威海卫等地时，当时地方各级官员对总管太监李莲英的尊敬程度比对醇亲王还要高。北洋水师的所有官员，包括水师总督丁汝昌，个个竭尽所能讨好李莲英。李莲英向慈禧报告北洋水师军费充足，致使户部和海军衙门暂停了北洋水师的军费和各种训练费用。中日甲午战争清军惨败，与海军衙门挪用海军经费不无关系。而在开战前夕，即光绪二十年（1894）正月初一，慈禧竟给李莲英赏加二品顶戴花翎。

李莲英是个聪明人，每次向高官索要贿赂后总是与慈禧一起分赃。他知道办什么事情应收多少贿赂，也知道宫中采买每次置办物品的价格，所以每次索钱都能如愿以偿。不少官员四处打听"行情"，不用李莲英开口就知道该送多少银两。比如，上海道台是个肥差，每年须贡银十万两。义和团起事后，朝廷向南方各省征收的大量贡银也首先交到李莲英手里。李莲英家的袍子、贡丝及其他珍宝更是堆积如山。疆吏如抚台以下，藩臬两使，到任先缴五万元，名叫衣料金。所有进贡物品，慈禧取一半，李莲英分得五分之一，剩下的交给荣禄用于军需。

这样的事情在"庚子事变"后西逃时仍屡有发生。两宫在西安、巩义、开封时，李莲英获利颇丰，于是经常以洋人必然报复为由说服慈禧，尽量延迟回京时间。李莲英这样做，并不完全是为了钱财，还因为他担心自己的名字会出现在洋人所列的"黑名单上"。从那时的情况来看，他的害怕是有根据的。他指使手下的太监每天向他报告北京的最新消息，直到收到庆亲王的信函，得知一切平安后，他才放下心来，不再阻挠两宫回京。但不幸的是，回京后他自己私藏的财宝已被洗劫一空。原来是一个小太监为了活命，向法军告密。慈禧为了安慰李莲英，准允他将告密的小太监正法，另给他赏银一万两，一是作为他的私产被劫的补偿，二是奖励他在"西狩"中殷勤护主有功。

在逃亡途中，李莲英每天服侍慈禧睡下后，总不忘去看看失势的光绪帝。有一次他见光绪帝在屋内灯前枯坐，连铺盖都没有，当即跪下抱着光绪帝的腿痛哭，连说"奴才们罪该万死"，随即又把自己的被褥抱来给光绪帝铺好使用。回京后，光绪帝每念及此事，总是感叹："若没有李谙达①，我活不到今天。"

在推行新政期间，李莲英对慈禧的影响较之前更大，宫中所有内务均由他掌管，甚至军机大臣奏事也要提前告知这位总管。回京后八年多时间，据京中银行家估算，他的家财积累到了二百万英镑，其中绝大部分是受贿所得。与他的前任安德海不同，李莲英虽说得到了慈禧的赏识，但仍夹着尾巴做人，一生低调谨慎。有人曾问及他在宫中长期得势的秘诀，他回答了八个字：事上以敬，事下以宽。

与李莲英安稳的命运相反，红极一时、权势熏天的端王载漪及其子大阿哥溥儁被流放新疆。在慈禧的政治跷跷板上，跷得越高的人，往往跌得越惨。无论是跷得高的还是跌得惨的，其命运皆掌握在慈禧手中。

"庚子事变"后，清廷的核心大臣分为两党，一党以肃亲王善耆②为首，追随者有瞿鸿禨、岑春煊，都是慈禧西狩时护驾有功的人；另一党以庆亲王奕劻为首，追随者有袁世凯、张百熙③等人。

光绪二十六年（1900），甘肃布政使岑春煊奉诏率兵东进勤王，从兰州到北京路途遥远，且必经沙漠，但岑春煊星夜奔驰，竟最先与慈禧西行的队伍相遇，其他各路勤王军队在慈禧到达太原后才陆续赶上。

据说有一天，慈禧宿于破庙，岑春煊环刀立于庙外。半夜，慈禧从噩梦中惊醒，大声呼叫，岑春煊在庙外朗声应道："臣春煊在此保驾。"他守护庙前彻夜不眠，令慈禧十分感动。慈禧平安抵达西安后，对岑春煊说："我母子西巡时，若不得你照料，恐将饿死，焉有今日？我已将你当亲人看待。"光绪二十八年（1902），岑春煊调任署理四川总督，在任期间，他严肃吏制，建立警察制度，一举弹劾四十余名官员，人送绰号"官屠"，与"士屠"张之洞、"民屠"袁世凯并称"清末三屠"。他仗着慈禧的宠信，不畏权贵，弹劾并处罚了一大批买官的官员，其中

---

①　谙达：满语，意为伙伴、朋友。

②　善耆（1866—1922）：字艾堂，满洲镶白旗人，清朝十二家"铁帽子王"之一，晚清贵族重臣。光绪二十五年（1899）袭封肃亲王爵位，后历任民政部尚书、民政大臣、理藩大臣，是中国现代警察制度的建立者之一。辛亥革命后两次发起满蒙独立运动，均以失败告终。

③　张百熙（1847—1907）：字埜秋，湖南长沙沙坪人，晚清大臣，教育家。

以逼令荷兰引渡裴景福和查办广州海关书办、驻比利时公使周荣曜两案最为引人注目，但他也因此得罪了一批权贵，其中就包括庆亲王奕劻及其党羽袁世凯。光绪二十九年（1903），岑春煊调任两广总督。他上书请求立宪，又和袁世凯、张之洞等人上书请求废止科举；支持张謇等人在上海组织预备立宪公会，并派幕僚郑孝胥出任会长，俨然成为立宪运动的领袖。

而另一代表人物瞿鸿禨升迁的真正原因并非护驾有功。瞿鸿禨二十岁出头就考取进士，进入翰林院当编修。他年轻有才，更奇特的是他的相貌与同治帝非常相似，慈禧为此特意召见了他。瞿鸿禨本人曾写过一首诗，回忆慈禧初次召见他的情景："珠襦武帐中，东朝发清问。嘉尔少能文，勉旃为国俊。俯询臣亲年，谓是汝家庆。慈怀痛先帝，悲感声泪迸。"慈禧召见一个年轻臣子，为何突然感念先帝，还大哭起来呢？无非是瞿鸿禨长得太像她去世的儿子了。不过，慈禧当时并没有提拔瞿鸿禨，也没有留他在身边。直到"庚子事变"后，在长沙休养的瞿鸿禨才接到慈禧谕令，让他火速赶到西安，进入军机处。王文韶因病致仕后，瞿鸿禨成为汉人军机大臣领班。

肃亲王善耆一党和庆亲王奕劻一党都是极有权势的人物。光绪三十二年（1906），奕劻以云南片马民乱需要处理为由，说服慈禧将岑春煊调任云贵总督，远离权力中枢。岑春煊称病拒不就任，停留上海，观望政局。不久，袁世凯在朝政倾轧中失利，自请开去本职以外一应兼差。岑春煊认为时机已到，不再称病，于次年三月二十一日，突然从汉口上京觐见慈禧，获授邮传部尚书，得以留京。一时之间，岑春煊、瞿鸿禨声势大盛，隐约有独揽朝政之意，但很快遭到奕劻、袁世凯的陷害和打击。他们暗中伪造岑春煊与梁启超等人的合影，称他企图为戊戌变法翻案。形势自此急转直下，岑春煊于四月再度被外放为两广总督。途经上海时，他重施故伎，称病不就职，不料慈禧旋即下旨将其开缺。至此，党争以奕劻、袁世凯一党的彻底胜利而告终。

瞿鸿禨也没有逃脱类似的命运。庆亲王奕劻辅政能力平平，且为人贪鄙，与儿子载振、大臣那桐卖官鬻爵，被时人讥为"庆那公司"。慈禧有开缺奕劻的想法，但因为他是近支宗室，对朝廷忠心，还牵涉错综的人事关系，慈禧一直举棋不定。

有一天，慈禧召见瞿鸿禨时，说："庆王声名外间甚坏，你在军机处，宜多负责任。"瞿鸿禨误以为庆亲王快要倒台，回家后竟把这件事说与了夫人。他的夫人不甚谨慎，和朋友打牌时竟把这件事说了出去，结果传到英国《泰晤士报》记者耳中。此事登报后，慈禧勃然大怒，仔细回想她只跟瞿鸿禨提过这件事，于是认为瞿鸿禨就算不是勾结外人，至少也有口风不紧之嫌，难以担当军机大臣的重任，瞿鸿禨就此被革职。

在慈禧的政治跷跷板上玩得最得心应手的非"民屠"袁世凯莫属。光绪二十七年（1901），李鸿章病死，袁世凯署理直隶总督兼北洋大臣，次年实授。袁世凯之所以被称为"民屠"，是因为他手中掌握兵权，从小站练兵至山东剿拳，到天津搜杀拳民余遗，是清廷镇压义和团的一把"利刃"，他杀人不计其数，手上沾满了民众的鲜血。

光绪二十九年（1903），荣禄去世，慈禧难过不已。随后，庆亲王奕劻得到慈禧重用，一度被提拔为军机大臣，代替荣禄入职军机处，还被赐"铁帽子王"。奕劻被提拔的当天晚上，袁世凯派人登门道贺，并送上一张十万两的银票。从这以后，袁世凯月孝年贡，雷打不动地按时送上大笔银两。袁世凯之所以这么做，自然有自己的目的。李鸿章去世后，他顶替李鸿章，成为北洋军的实权派人物，但他野心勃勃，一心想独掌军权，所以一直建议全国设立练兵处，这样就可以扩编北洋军。他深知清廷一向忌惮汉人掌握军权，于是极力推荐奕劻担任练兵事务大臣，而奕劻也心领神会袁世凯慷慨送礼和推荐自己任职的真实目的。

光绪三十一年（1905），袁世凯的权力达到了顶峰，除直隶总督之外，还兼任政务处参预政务大臣、练兵大臣，并在保定创立北洋军政司（后改为北洋督练公所），自兼督办，开始编练北洋常备军（简称北洋军），并将清王朝京畿的警卫权紧握在手。此后，他又兼任督办商务大臣、电政大臣、铁路大臣等职，号称一人身兼八大臣，势力从军事扩大到政治、经济等方面，形成了"朝有大政，每由军机处向诸北洋"的局面。

为了防止袁世凯的势力继续扩大，慈禧很快在朝廷中掀起压制袁世凯的浪潮。袁世凯觉察到危险后，立即向慈禧示弱，提出辞去所有兼任职务，并将几个北洋分支部队移交给陆军部直接辖制。至此，慈禧虽然打消了杀袁世凯的念头，但并没有放下戒心。她想到一个计策，将袁世凯晋升为军机大臣，调到北京任用。同时，她又把在湖广地区供职多年的"土屠"张之洞调到军事部门，以牵制袁世凯，让她的"跷跷板"尽量保持平衡。

慈禧在掌权的几十年间，最擅长的就是在诸臣间行制衡之术。无论是镇压太平天国起义时曾国藩与左宗棠之斗狠，还是后来李鸿章与左宗棠的政见不合、奕䜣与奕谭间的隔阂等，都是慈禧通过他们彼此牵制使自己的地位愈加稳固，无可撼动，而她坐收渔利。

3. 浅尝辄止的立宪

慈禧推行新政后，对洋人的态度可谓一百八十度大转弯，从恐惧痛恨到献媚奉迎，谁也无法探知她的心理是如何变化的。

早在光绪二十四年（1898）戊戌政变后，慈禧要废除光绪帝另立皇储的计划遭到各外国驻华公使的反对。为了平息众怒、缓和局面，慈禧决定撤帘露面，召见各国驻华使节。这是她第一次在召见中公开露面，给了各国使节前所未有的礼遇。十二月三十一日，慈禧接见北京公使团的夫人们，问候曾被义和团围困过的使节夫人。德国公使海靖的夫人并不领情，反而认为"这真是一场滑稽的仪式，它也打破了中国的所有礼仪习俗。我有一种感觉，这位年迈的皇太后肯定是想给我们大家留下一个良好的印象，以抹去我们最近两个月来听说的关于她的许多暴行。但她的行为有些失去了分寸"，还讽刺她与光绪帝的关系。

慈禧即使受了气，依然对洋人笑脸相迎。虽然晚清保持闭关锁国的状态，但她非常喜欢一些洋玩意儿，不仅喜欢乘坐奔驰车出游，还很喜欢巴黎的香水和摄影。袁世凯投其所好，曾送给她一辆洋车。

光绪二十九年（1903）春，外交官裕庚的夫人及女儿德龄、容龄姊妹进宫觐见慈禧，她们陪太后聊了一整天。直到天色渐暗，慈禧才让她们回家，临走时还嘱咐德龄姐妹常来宫中走动。因与外国公使夫人们会面时缺英语、法语翻译，慈禧让德龄担任自己的御前女官兼翻译。

德龄之父裕庚是清末重要的外交官员。他在巴黎担任驻法大使期间，曾让女儿德龄、容龄拜现代舞创始人邓肯为师学习跳舞，让她们全方位感受西方文化，而这些异于东方传统文化的见闻与生活方式正是慈禧在推行新政期间迫切需要了解的。所以，德龄除了受命担任翻译，还要做慈禧的生活参谋，以免慈禧在与洋人打交道时闹出笑话。当时慈禧提出这一要求时，德龄回禀道："老祖宗特恩，命臣女当这重差。只恐臣女年龄尚稚，更事无多，万一有误，反致辜负天恩，还请老祖宗俯鉴微忱，令臣女退就末班，学着办事便是！"慈禧笑道："你亦何用自谦，我看你不致荒谬，你且试办数天，再作处置！"德龄只得谢恩受职。此后，姐妹俩几乎每天不离慈禧左右。

春夏之交，颐和园里百花盛开，慈禧遍邀各国公使眷属入园游宴。各国公使、参赞各带女眷，她们的着装五颜六色，如斑斓的蝴蝶一般。宴毕，她们一起在园中游览。各位女眷推举美国公使康格的夫人为代表，到慈禧处道谢。康格夫人身后跟着一位女子，生得细腰苗条、身姿婀娜，慈禧觉得她俏丽绝伦，便询问她的姓名。康格夫人代答叫"克"，说她是位女画家。慈禧问她"能否见物作画"，德龄禀太后说："肖像画对克姑娘来说最拿手。"太后踌躇片刻，说道："她既欲绘我肖像，叫她缓日前来便好。"之后，慈禧身边又多了一位女画家。

当然，西化之风远不止这些表面上的形式，一些传播西方文化、政治思想的刊物也在各地应运而生。有识之士逐渐意识到，清王朝仅仅实行这些新政而不改变国体，是不能使国家富强的，于是便有了关于变更国体的讨论。讨论以《国民报》最有代表性。该报创办于日本东京，光绪二十七年（1901）三月二十二日发行第一期，为月刊，刊内设有社说、时论、丛谈、外论、译编、纪事、答问等栏目，除所译原著者外，撰稿人一律不署名。《国民报》创刊时即以"唤起国民精神"为宗旨，宣传"革命排满"的思想。《国民报》上发表的《说汉种》《中国灭亡论》《正仇满论》《二十世纪之中国》等文章，谴责了"施种种牢笼束缚压制威胁之术，以便其私图"的封建独裁者，攻击了对内实行种族压迫，对外御敌无术、为虎作伥的清政府，批判了康、梁保皇党人和国内的立宪派，"持论多与《清议报》交绥，务胜之以为快"。这份报纸一出，便得到孙中山等革命党人的关注，他们还在经济上给予援助。该刊在译编专栏中曾专门翻译登载了杰斐逊等人起草的《美国独立宣言》、威曼的《革命新论》等文章专著，宣传资产阶级的天赋人权观，阐述资产阶级革命的进步意义和正义性。该刊在时论、丛谈等栏目发表的文章中，鼓吹"民权之运已渡太平洋而东""二十世纪之中国，为民权之枢纽"，为中国资产阶级革命大造舆论。

日俄对马海战①结束后，国内的有识之士进一步宣扬立宪政体，并论证强大的俄国之所以在海上战败，原因在于俄国是封建专制体制，而日本是君主立宪制，以此证明君主立宪比君主专制更有制度优势，更符合社会发展规律。那么，何为立宪政体？普遍认识是，君主没有实际权力，"统而不治"，既没有行政权，也没有立法权，一国法律须由国会议定。日本自明治维新起改行新政，把专制政体改为君主立宪，国势渐渐强盛，因此一战胜清，再战胜俄。"自是，国人的思想言论骤然改变，反对专制的风潮日盛一日。"

慈禧并不知道什么是君主立宪，也从来没有研究过社会形态、国家政治体制，她一生都在为独掌权柄而打拼，她想让清朝强盛起来，有朝

---

① 对马海战：1905 年日俄战争中，两国在朝鲜半岛和日本本州之间的对马海峡进行的一场海战，以日方大获全胜而告终。

一日打败那些屡次侵犯欺侮中国的洋人。慈禧心想，既然君主立宪如此盛行，不如顺水推舟，适应形势。于是，朝臣中也出现一大批立宪派。慈禧、光绪帝在推行五年新政后，开始顺应袁世凯、张之洞等立宪派官员所代表的广泛民意，于光绪三十二年（1906）七月宣布预备立宪，君主专制开始走向谢幕。

预备立宪公布后，民主思想进一步传播，士人要求加快立宪进程的呼声不断高涨。光绪三十一年（1905）五月三十日，直隶总督袁世凯、湖广总督张之洞、署两江总督周馥①联衔奏请立宪，要求派遣大臣出洋考察各国政治。慈禧采纳了他们的建议，六月十四日，她以光绪帝的名义颁发上谕，决定派遣五大臣出洋考察。

五大臣出洋分成两拨，载泽②、徐世昌、绍英③为一拨，赴英、法、日、比诸国；戴鸿慈④、端方为一拨，赴美、德、意、奥诸国。八月二十六日，五大臣到北京正阳门车站离京起行，上火车时遭到革命党人吴樾的炸弹袭击，吴樾当场毙命，载泽、绍英受轻伤。五大臣惊慌失措，未能如期起程。事发第二天，光绪帝、慈禧召见戴鸿慈、徐世昌、端方，询问情形。戴鸿慈在《出使九国日记》中记载："皇太后垂廉听纳，复慨然于办事之难，凄然泪下。"

之后改由李盛铎⑤、尚其享顶替徐世昌、绍英，仍为五人，于九月起行。在半年多的考察中，五大臣每到一国，均要前往议院参观。在美

---

① 周馥（1837—1921）：字玉山，安徽至德（今安徽东至县）人，协助李鸿章兴办洋务三十余载，是后期洋务运动实际上的操盘手，而且助开复旦公学与安徽公学，有功于教育。

② 载泽（1868—1929）：字荫坪，满洲正黄旗人，康熙帝六世孙，晚清宗室大臣，立宪派的重要人物，历任度支部尚书、督办盐政大臣、度支大臣。清朝灭亡后加入宗社党，成为复辟派的重要人物。

③ 绍英（1861—1925）：字越千，满州镶黄旗人，清朝大臣，历任盛京将军、左都御史兼都统、工部尚书等职，辛亥革命后为溥仪宫中的内务府大臣。

④ 戴鸿慈（1853—1910）：字光孺，广东广州府南海县人，中国近代史上第一位司法部长。四朝元老，历任刑部侍郎、户部侍郎、刑部尚书、军机大臣等职。

⑤ 李盛铎（1859—1934）：字义樵，江西德化县（今九江市）人，近代著名政治家、收藏家，历任清朝翰林院编修、国史馆协修、山西布政司、陕西巡抚等职。中华民国成立后，曾担任大总统顾问、参政院参政、农商总长、参政院议长、国政商榷会会长等职。

国，戴鸿慈、端方还旁听了参、众两院的会议，当时参议院正在讨论开河经费，众议院则在讨论进出口关税问题。

光绪三十二年（1906）夏，考察团回国复命。慈禧召见他们时问起考察心得，他们一致赞扬这些国家的立宪政治。载泽所上《奏请宣布立宪密折》中说："以今日之时势言之，立宪之利有最重要者三端。一曰皇位永固……一曰外患渐轻……一曰内乱可弭。"又说，"今日宣布立宪，不过明示宗旨为立宪之预备。至于实行之期，原可宽立年限。"经过王公大臣的一番辩论，慈禧发布懿旨，宣布预备立宪。七月十三日，清廷颁布"预备仿行宪政"的上谕："大权统于朝廷，庶政公诸舆论，以立国家万年有道之基。然目前规制未备，民智未开"，不能立即实行宪政。因此，当务之急是改革官制，制定法律，广兴教育，清理财政，整顿武备，普设巡警，做好预备立宪准备，"俟数年后，规模粗具，查看情形，参用各国成法，妥议立宪实行期限，再行宣布天下"。

十一月初，清末立宪派开始结成组织，推动君主立宪。清廷设立考察政治馆，次年改建为宪政编查馆，作为预备立宪的办事机构，此后又进行了一些预备立宪活动。

其一，设立咨议局和筹建资政院。咨议局作为各省的议事机构，其权限是讨论本省应兴应革事宜，讨论本省的预决算、税收、公债以及单行章程规则的增删和修改，选举资政院议员，申复资政院或督抚的咨询等。但是，它的权力受到本省督抚的严格限制，同时也是极少数资产阶级上层代表的活动场所，它并不具备资本主义制度下地方议会的性质。资政院于光绪三十三年（1907）开始筹建，其宗旨是"取决公论，预立上下议院基础"。它并不是资本主义制度下的国家议会，从它的人员组成、议事内容和程序来看，它是完全受制于皇帝、毫无实际权力的一个御用机构。

其二，制定颁布宪法大纲和《宪法重大信条十九条》。慈禧在宣布预备立宪之初就采取了无限拖延的策略，"仿行宪政"实际上变成一张永远不能兑现的空头支票。

但慑于革命运动的迅猛发展及为了拉拢立宪派，光绪三十四年（1908），清廷颁布了《钦定宪法大纲》，内容仿照德国、日本宪法，维护皇帝的"君上大权"，暂定过渡期为九年。为了表明态度，慈禧同意袁世凯等人的建议，废除科举、创办新式学堂、建立现代巡警制度。同年，命各省设立咨议局，颁布《各省咨议局章程》及《咨议局议员选举章程》。

《钦定宪法大纲》共计二十三条，主要有三方面的内容：一是君主神圣不可侵犯；二是君主独揽统治权；三是臣民享有法律上的权利和义务。针对这个大纲，梁启超写道："宪法者何物也？立万世不易之宪典，而一国之人，无论为君主、为官吏、为人民，皆共守之者也，为国家一切法度之根源。此后无论出何令、更何法，百变而不许离其宗者也。"革命党人宋教仁也多次强调，立宪最重要的是宪法，宪法是共和政体的根本和保障。

除了革命党人之外，主张立宪的官员都清楚地表达了效仿日、德的愿望，而对君主"统而不治"的英国体制则有所保留。端方和戴鸿慈说，"日本之仿效欧西，事事为我先导……中国今日欲加改革，其情势与日本当日正复相似"，所以最值得效法的是日本。《请改定全国官制以为立宪预备折》还指出："日本维新以来，事事取资于德，行之三十载，遂致勃兴。中国近多歆羡日本之强，而不知溯始穷源，正当以德为借镜。"

基于此，慈禧召开御前会议，决定以开启民智和改革官制为当务之急，并制定了四大方针：第一，自今日起，以十年或十五年为期，实行立宪政体。第二，其大体效仿日本，废现制之督抚。各省新设之督抚，其权限仅与日本府县知事相当。第三，财政及兵马之事权，悉收回中央政府。第四，中央政府之组织，与日本宪制相等。

由此可见，清朝大体效仿日本的制度进行改革。日本经过明治维新，几十年就走上了富国强兵的道路，跻身于世界资本主义强国之列，而清朝效仿日本实行改革却失败了，其中必有深刻原因。中国自秦以来，一直保持大一统格局，内部结构与运转机制具有极强的稳定性、持续性和容纳性。中国集权制度极其强盛，已有两千多年的积淀，到清朝已达到顶峰，至慈禧掌权时，她一心为个人谋私利，因此视民主为洪水猛兽，认为"将来开国会后，事事干涉，政令必至下移，民权实属可怕"。这种自私、恐惧的心理，促使以慈禧为首的封建顽固势力千方百计地对立宪加以阻挠。彼时的封建官员体制已实行千年、坚不可摧，想要通过一道诏书来改变是不可能的。载泽也一针见血地指出，"立宪利于国，利于民，唯独不利于官"。

《钦定宪法大纲》公布不久，光绪帝和慈禧便相继去世，立宪也就此流产。

第十四章 同赴黄泉

1. 离奇死亡的光绪帝

"庚子事变"后，无论是慈禧还是光绪帝，都性情大变。慈禧迷上了"洋"字，并努力将自己洋化；光绪帝虽然获得了更多自由，但他却把自己封闭起来，躲在瀛台涵元殿。自珍妃死后，国难、亲仇以及郁郁不得志的积怨一并压在他的心头，他万念俱灰，连隆裕皇后也难得与他见上一面。

慈禧的翻译女官德龄离开清宫之前曾与光绪帝见过一面，光绪帝向她倾吐了自己的苦衷："我没有机会把我的意思宣布于外，或有所作为，所以外间都不大知道我。我不过是替人做样子的，后来再有外人问你，只告诉他我现在所处地位实在的情形。我有意振兴中国，但你知道我不能做主，不能如我的志。"这是怎样的悲苦，怎样的无奈！

对慈禧来说，光绪帝只是她手中的一枚印章，她想往哪道圣旨上盖印都随她的意。光绪帝平日在瀛台藻韵楼里看书、写字、睡觉，日复一日，平淡无奇，似乎属于他的时刻永远不会到来。

光绪三十四年（1908）八月初一，朝廷颁布《钦定宪法大纲》。光绪帝得知这一消息后，仿佛看到了一道曙光，精神为之一振。他一时兴起，便在瀛台轻松地散步，眼前熟悉的景物仿佛如初见时让他心动。当天细雨蒙蒙，光绪帝放眼四周，发现景致分外可爱。南海水天一色，林木葱茏，山石花草，楼阁亭台，秀美宜人。翔鸾阁、待月轩、补桐书屋、藻韵楼等建筑殿阁嵯峨，各具风姿，以前他完全忽视了它们，从未用欣赏的眼光来看，原来他一直生活在人间仙境中。

时间过去了很久，光绪帝的衣服都快湿透了，他却全然不知。他感到有些累，来到藻韵楼东面的补桐书屋。进屋后，他准备笔墨，想写点什么来倾吐衷肠，却突然咳嗽起来，而且连续不断，一声比一声急促。侍候光绪帝的太监赶紧把这一情况向慈禧报告。

慈禧知道光绪帝生病后，第二天命瑾妃前去小心侍候，并传御医前往诊治。过了两三天，光绪帝的病情仍不见好转。慈禧亲自带两名御医来复诊，御医诊毕奏道："皇上的病因元气已伤，动了肝风，所以气喘不住。倘若这个症状一直不止，还须预防昏厥。"另一名御医则诊断为热毒侵入肺腑，只需解热排毒即可。御医请方，慈禧不置可否。御医只得开了试用药方，一边用药，一边观察确诊。又过了几天，慈禧在养心殿召军机大臣议事，堂上议事之后，她向大臣们公布了光绪帝病重的消息。

过了几天，光绪帝的病情有了好转。据《崇陵传信录》记载，十月初十，光绪帝准备率百官给慈禧贺寿。光绪帝从瀛台步行过来，入德昌门，值班的侍卫中有人透过门缝看到光绪帝正在为拜寿做准备工作。这个时候，从仪鸾殿传来慈禧的懿旨，大意是皇帝卧病在床，不用率百官行礼了。光绪帝听了，失声痛哭。

据说，过后江苏巡抚奉旨派名医陈莲舫入京。十月十七日，陈莲舫被军机大臣带去给光绪帝诊治，但他不能直接问光绪帝，要由慈禧代述病状，光绪帝只是点头或简短地回答一两个字。慈禧让陈莲舫诊脉，陈莲舫便跪在地上给光绪帝诊脉，行医多年，经验丰富的他几乎没有查出什么病象，只能佯装诊脉。一切都按慈禧代述的病状提出治疗方案，然后转给军机处。

但事实上，此时慈禧已抱病多日，因秘而不宣，宫内外的人大都不知情，故而她不可能代述光绪帝的病状。据宫内知情人猜测，当时慈禧的病情更严重，极有可能是她先离世，但结果却是瀛台涵元殿先传来噩耗。

坊间传，是年十月二十一日晚，年仅三十八岁的光绪帝在南海瀛台涵元殿驾崩。那天早晨，御医周景焘曾入内请脉，据他所说，当时看见"光绪仰卧在床上，瞪目指口，大概是想吃东西，而那时他身边一个太监宫女都没有，就连寝宫里的器皿也都被太监们拿走，只剩下一个玉鼎"。最为凄惨的是，光绪临终前没有一个亲属或大臣在身旁，等隆裕皇后入瀛台探视时，光绪帝早已死去多时。

《清史稿》对此事的记载极简略："壬申，上疾甚。懿旨，醇亲王载沣之子溥仪在宫中教养，复命载沣监国为摄政王。癸酉，上疾大渐，崩于瀛台涵元殿，年三十有八。"光绪帝究竟死于何时，死因为何？《清室外纪》中说："皇帝宾天之情形及其得病之由，外人无由详知。"光绪帝之死扑朔迷离，成为清宫一大谜团，种种议论在雅室高堂、乡间里坊不胫而走。综合各种议论和猜想，有关光绪帝的死因有以下几种说法：

其一，慈禧阴谋暗害之说。原国史馆总纂恽毓鼎的《崇陵传信录》和徐珂编著的《清稗类钞》都认为慈禧在病重期间，担心自己死后光绪帝重新掌权并继续推行新政，于己不利，"时太后泄泻数日矣。有潜上者，谓帝闻太后病，有喜色。太后怒曰：'我不能先尔死！'"假如光绪帝真是慈禧害死的，那么害死他的原因只有一个：已经七十三岁的慈禧知道自己已病入膏肓，但十分担心自己死后遭到光绪帝清算，以前就有顺治帝清算摄政王多尔衮的先例，所以，她必须在死前安排好朝廷的新布局，预立一个跟她无冤无仇且能秉承其遗志的新帝。但光绪帝还健在，要立嗣皇显然不可能，除非光绪帝先她死去。既然皇帝有病，那就有可能找机会谋害他。

至于由谁去实施这一计划，人们做出两种假设：一是李莲英，二是袁世凯。李莲英是一个八面玲珑、对谁都能讨好的人，而且在"西狩"时还获得了光绪帝的感激，他最能取得光绪帝的信任，下毒最方便。至于袁世凯，他曾经是光绪帝最倚信的人，但他在戊戌政变中最后投靠了慈禧，对维新派进行残酷镇压，他担心慈禧死后自己遭到光绪帝报复，所以收买光绪帝身边的内监宫女或近身侍卫帮他实施谋杀，这种猜测也不是不可能。而且，袁世凯还有其他方面的动机。他之所以对宪政改革如此热心，是因为他认为立宪能给他个人带来很多好处，一旦朝廷实行君主立宪，作为身兼多职、大权在握的朝中第一重臣，他极有可能被推选为最高领导人，而对他构成最大威胁的显然是光绪帝，所以必欲除之而后快。据老太监李长安回忆，光绪帝去世前一天，精神状态还很好，而且有人亲眼看到光绪帝站着和人说话。但是，在喝了一碗由袁世凯进献的药方熬的药后，很快就传出光绪帝病危的消息。

当然，仅凭袁世凯一个人来完成毒害光绪帝的计划是不可能的。要想在实施谋杀行动后不被追究弑君之罪，必须得到慈禧的支持配合，至少要经她同意。如果没有慈禧的幕后主使和策划，袁世凯怎敢明目张胆地在所进汤药中下毒？

恽毓鼎认为，慈禧最有可能指使亲信太监李莲英下毒手。恽毓鼎长期任内宫起居注官，他指出，慈禧宣布光绪病重和"百日维新"后废立风波的做法一样。而曾在宫中担任女官的德龄在《瀛台泣血记》等书中，明确地指出正是李莲英下毒害死了光绪帝。不过，光绪帝去世前两年她便已经离开皇宫，并没有掌握多少第一手资料。

其二，饥饿而死之说。很多人不相信垂垂老矣的慈禧会为了朝政大权谋害光绪帝，因为在"西狩"回京之后，光绪帝就把自己幽禁起来，根本没有治理朝政的心思；况且慈禧要重立嗣子也不那么容易。清宫太监孙耀庭在回忆录《清宫琐谈》中说，光绪帝实则死于饥饿。他当时在涵元殿看到光绪帝胸腹塌陷，肩胛暴突，肋骨支离，眉宇紧蹙，张着嘴巴，青白的脸和手臂泛着冷光……光绪帝本无大病，诸医开方皆以平和之剂为药，然而，在瀛台服侍的太监们在光绪帝死前就已得到光绪帝驾崩的消息。当时，"在瀛台侍疾者共六名，其中二人饿死，剩下几人食不果腹，因饿失血者又凡三人"。光绪帝死前在床上召唤医生周某，他两眼瞪大，四次用手指口。周某知道光绪帝很饿，但实在没有吃的，就连他本人也三天没有进食了。后来，光绪帝便渐无声息。不久，醇亲王入见，周某报告说皇帝已经脉绝，醇亲王用镜子试皇帝气息，确信其已死亡，于是匆匆离去。过了一会儿，隆裕皇后赶来探视，随后便把皇帝驾崩的消息公之于世。

其三，不明怪病致亡之说。《清德宗实录》中记载："十月初一日，光绪诣仪鸾殿，问慈禧皇太后安，自癸酉至戊辰'皆如之'。"也就是说，十月初一，光绪帝还能正常地前往仪鸾殿向慈禧请安，几天都是如此。御医施焕和张彭年也在十月初三的脉案中写道："窃思痛未加剧，似宜暂停药饵，以舒胃气。"根据御医的记载，光绪在十月初三病情不但没有加重，反而有所好转。此脉案谈及光绪帝已经可以停药调理。

名医杜钟骏在《德宗请脉记》一书中记录，十月十七日，即光绪帝去世前几天，他还曾召见大臣们。军机章京许宝蘅的《巢云簃随笔》也可佐证光绪帝的身体尚不至病入膏肓的地步，许宝蘅在日记中写道："十月十八日六时入直值班。皇上以不能坐，未召军机，本传日本侯爵锅岛直大等觐见亦撤去。"依许宝蘅的说法，光绪帝虽然不能坐立，但至少可以下床活动，还能安排召见日本侯爵。但是从十月十八日晚上开始，光绪帝的病情突然恶化，匆忙进宫为光绪帝把脉的杜钟骏写道："虚虚实实，恐有猝脱。"御医张仲元等人诊得："皇上脉如丝欲绝。肢冷，气险，二目上翻，神识已迷，牙齿紧闭，势已将脱。谨拟生脉饮，以尽血忱：人参一钱、麦冬三钱、五味子一钱，水煎灌服。"御医屈桂庭在《诊治光绪皇帝秘记》一书中则披露："光绪三十四年（1908）十月十八日最后一次给光绪帝诊病时，发现光绪帝本已逐渐好转的病情突然恶化，他在床上乱滚，大叫肚子痛，而且脸颊发暗，舌头又黑又黄。这不是他所得之病的应有症状。"

在这些证据中留下的疑问是，为何十月十八日光绪帝的病情会突然加重。按照医生们的诊断，他所患的慢性疾病出现这样的病变概率是极小的，而且他死后的外征表现也与他所患疾病不符。所以，结论只能是其他原因致亡。

由于缺少史料记载和实证，光绪帝的死亡之谜很长时间都未能解开。

直到 21 世纪初，光绪帝的坟墓被打开，他的死因才有了实证。为了解开"光绪之死"这一历史谜案，有关部门成立了一个研究小组。他们通过检测光绪帝的头发、遗骨和衣服，发现光绪帝体内的砒霜总量明显大于致死量。几年后，"清光绪帝死因"专题研究课题组又对光绪帝的尸骨和头发进行检验，最终得出结论：光绪帝突然"驾崩"系急性胃肠性砒霜中毒所致。

至此，光绪帝的死因之谜终于解开，但是，究竟是谁下了毒，动机和目的是什么，仍然是一个谜。

2. 老佛爷病逝

光绪三十四年（1908）十月初，慈禧召王公大臣、军机大臣入殿，开门见山地对众大臣说："皇帝的病情越来越重了，如皇帝有不幸，谁来继承大统呢？"慈禧这个问题让大臣们措手不及，殿内一片沉默。慈禧把目光投向庆亲王奕劻，奕劻想了想奏道："从前所立溥儁，现因端王遣戍，是不能入继了。但屈指算来，若继承皇帝位，还是从溥字一辈上选择。"他认为立溥伦或恭亲王溥伟①比较合适。慈禧点头说道："我也考虑过溥字辈中人选，除了醇亲王之子溥仪、恭亲王之子溥伟外，其余载洵既属远支，而且为人实不足付与大政。我以为就从溥仪或溥伟二人中选择一人罢，不过还得看众亲王的意见如何。"

既然太后明确表态了，谁还敢提出异议，他们只能从这两个备选对象中挑选一人。最后，除了醇亲王载沣、庆亲王奕劻外，其他人都主张立醇亲王之子溥仪。载沣本想提出不同意见，但他抬眼一望，正碰上慈

① 溥伟（1880—1936）：恭亲王奕訢之孙，清朝宗室，历任官房大臣、正红旗满洲都统、禁烟事务大臣等要职。清朝灭亡后，他勾结日本人，企图恢复清朝统治，并在东北发起满蒙独立运动。

禧犀利的目光，忙下跪叩头说道："奴才悉听圣裁。"

对于给光绪帝物色继承人，侍读学士、起居注官恽毓鼎认为，慈禧一心考虑的是，如何使得戊戌政变、庚子事变两件事不成为自己被人攻击清算的口实，所以才指定了三岁的溥仪。溥仪的祖父奕譞是咸丰帝胞弟，当年协助慈禧清除肃顺一党，后又协助慈禧成功罢黜恭亲王奕䜣，深得慈禧信任；溥仪的祖母叶赫那拉氏是慈禧之妹；溥仪的母亲瓜尔佳氏，既是慈禧宠臣荣禄的女儿，又是慈禧的养女；而溥仪之父载沣，则是一个柔弱怯懦之人，连他的胞弟载涛都觉得这个兄长"只可做个升平王爵"。

万寿节那天，不少大臣见到了光绪帝，看他的病情似乎没有太后描述的那么严重，倒是典礼上没有见到寿星慈禧，大家顿时疑窦丛生。也就是在寿辰的当晚，张仲元、戴家瑜二位御医在诊病的记录中记载："左关弦而稍数，右寸关滑而近躁。肺气化燥，胃气浊滞，脾不化水，水走大肠，以致舌干口渴，胸闷微疼，食后嘈辣，小水发赤。总核病情，郁而生热，壮火食气，得食则泻，是以精神异常疲倦。"根据这一记录，不难理解当时很多大臣怀疑慈禧的病情比光绪帝更加严重，她急于立嗣可能是为自己的身后事做安排。

慈禧注重养生，对自己的健康状况一直比较自信。据《慈禧外纪》记载，慈禧"虽以七十三之高年，而毫不呈衰老状者也。此外亦无大病，精神尚好，语言如昔，仍每日勤劳国政。太后常自言能享高寿"。古稀之年的慈禧小病不断，主要为喘咳、腹泻、肠胃不和等病症，不过这些病对慈禧的生活起居和政务处理并未有太大影响。光绪三十四年（1908）六月以后，她的病情略有加重。六月初六，御医陈秉钧的诊病记录写得很详细："皇太后寸关漓象渐起，细而带弦，右部关上尚见滑弦，仍欠冲和之气。大致厥阴为起病之源，脾胃为受病之所。嘈杂见减，饱暖频仍，寤寐尚和，胸胁震响。总核病情，谨拟培脾胃之气，养肝木之阴调理。"

入秋后，慈禧的病情明显加重。从十月十九日开始，她的饭量减少，庆亲王奕劻知道太后戒烟已久，但生病后反倒想吸几口。他见太后忍得难受，就弄了一只金盒，里面装满烟膏，入宫献给太后。他低声对太后说："老佛爷慈躬不豫，莫如开了这个戒罢。"慈禧听了，拿起金盒往地上一扔，说道："谁要吸这鬼东西？快给我拿出去！"她还是忍住了。她的病情丝毫没有好转。十月二十日，御医张仲元、戴家瑜的在诊视记录中写道："皇太后左部弦而近躁，右寸关滑数鼓指。咽燥舌干，口渴引饮，时作咳嗽，顿掣两肋作疼。连用甘寒化燥之法，胃热不减，口渴愈盛。"

这天，慈禧急召庆亲王奕劻，醇亲王载沣，军机大臣袁世凯、张之洞、鹿传霖、世续等入殿议事。军机大臣们认为，既然事已急迫，又值内忧外患之际，当立年长之人。慈禧听后勃然大怒。当天，慈禧连发三道上谕，"醇亲王载沣之子溥仪着在宫内教养，并在上书房读书""醇亲王载沣为摄政王""谕军机大臣等，朝会大典、常朝班次，摄政王着在诸王之前"。这实际上是代替光绪帝立遗嘱，也就是说慈禧已经"知道"光绪帝命不久矣。

十月二十一日，光绪帝宾天。慈禧又连发三道懿旨："摄政王载沣之子溥仪着入承大统为嗣皇帝。""溥仪承继毅皇帝为嗣并兼承大行皇帝祧。""嗣皇帝尚在冲龄，正宜专心典学，着摄政王载沣为监国。所有军国政事悉秉予之训示，裁度施行。"当晚，载沣及诸军机大臣奉召入宫，面承慈禧懿旨，宣布由溥仪继承皇位，自次年起改年号为"宣统"。

这一天慈禧特别忙碌，为了料理光绪帝的丧事，她强支病体，没怎么休息，最后心力交瘁，胃不纳食，体力衰竭。她在遗诰中讲到，"复遭大行皇帝之丧，悲从中来，不能自克，以致病势增剧"。当天午饭后，慈禧忽然长时间昏迷，醒来后自知时日不多，于是宣布"此后国政即完全交付监国摄政王"。

而据《慈禧外纪》记载，光绪三十四年（1908）十月二十一日晚，慈禧获知光绪帝已处于弥留之际的消息后，依然"神气安和"地安排光绪帝的后事。十月二十二日凌晨时分，慈禧如往常一样起床，气色非但未有损，反而越发好了。宫门外，专门伺候的太监早已静候多时。梳洗完毕后，一太监喊道："打帘子。"专门负责此事的太监连忙打开帘子。与此同时，在场所有太监皆闻声跪拜，齐呼"老祖宗吉祥"。随后，慈禧用早膳。之后，慈禧开始召见军机大臣，与隆裕皇后、监国摄政王载沣等人洽谈多时，后以新国君溥仪的名义下诏书，尊慈禧为太皇太后，又尊隆裕皇后为太后。

发完上谕后，慈禧感觉病势加剧，便命军机大臣起草遗诏。军机大臣起草完毕呈上，慈禧阅后改了几处，譬如"不得不再行训政"与"回念五十年来"云云。说罢，她又对身边人说道："我毕生垂帘听政数次，不了解的人认为我是贪恋权力，实际上是迫于时势不得不做出此决定。"此时的慈禧还如平日一般，头脑清晰，神志清醒。没过多久，她昏沉过去，倏忽，眼睛又变得炯炯有神，但这一状态没维持多久，她又昏沉过去。

吃午饭的时候，慈禧吃着吃着，忽然觉得头晕目眩，眩晕持续了很久。她知道自己将不久于人世，故立即召开紧急会议。随后，慈禧体力渐渐不支，既而进入弥留状态。御医张仲元、戴家瑜"请得皇太后六脉已绝，于未正三刻（下午一点四十五分）升遐"。另有史料记载，慈禧去世前留下遗命："此后，女人不可预闻国政。此与本朝家法相违，必须严加限制。尤须严防，不得令太监擅权。明末之事，可为殷鉴！"

下午五时许，慈禧面南而逝，紫禁城里敲起了丧钟。

慈禧薨逝后五天，即光绪三十四年（1908）十月二十七日，监国摄政王载沣以溥仪皇帝的名义发布上谕："大行太皇太后垂帘训政四十余年，功在宗社，德被生民。所有治丧典礼，允宜格外优隆，以昭尊崇而申哀悯。着礼部将一切礼节另行敬谨改拟具奏。"圣谕中提到的"格外优隆"包括：要以皇帝的标准追加谥号；治丧典礼要格外隆重，突破祖制对太皇太后葬仪的规定；陵寝的规模要超越以往。

监国摄政王以溥仪皇帝的名义，给了慈禧一个几乎与功勋卓著的皇帝等同的谥号。谥号的赐予极有讲究。对执掌朝政四十七年的慈禧来说，其"丰功伟绩"比一般皇太后多，所以谥号的确定需花费一番心思。摄政王载沣专门给军机处下达指示："大行太皇太后功德昭著，震古烁今。现查《会典》所载后，谥崇隆而又切合字样未用者已属无多，应于《会典》帝谥字样内参酌选择，敬谨公拟，以重巨典而申显扬。"

按照清朝的祖制，皇后、皇太后的谥号不能超过十六个字，谥号中的每组词都代表荣誉和功绩。东宫慈安太后只有十四个字。而对慈禧，摄政王载沣却打破祖制，不仅在原有的"慈禧端佑康颐昭豫庄诚寿恭钦献崇熙"十六个字上添加几组词，而且用词上也从皇帝谥号中参酌选择。因此，在清朝，慈禧的谥号字数最多。用词参考《会典》，前面加上了"孝钦"（清朝皇后追谥的第一个字固定为"孝"），后面加上了"配天兴圣"，全称为"孝钦慈禧端佑康颐昭豫庄诚寿恭钦献崇熙配天兴圣显皇后"，溢美之词达二十二字，可谓史无前例。

不仅如此，慈禧的葬礼仪式在监国摄政王载沣的授意下，突破祖制，尽显优隆，可谓盛况空前。

慈禧的金丝楠木棺枢盖着金黄色枢布，停于宁寿殿。葬礼安排在十月二十七日举行，慈禧的棺枢将移往景山脚下。为了让灵枢更安稳顺利地经过，人们甚至动用了蒸汽压路机将通往清东陵的道路压平。起枢日清晨，天气阴冷，寒风刺骨，城内所有交通都已中断，凡送葬行列经过的地方，都站满了旗兵和配枪的新军士兵，所有门窗都得关闭，大街两旁的所有岔道都用蓝布遮挡起来。按祖制，皇家送葬仪式一般不允许百姓围观，但因为路途太遥远，围观的人群便都涌向城外。

下午，棺枢被缓缓抬过北京东直门灰色的小土丘。小土丘上搭建了一个带顶棚的看台，是为各国记者观看送葬仪典准备的。葬礼极为隆重豪华，让外国人惊叹不已。荷兰阿姆斯特丹《电讯报》驻华记者报道："送葬队伍中，打头的是一队穿着现代军装的长矛轻骑兵，装束齐整，举止得体……紧接着又是另一队长矛轻骑兵，在他们的长矛上飘扬着红色长条旗，后面跟着马枪骑兵，他们属于皇家禁卫军，身穿有红镶边的灰色军衣。后面又有一排排穿着红衣服的仆役，举着绿、红、紫、黄等各种颜色的旌旗和低垂的绸缎条幅。那些举着鲜艳旌旗的仆役行列没完没了，似乎把皇宫里的旌旗全都搬出来给已故太后送葬了。"

这些只是开路的仪仗队。接着，"更多的黄色轿子自上而下地过来，在这些轿子的后面，闪烁着一团耀眼的金黄色火焰，体积大得吓人，而且离地面很高。慈禧太后的灵枢非常缓慢地向前挪动着，方形的灵枢上顶着一个偌大的金球，而且用一块边幅很宽的织锦罩了起来。它被一百多个轿夫用长长的竹杠抬着，高高地耸立在他们的头顶上，以威严而庄重的方式向前移动"。

灵枢前面，有数百面黄色旌旗作为先导，"到处都是一片黄色的海洋，有无数方形或圆形、上面绣满龙凤的各色旌旗。在浩浩荡荡的轿子、小矮马、旌旗和丧旗的后面，还跟着一大批身穿深黄色袈裟的喇嘛，分别来自西藏和蒙古。最后一大批清朝高官走上前来，他们只穿着黑色的丧服，官帽上摘掉了表示官衔的饰物，即红珊瑚、蓝宝石顶子及孔雀羽毛。他们是清朝最高层的官员，其中包括了亲王、御史和大臣。所有人都带着哀悼的神情从我们面前经过……"

十一月二十七日，英国《泰晤士报》也专题报道了慈禧出殡时的盛大场面："十一月五号之晨五钟时，乃钦天监选定大行皇太后金棺由宫中奉安于东陵之日。一切情形与前西历五月大行皇帝奉安之礼略同，唯军队更多，装饰更美，警吏亦更整齐，故其景象尤为阔大。然有一欠缺之点，即大行皇帝奉安之日，天气晴明，此次则浓云密布，甚为寒冷……金棺初以八十四人抬之，此乃过城门时最多之数，出城则加为一百二十人。前行者为监国摄政王及诸王公贝勒、军机大臣等，后为骑兵一队，再后为骆驼等驼载帐篷及行宫用具。由京往陵，须行四日，以备晚间支帐，为金棺暂安之处也。又后为伞队，皆庚子年由西安回銮时百姓恭送者，安葬后则皆烧之。又后为喇嘛，最后为銮仪卫一队，执祭器佛幡旗帜等。全队中有三乘极华丽之舆，罩以黄丝之帘，一切装饰，均为龙凤花样。有二乘与太后平时所乘者相同，此亦备在陵上焚烧者。统观全队，炫耀威严之景，使人印于心而不忘。自中国人言之，唯唐之武后或能与此比耳。"

3. 无尽身后事

慈禧的灵柩被一步步抬到清东陵，一百二十多公里的路程走了整整五天五夜，于宣统元年（1909）十月葬入菩陀峪定东陵地宫。陵寝位于河北遵化马兰峪，与慈安太后的陵墓并排立于咸丰帝定陵东侧，慈禧埋葬在东边，而慈安埋葬在西边，两陵之间仅隔一道马槽沟，一帝两后合称普祥峪定东陵。令人不解的是，慈安为东太后，却葬在西边；而慈禧为西太后，却葬在东边。

紫禁城后宫妃嫔所居宫殿有规矩可循。在明朝和清康熙帝之前，皇后一般住在位于城内中轴线上的坤宁宫；待到嗣皇帝立了皇后，先帝的皇后如果健在，就成了皇太后，一般移居位于中轴线之西的慈宁宫。但到雍正朝，因雍正帝偏爱在别宫圆明园"正大光明殿"办公，在圆明园九州清晏殿待的时间远比在紫禁城乾清宫的时间长。他登基后册封嫡福晋为皇后，但她没有住进坤宁宫，而是住到养心殿旁的体顺堂。从她开始，清朝再也没有哪位皇后常住坤宁宫了。也就是从雍正朝开始，后宫妃嫔的住所规则被打破。皇后和其他高品级的妃嫔一样，大多居住在东六宫，但从未有皇后居西六宫，也就是说后宫中"东"为大。

咸丰帝在世时，慈安是皇后，慈禧是懿贵妃，当时并没有东、西太后之称。皇后常住东六宫的钟粹宫，懿贵妃居西六宫的储秀宫和长春宫。即使在热河别宫，她们也是一个居东跨院，一个居西跨院。同治帝即位后，尊咸丰的皇后为母后皇太后，上徽号"慈安"；尊懿贵妃为圣母皇太后，上徽号"慈禧"，她们的居所不变。为了称呼方便，宫内外都按她们的居所方位，称慈安为东太后、慈禧为西太后，而东宫慈安太后的地位始终在西宫慈禧太后之上。依据这种宫中地位的差别，靠近咸丰帝定陵的普祥峪自然归属慈安，而慈禧只能葬在距定陵稍远的菩陀峪。因此，地宫中两位皇太后棺木的放置实际是以距咸丰帝定陵的远近来定的。

东、西两宫的陵寝在三十年前就已经修好。同治年间，慈安与慈禧的陵墓同时开工，并于光绪五年（1879）同时竣工。经过六年的大兴土木，无论在规模还是装饰上，两墓在清代的后妃陵寝中均属上乘，费银约五百万两，慈安墓比慈禧墓多费银三十九万两。令人意想不到的是，陵墓竣工十六年后，也就是光绪二十一年（1895），慈禧决定重修陵墓，原因是陵墓出现渗漏、糟朽等状况，但人们猜想可能还有另一个原因，那就是希望自己的陵寝规制高于慈安。尽管两宫在垂帘听政时，慈禧主朝政，慈安主后宫，但慈安生前的地位始终高于慈禧。而慈禧认为自己的地位实际比慈安高，因此在陵寝规制上也应有所体现，在陵寝的建筑与装饰上超过慈安的陵墓，这样也就体现出了等级差别。

慈禧陵寝的重修工程历时十三年，直到她去世前才告结束，修缮费用在一百五十万两以上。在东陵中，慈禧陵寝是最精美考究的一座。所用石料一律采用上好的汉白玉，而三大殿更是奢华，其梁枋都是用名贵的黄花梨木制成的。据统计，仅地面建筑所用金叶就用去黄金近五千两，殿内外彩绘两千四百多条金龙、六十四根柱上缠绕的半立体铜鎏金盘龙等全都筛扫黄金。英国《泰晤士报》在报道慈禧出殡的盛大场景时，也提到了她对陵寝的重视程度："慈禧一生，极以其万年吉地为念，时往观之，询问极详。1897年，陵工告毕，太后嫌其柱不大，曾命换之。荣禄死后，庆王继其事，经办陵上雕刻装饰等工。其工程之伟大，可想见也。"

慈禧陵寝的建筑极尽奢华，她的随葬品之精致也令人瞠目结舌。

慈禧不仅生前极度贪恋权位、尽享荣华，死后也追求奢华。结果仅仅二十年后，菩陀峪定东陵就被一群野蛮士兵洗劫，生前享尽荣华富贵的慈禧竟在死后无法安息。正因为她的陵墓过于奢华，才频频引来盗墓贼的光顾。

百余年来，后人对慈禧的评价众说纷纭，有人说她是割地赔款的卖国贼，有人说她是顽固不化的封建余孽，有人说她对权力有着近乎变态的渴求，也有人说她加速了大清的灭亡……

　　无论你如何看待她，有件事不能否认。她从一介秀女成长为执掌国家大权的最高统治者，源于她拥有极其出色的政治才能。当时在整个皇家体系里，不是思想僵化的老人，就是醉生梦死、资质平庸的晚清贵族和认不清时势、软弱无力的皇族子弟，大多都是不能够独当一面、立大志、办大事的人。似乎慈禧命中注定就是这个没落王朝的统治者。